Klaus Peterssen / Die Belegschaftsaktie

Betriebswirtschaftliche Schriften

Heft 24

Die Belegschaftsaktie

Wesen, Ziele, Probleme, Gestaltung und Erfolgsaussicht aus der Sicht der Unternehmung

Von

Dr. rer. pol. Klaus Peterssen

DUNCKER & HUMBLOT / BERLIN

Gedruckt 1968 bei Alb. Sayffaerth, Berlin 61
Printed in Germany

Vorwort

Seit mehr als einem Jahrhundert werden in den Industrieländern Versuche unternommen, die Arbeitnehmer am Kapital der arbeitgebenden Unternehmungen zu beteiligen, bzw. mit einem neueren Begriff ausgedrückt, Miteigentum zu schaffen[1].

In den USA sind dabei insbesondere seit dem ersten Weltkrieg beachtliche Erfolge erzielt worden, nicht zuletzt weil erst 1954 eine wirksame Sozialversicherung eingeführt wurde und die amerikanischen Kapitalbeteiligungssysteme sehr stark auf die Alters- und Krisenvorsorge abgestellt sind[2]. Ganz besondere Verbreitung haben die „deferred profit sharing plans" oder kurz „trust plans" gefunden, bei denen die Arbeitnehmer an einem oder mehreren Fonds beteiligt sind, die aus einer Erfolgsbeteiligung und evtl. auch Eigenleistungen der Arbeitnehmer gespeist werden und diese Beträge in Aktien der eigenen Unternehmung und häufig auch in anderen Wertpapieren anlegen[3]. Nach Schätzung des „Council of Profit Sharing Industries" existieren derartige Systeme gegenwärtig bei knapp 7 % aller amerikanischen Unternehmungen; das bekannteste Beispiel ist der „trust fund" der Firma Sears Roebuck & Co., der 1958 schon 27 % des Aktienkapitals hielt[4]. Eine ganze Anzahl der großen Aktiengesellschaften hat neben oder anstelle eines „trust plan" einen „stock purchase plan" eingeführt, der den deutschen Maßnahmen zur Ausgabe von Belegschaftsaktien entspricht und unter Abänderungen oft schon Jahrzehnte inkraft ist, beispielsweise bei der Procter and Gamble Company seit 1892, bei der United States Steel Corporation seit 1903 und bei der American Telephone and Telegraph Company seit 1921[5].

---

[1] Vgl. *Ulbrich*, Horst: Das Miteigentum der Arbeitnehmer. Eine kritische Untersuchung aus betriebssozialer Sicht. Baden-Baden u. Frankfurt a. M. 1957, S. 92.

[2] Vgl. dazu *Hartman*, Robert S.: Die Partnerschaft von Kapital und Arbeit. Theorie und Praxis eines neuen Wirtschaftssystems. 1. Aufl. Köln u. Opladen 1958, S. 300. — Ferner *Schmitt*, Matthias: Die Belegschaftsaktie. In: Der Betrieb. 11. Jg. 1958, H. 11, S. 308.

[3] Vgl. Rationalisierungs-Kuratorium der deutschen Wirtschaft (Hrsg.): Bericht über die vom RKW veranstaltete Studienreise zum „Studium der Ergebnisbeteiligung und der Eigentumsbildung der Arbeitnehmer in den USA". RKW-Projekt 249/A/1964. Als Manuskript vervielfältigt 1964, S. 14, 15, 21 u. 23.

[4] Vgl. Rationalisierungs-Kuratorium der deutschen Wirtschaft (Hrsg.): a.a.O., S. 14 u. 38. — Ferner *Hartman*, Robert S.: a.a.O., S. 76 ff. und 323 ff.

In Europa hat die Kapitalbeteiligung der Arbeitnehmer trotz vieler Bemühungen bisher keine vergleichbare Verbreitung gefunden. Insbesondere sind die nach dem ersten Weltkrieg unternommenen Versuche mit geringen Ausnahmen fehlgeschlagen, so z. B. in Frankreich das 1917 erlassene Gesetz über sog. Arbeitsaktien, „Loi sur les sociétés anonymes à participation ouvrière"[6] und in Deutschland der großangelegte Aktienbeteiligungsversuch der Friedrich Krupp AG ab 1922[7]. Erst nach dem zweiten Weltkrieg ist es besonders in Deutschland, ausgehend von unternehmerischen Bemühungen zur Verwirklichung des „Partnerschaft"-Gedankens[8] und den „Miteigentum"-Vorschlägen vor allem katholischer Sozialpolitiker und der Deutschen Angestellten-Gewerkschaft[9], zu einer Wiederbelebung des Kapitalbeteiligungsgedankens und zu neuen praktischen Versuchen gekommen. Die bekanntesten sind das „Betriebs- und Sozialstatut" der Union Werke AG, Nachf. Hermann Naegele, der „Mitunternehmer-Vertrag" der Paul Spindler Werke KG, das mit einem Sparplan verknüpfte „Ergebnislohnsystem" der Duisburger Kupferhütte und vor allem die Ausgabe von „Belegschaftsaktien" bei etwa 15—20 Aktiengesellschaften[10].

Das Ausbleiben eindeutiger Erfolge, nicht zuletzt auch bei diesen jüngsten Versuchen, hat dazu geführt, daß die Kapitalbeteiligung der Arbeitnehmer in Deutschland eine der umstrittensten sozialpolitischen Fragen geblieben ist. Hoffnungsvolle Befürwortung und krasse Ablehnung stehen sich bis heute gegenüber, überwiegend unzulänglich begründet, ideologisch gefärbt und interessenbedingt. Es erscheint daher auch heute trotz der vorhandenen umfangreichen Literatur notwendig, daß sich wissenschaftliche Arbeiten mit diesem Problemkreis befassen, zumal sich

---

[5] Vgl. dazu *Hartman*, Robert S.: a.a.O., S. 267—270. — Ferner *Franklin*, Harry L.: Die Arbeiter-Aktienbeteiligung in den Vereinigten Staaten von Amerika. Leipzig, Philosoph. Diss. 1932, S. 43 u. 45.

[6] Vgl. *Grimmer*, Joseph: Arbeitergewinnbeteiligung in Form der Aktienbeteiligung. Freiburg i. Br., Rechts- u. Staatswiss. Diss. 1929, S. 73 ff.

[7] Vgl. *Tänzler*, Fritz: Durch Besitz zum Arbeitsfrieden. Eine sozialpolitische Untersuchung über Aktienbeteiligung der Arbeitnehmer und Werksparkassen. Berlin 1929, S. 57 ff.

[8] Vgl. *Fischer*, Guido: Partnerschaft im Betrieb. Heidelberg 1955, S. 5 ff.

[9] Vgl. dazu beispielsweise *v. Nell-Breuning*, Oswald: Eigentumsbildung in Arbeiterhand. Eine Thesenfolge. In: Der Arbeitgeber. 7. Jg. 1955, H. 15/16, S. 526 ff. — Ferner Sozialausschüsse der Christlich-Demokratischen Arbeitnehmerschaft (Hrsg.): Miteigentum — ein praktischer Vorschlag. Ein Gesetzesvorschlag über das „Miteigentum der Arbeitnehmer". Bonn 1957. — Ferner Deutsche Angestellten-Gewerkschaft (Hrsg.): Miteigentum der Arbeitnehmer. Eine Stellungnahme der Deutschen Angestellten-Gewerkschaft. Hamburg 1955.

[10] Vgl. dazu *Hartman*, Robert S.: a.a.O., S. 291 ff., 285 ff., 186 ff. u. 282 ff. — Ferner *Prinz*, Heinrich: Möglichkeiten und Grenzen der Kapitalbeteiligung im Rahmen der betrieblichen Partnerschaft. Berlin, Technische Universität, Wirtschaftswiss. Diss. 1959, S. 90 ff. u. 103 ff.

gegenwärtig mit den gestiegenen Arbeitnehmereinkommen, den sinkenden Selbstfinanzierungsmöglichkeiten der Unternehmungen und der — wenn auch begrenzten — Entspannung des Arbeitnehmer-Arbeitgeber-Gegensatzes neue Möglichkeiten und Notwendigkeiten für die Kapitalbeteiligung der Arbeitnehmer ergeben.

Mit dieser Arbeit wird eine der wesentlichsten Kapitalbeteiligungs- bzw. Miteigentumsformen herausgegriffen, die Belegschaftsaktie. Es wird versucht, für diese spezielle Beteiligungsform aus der Sicht der einzelnen Unternehmung und bezogen auf die spezifischen deutschen Verhältnisse zu einer ausgewogeneren und sachlicheren Beurteilung der Möglichkeiten und Grenzen zu gelangen. Wichtigste Voraussetzung dazu ist die Einbeziehung gesicherter Erkenntnisse von Nachbarwissenschaften der Betriebswirtschaftslehre, insbesondere der Soziologie und der Psychologie, wie sie heute beispielsweise von Konrad Mellerowicz[11], Wilhelm Hasenack[12] und Curt Sandig[13] gefordert wird; gerade hier liegen die Versäumnisse früherer betriebswirtschaftlicher Untersuchungen der Aktien- und Kapitalbeteiligungsfragen. Die Beschränkung der Arbeit auf die deutschen Verhältnisse ist möglich, da die Belegschaftsaktien des Auslandes im Prinzip sehr weitgehend mit den deutschen übereinstimmen[14], und sie ist notwendig, da die rechtlichen, wirtschaftlichen und politischen Einzelheiten Unterschiede aufweisen, die bei Einbeziehung eine ausführliche Behandlung der deutschen Verhältnisse im gegebenen Rahmen unmöglich machen. Hinweise auf die Verhältnisse des Auslandes, insbesondere die der USA, sind daher auf die wesentlichsten Abweichungen beschränkt.

Die Arbeit ist in fünf Teile gegliedert. Im ersten Teil wird ausgehend von Beispielen eine umfassende Einführung in das Wesen der Belegschaftsaktie gegeben. Im zweiten Teil sind die Ziele, die die Unternehmung mit der Aktienausgabe verfolgt, anhand von Äußerungen aus Praxis und Wissenschaft analysiert. Im dritten Teil folgt eine Untersuchung

---

[11] Vgl. *Mellerowicz,* Konrad: Unternehmenspolitik, Bd. I. Freiburg i. Brsg. 1963, S. 17.

[12] Vgl. *Hasenack,* Wilhelm: Mensch im Betrieb. Inwieweit kann oder muß die Betriebswirtschaftslehre den Menschen in ihre Untersuchungen einbeziehen? (Vortrag auf der Tagung des Verbandes der Hochschullehrer für Betriebswirtschaft 1961). In: Zeitschrift für Betriebswirtschaft. 31. Jg. 1961, H. 10, S. 593 ff.

[13] Vgl. *Sandig,* Curt: Die Führung des Betriebes. Betriebswirtschaftspolitik. Stuttgart 1952, S. 32—33.

[14] Vgl. dazu *Harden,* Josef: Wie fördert man in Amerika die Aktienanlage. In: Der Volkswirt. 11. Jg. 1957, H. 20 u. 21, S. 1003 u. 1050. — Ferner Arbeitnehmeraktien der ICI. In: Der Volkswirt. 8. Jg. 1954, H. 22, S. 9—10. — Ferner Englische Bankangestellte als Aktionäre ihrer Firmen. In: AGP-Mitteilungen (Hrsg. Arbeitsgemeinschaft zur Förderung der Partnerschaft in der Wirtschaft e. V.) 1. Jg. 1953, H. 1, S. 4.

der Probleme, die die Verwirklichung dieser Ziele in Frage stellen. Im vierten Teil wird die optimale Gestaltung der Aktienausgabe im Hinblick auf diese Probleme erarbeitet. Und im fünften Teil kann dann ausgehend von den Problemen und den Gestaltungsmöglichkeiten eine fundierte Aussage über die Erfolgsaussicht der Belegschaftsaktie bei der Verwirklichung ihrer Ziele gemacht werden.

Die Abfassung dieser Arbeit ist durch mancherlei Hilfe erleichtert worden. Mein besonderer Dank gilt Prof. Dr. Horst Schwarz, Ordinarius für Allgemeine Betriebswirtschaftslehre und Organisation an der Technischen Universität Berlin, für die Anregung zu diesem Thema und seine persönliche und fachliche Beratung bei der Durchführung der Arbeit. Darüber hinaus ist den Belegschaftsaktien ausgebenden Aktiengesellschaften für ihre umfangreichen Informationen zu danken[15]. Des weiteren waren die Gewerkschaften, die Arbeitsgemeinschaft zur Förderung der Partnerschaft in der Wirtschaft e. V., Hilden, der Arbeitskreis zur Förderung der Aktie e. V., Düsseldorf, und das Niedersächsische Finanzministerium mit Auskünften behilflich.

Berlin, im Januar 1967

Klaus Peterssen

---

[15] Mit Informationen waren behilflich die Allianz Versicherungs-AG, die Badische Anilin- & Soda-Fabrik AG, die Bayerische Hypotheken- u. Wechsel-Bank AG, die Burbach-Kali-Werke AG, die Demag AG, die Eternit AG, die Farbenfabriken Bayer AG, die Farbwerke Hoechst AG, die Losenhausenwerk Maschinenbau AG, die Mannesmann AG, die Rosenthal-Porzellan AG und die Vereinigte Glanzstoff-Fabriken AG.

Inhaltsverzeichnis

Verzeichnis der wichtigsten Abkürzungen

AG	= Aktiengesellschaft
AktG	= Aktiengesetz vom 6. 9. 1965 (BGBl. I S. 1089)
AktG 1937	= Gesetz über Aktiengesellschaften und Kommanditgesellschaften auf Aktien (Aktiengesetz) vom 30. 1. 1937 (RGBl. I S. 107)
BGB	= Bürgerliches Gesetzbuch vom 18. 8. 1896 (RGBl. S. 195)
BGBl.	= Bundesgesetzblatt
BVG	= Betriebsverfassungsgesetz vom 11. 10. 1952 (BGBl. I S. 681)
DV zu § 8 Abs. 1 st.Kap.erh.G.	= Verordnung zur Durchführung des § 8 Abs. 1 des Gesetzes über steuerrechtliche Maßnahmen bei Erhöhung des Nennkapitals aus Gesellschaftsmitteln und bei Überlassung von eigenen Aktien an Arbeitnehmer vom 28. 2. 1962 (BGBl. I S. 162)
EStG	= Einkommensteuergesetz in der Fassung vom 15. 8. 1961 (BGBl. I S. 1253)
GewStG	= Gewerbesteuergesetz in der Fassung vom 25. 5. 1965 (BGBl. I S. 459)
GG	= Grundgesetz für die Bundesrepublik Deutschland vom 23. 5. 1949 (BGBl. S. 1)
HGB 1897	= Handelsgesetzbuch für das Deutsche Reich vom 10. 5. 1897 (RGBl. Nr. 23)
hr.Kap.erh.G.	= Gesetz über die Kapitalerhöhung aus Gesellschaftsmitteln und über die Gewinn- und Verlustrechnung vom 23. 12. 1959 (BGBl. I S. 789) (sog. handelsrechtliches Kapitalerhöhungsgesetz)
KStG	= Körperschaftsteuergesetz in der Fassung vom 13. 9. 1961 (BGBl. I S. 1722)
LStDV	= Lohnsteuer-Durchführungsverordnung in der Fassung vom 22. 11. 1965 (BGBl. I S. 1829)
RArbBl.	= Reichsarbeitsblatt
RFH	= Reichsfinanzhof
RGBl.	= Reichsgesetzblatt
SparPDV	= Verordnung zur Durchführung des Spar-Prämiengesetzes in der Fassung vom 30. 7. 1963 (BGBl. I S. 580)
SparPG	= Gesetz über die Gewährung von Prämien für Sparleistungen (Spar-Prämiengesetz) in der Fassung vom 6. 2. 1963 (BGBl. I S. 93), geändert durch das Gesetz zur Änderung des Spar-Prämiengesetzes vom 21. 1. 1964 (BGBl. I S. 39), durch Art. 3 des Steueränderungsgesetzes 1964 vom 16. 11. 1964 (BGBl. I S. 885), durch § 167 der Finanzgerichtsordnung vom 6. 10. 1965 (BGBl. I S. 1477) und durch Art. 2 des Steueränderungsgesetzes 1966 vom 23. 12. 1966 (BGBl. I S. 702)

SparPR	= Richtlinien zum Spar-Prämiengesetz in der Fassung vom 25. 3. 1964 (Bundesanzeiger Nr. 65/1964)
st.Kap.erh.G.	= Gesetz über steuerrechtliche Maßnahmen bei Erhöhung des Nennkapitals aus Gesellschaftsmitteln und bei Überlassung von eigenen Aktien an Arbeitnehmer in der Fassung vom 2. 11. 1961 (BGBl. I S. 1917) (sog. steuerliches Kapitalerhöhungsgesetz)
2. VermBG	= Zweites Gesetz zur Förderung der Vermögensbildung der Arbeitnehmer (Zweites Vermögensbildungsgesetz) vom 1. 7. 1965 (BGBl. I S. 585)

A. Das Wesen der Belegschaftsaktie

I. Allgemeines

1. Der Begriff der Belegschaftsaktie

Der Begriff „Belegschaftsaktie“ hat sich nach dem zweiten Weltkrieg in Deutschland *empirisch* entwickelt, im weiteren Rahmen der sich unter dem Begriff des Miteigentums wiederbelebenden Bemühungen um die Kapitalbeteiligung der Arbeitnehmer und speziell an den Maßnahmen von etwa 15 Aktiengesellschaften, die an ihre Arbeitnehmer zu günstigen Bedingungen Aktien ausgegeben haben. Die Vielzahl der theoretisch möglichen Formen der Aktienausgabe und der vorhandenen Begriffe wie Aktienbeteiligung, Arbeitsaktie, Arbeitnehmeraktie, Volksaktie u. ä. m. hat dazu geführt, daß bei der Definition des Belegschaftsaktienbegriffes erhebliche Unsicherheit herrscht.

Die üblichen Definitionen, wie „Aktien, die zu dem Zweck ausgegeben werden, die Belegschaftsmitglieder ... zu Mitbesitzern zu machen“[1], „... Kleinaktie, ... an die Belegschaft zu Vorzugsbedingungen abgegeben, wobei die Verbilligung teilweise zu Lasten des Kontos ‚Sozialleistungen‘ erfolgt“[2], „... sozialpolitischer Begriff, der in weitem Rahmen die Möglichkeiten umfaßt, wie die Belegschaft Aktien des eigenen Unternehmens in einer ... bevorzugten Form erwerben kann“[3] oder Beteiligung am arbeitgebenden Unternehmen, die nicht unter den Begriff der Volksaktie sondern des Miteigentums fällt[4], stimmen vor allem hinsichtlich der folgenden Fragen nicht überein:

(1) Fallen auch Aktien von einer anderen als der arbeitgebenden Unternehmung unter den Begriff[5]?

---

[1] Stichwort „Belegschaftsaktie“. In: Dr. Gablers Wirtschaftslexikon. Hrsg. R. u. H. Sellien, 1. Aufl. Wiesbaden 1956, Bd. I, Sp. 337.

[2] *Hirche*, Kurt: Das Experiment der Volksaktie. Köln 1961, S. 50.

[3] *Janberg*, Hans: Einige Betrachtungen zur Belegschaftsaktie. In: Die Aktiengesellschaft. 5. Jg. 1960, H. 7, S. 175.

[4] Vgl. *Michel*, Hartmut: Eigentumspolitik. Voraussetzungen und Wirkungen aus psychologischer Sicht. Tübingen 1962, S. 154. (Wirtschafts- u. Sozialwiss. Diss. Köln).

[5] Vgl. dazu auch *Klug*, Oskar: Volkskapitalismus durch Eigentumsstreuung. Stuttgart 1962, S. 60.

(2) Fallen auch frei am Markt vom Arbeitnehmer erworbene Aktien der arbeitgebenden Unternehmung mit unter den Begriff[6]?

(3) Fallen auch die im Rahmen staatlicher Sozialpolitik ausgegebenen Volksaktien unter den Begriff, soweit sie von Arbeitnehmern der betreffenden Unternehmung erworben werden[7]?

(4) Fallen auch Aktien unter den Begriff, die die Unternehmung nicht an das einzelne Belegschaftsmitglied ausgibt, sondern an einen Fonds, an dem die Arbeitnehmer Rechte erhalten und somit nur indirekt an der Unternehmung beteiligt werden? (Beispiel: Der im Vorwort erwähnte „trust fund" der Sears Roebuck & Co.)

In dieser Arbeit wird die Meinung vertreten, daß sich empirisch entwickelnde Begriffe möglichst eng in Anlehnung an den zugrundeliegenden Sachverhalt auszulegen sind, ohne rationale Erweiterungen auf denkbare ähnliche Sachverhalte, insbesondere, wenn genügend weitere Begriffe vorhanden sind. Ausgehend von dieser Überlegung, scheint es bei genauer Kenntnis aller nach dem zweiten Weltkrieg in Deutschland erfolgten Aktienausgaben an Arbeitnehmer sinnvoll, alle vier obigen Fragen zu verneinen und die Belegschaftsaktie zu definieren als *Aktie*, die als *Mittel betrieblicher Sozialpolitik* von der *betreffenden Aktiengesellschaft* an ihre *Belegschaftsmitglieder* ausgegeben wird.

Das erste Merkmal der Belegschaftsaktie besteht also darin, daß es sich um eine Aktie handelt. Damit ist hier weniger die evtl. überflüssige Aktienurkunde gemeint[8], als die in ihr verbriefte Mitgliedschaft, die in einem bestimmten Sinne als Kapital- bzw. Eigentumsanteil an der Aktiengesellschaft verstanden werden kann. Und zwar beinhaltet die Mitgliedschaft neben Pflichten (insbesondere die Einlagepflicht) eine begrenzte Anzahl von Verwaltungs- und Vermögensrechten (insbesondere das Stimm-, Auskunfts-, Anfechtungs-, Gewinn- und Bezugsrecht sowie ein Recht am Liquidationserlös)[9]. Die volle Verfügungsgewalt über das Kapital bzw. Eigentum am Produktionsvermögen steht dagegen der Aktiengesellschaft selbst als juristischer Person zu, die sich zur Ausübung vor allem des Vorstandes als Organ bedient. Die Aktie beinhaltet also insbesondere kein bürgerlichrechtliches Eigentum im Sinne § 903 BGB

---

[6] Vgl. dazu auch *Michel,* Hartmut: a.a.O., S. 154.

[7] Vgl. dazu auch *Hirche,* Kurt: Das Experiment..., S. 50 f.

[8] Die Ausgabe von Aktienurkunden ist weder für den Bestand der Gesellschaft noch der Mitgliedschaft notwendig. (Vgl. dazu *Gadow,* W., *Heinichen,* E. u. a.: Aktiengesetz, Großkommentar. Bd. I. 2., neu bearb. Aufl. Berlin 1961, S. 64. — Ferner *Baumbach,* A., *Hueck,* A.: Aktiengesetz. (Beck'sche Kurz-Kommentare Bd. 23) 10., neu bearb. Aufl. München u. Berlin 1959, S. 22).

[9] Vgl. *Würdinger,* Hans: Aktienrecht. Eine systematische Darstellung. Karlsruhe 1959, S. 39.

bzw. kein Miteigentum gemäß § 1008 BGB[10]. Eigentum bzw. Miteigentum liegt nur im weiteren Sinne des Verfassungsrechts vor, das z. B. in Art. 14 GG „... nicht nur das absolute dingliche Recht an Sachen, sondern auch die obligatorischen Rechte (bes. Obligationen, Mitgliedschaftsrechte [Aktien]) und beschränkt dingliche Rechte sowie Urheberrechte, Patentrechte u. a., d. h. alles, was ‚Vermögen' ist"[11] mit einschließt. Diese genauere Bestimmung des Aktienbegriffes macht unter anderem auch deutlich, daß die im Vorwort erwähnten französischen „Arbeitsaktien" nicht in den Belegschaftsaktienbegriff fallen, da es sich hierbei lediglich um die Arbeitskraft der Arbeitnehmer handelt, die, als fiktive Aktien gewertet, Grundlage für eine Gewinnbeteiligung (Lohndividende) sind[12].

Das zweite Merkmal der Belegschaftsaktie besteht darin, daß die Aktie als Mittel betrieblicher Sozialpolitik verwendet wird. Es bildet den entscheidenden Unterschied zur regulären Aktie, die im Rahmen der Finanzpolitik der Unternehmung ausgegeben wird. Oder anders ausgedrückt: Während die reguläre Aktie finanzpolitischen Zielen dient, werden mit der Belegschaftsaktie betriebs-sozialpolitische Ziele verfolgt. Damit fallen alle von der Unternehmung zu anderen Zwecken ausgegebenen Aktien nicht unter den Belegschaftsaktienbegriff, was insbesondere auch die Volksaktien betrifft, die zumindest primär im Rahmen staatlicher Sozial- bzw. Gesellschaftspolitik ausgegeben wurden.

Das dritte Merkmal der Belegschaftsaktie besteht darin, daß die Aktien von der betreffenden Aktiengesellschaft ausgegeben werden, d. h. es muß sich erstens um Aktien der ausgebenden Gesellschaft handeln und zweitens müssen sie von der Gesellschaft ausgegeben werden (wobei allerdings Banken und ähnliche Mittelpersonen eingeschaltet werden können). Damit fallen vor allem alle fremden Aktien und alle von den Arbeitnehmern selbständig an der Börse erworbenen Aktien nicht in den Begriffsumfang.

Und das vierte Merkmal der Belegschaftsaktie besteht darin, daß die Aktien an die Belegschafts*mitglieder* ausgegeben werden, d. h. der einzelne Arbeitnehmer direkt an der Aktiengesellschaft beteiligt wird. „Nur die Einrichtung einer Treuhandstelle, welche auftragsweise für den Arbeitnehmer Ankauf, Verwaltung und Verkauf der Beteiligungseffekten

---

[10] Vgl. *v. Loesch*, Achim: Zur Problematik des Miteigentums. Die Pläne zur Eigentumsbildung der Arbeitnehmer aus der Selbstfinanzierungsrate der Industrie. (Volkswirtschaftl. Schriften H. 57) Berlin 1961, S. 14. — Ferner *Ulbrich*, Horst: a.a.O., S. 45.

[11] *Höffner*, Joseph: Eigentum — Sozialphilosophie des Eigentums. In: Staatslexikon. Recht, Wirtschaft, Gesellschaft. Hrsg. von der Görres-Gesellschaft. 6., völl. neu bearb. Aufl. Bd. II Freiburg i. Brsg. 1958, Sp. 1066. — Vgl. dazu auch *Dürig*, Günther: Eigentum — Verfassungsrechtliche Eigentumsgarantien, ebd., Sp. 1080.

[12] Vgl. *Grimmer*, Joseph: a.a.O., S. 70—71.

übernimmt, macht das Beteiligungsverhältnis nicht zu einem indirekten, denn zwischen dem Arbeitnehmeraktionär ... und dem Beteiligungsunternehmen besteht ein unmittelbares rechtliches und wirtschaftliches Verhältnis[13]." Damit fallen insbesondere alle Beteiligungen der Arbeitnehmer an aktienerwerbenden Fonds nicht in den Begriffsumfang, die in den USA stark verbreitet sind und für die das Beispiel des „trust fund" der Firma Sears, Roebuck & Co. angeführt wurde.

Um eine tiefergehende Analyse der Begriffsmerkmale zu ermöglichen, ist der Belegschaftsaktienbegriff bisher vom Oberbegriff der Aktie aus definiert worden. Zur näheren Kennzeichnung der Einordnung des Begriffs in den Gesamtkomplex der Kapitalbeteiligung bzw. des Miteigentums oder auch aller möglicher Aktienbeteiligungen der Arbeitnehmer sind aber auch Definitionen mit diesen Oberbegriffen möglich. Gewöhnlich unterscheidet man acht Grundformen der Beteiligung[14]: Danach, ob nur die arbeitgebende Unternehmung oder mehrere bzw. alle Unternehmungen eines Wirtschaftszweiges oder der gesamten Volkswirtschaft einbezogen sind, unterscheidet man die betriebliche und die überbetriebliche Form. Danach, ob zwischen dem einzelnen Arbeitnehmer und der Unternehmung bzw. den Unternehmungen eine unmittelbare oder nur mittelbare Rechtsbeziehung besteht, die direkte und die indirekte Form. Und nach dem Inhalt der Rechtsbeziehung die teilhaberrechtliche und die gläubigerrechtliche Form. Damit läßt sich die Belegschaftsaktie auch definieren als das (die) *direkte, betriebliche, teilhaberrechtliche Miteigentum (Kapitalbeteiligung) der Arbeitnehmer an einer Aktiengesellschaft* oder als *direkte, betriebliche Aktienbeteiligung der Arbeitnehmer.*

2. Beispiele von Belegschaftsaktien

Der erste größere Versuch einer Belegschaftsaktienausgabe wurde in Deutschland 1922 von der Friedrich Krupp AG unternommen. Sie gab über mehrere Jahre verteilt Aktien im Nennwert von RM 50 Mill. an ihre Arbeitnehmer aus. Die Aktien wurden von einem Verein der Belegschaftsaktionäre, der Kruppschen Treuhand e. V., für seine einzelnen Mitglieder erworben und verwaltet. Nach der Inflation führte die

---

[13] *Schmitz,* Werner G.: Kapitalbeteiligung des Arbeitnehmers am arbeitgebenden Unternehmen. (Volkswirtschaftliche Schriften H. 16) Berlin 1955, S. 56.

[14] Vgl. dazu *Fandré,* Helmut: Zur Problematik der Streuung des Eigentums an Unternehmungen. Ein Beitrag zur Systematisierung der Miteigentumsdiskussion. (Wirtschaftswissenschaftliche Abhandlungen, H. 15) Berlin 1961, S. 33 ff. — Ferner *Spiegelhalter,* Franz: „Miteigentum" und „Gewinnbeteiligung". Kritische Analyse einiger Schlagworte. (Schriftenreihe der Bundesvereinigung der Deutschen Arbeitgeberverbände, H. 17) Köln 1957, S. 7. — Ferner *Schmitz,* Werner G.: a.a.O., S. 40—57.

schlechte Erfolgslage der Firma dann zu einer Zurücknahme der Aktien[15].

Nach dem zweiten Weltkrieg gaben 1950 als erste Aktiengesellschaften die Siemens & Halske AG und die Siemens Schuckertwerke AG Belegschaftsaktien aus. Und zwar schütteten die beiden Firmen zur Anerkennung der besonderen Leistungen der Arbeitnehmer in den ersten Nachkriegsjahren eine einmalige „Wiederaufbauprämie" aus, die bei einem Monatseinkommen über DM 200 teilweise und über DM 600 vollständig in besonderen Zertifikaten bestand, die nach der Wertpapierbereinigung in Siemens-Aktien umgetauscht wurden. Auf diese Weise erhielten 25 000 Arbeitnehmer Aktien im Nennwert von DM 5 Millionen[16]. Zu weiteren Aktienausgaben ist es seither nicht gekommen.

1953 begannen die Farbenfabriken Bayer AG mit der Ausgabe von Belegschaftsaktien zu Vorzugskursen. Diese Maßnahme ist bemerkenswerterweise seither jährlich wiederholt worden, so daß gegenwärtig etwa 16 000 Arbeitnehmer Aktien im Nennwert von rund DM 35 Mill. besitzen[17].

1955 bot als nächste der IG-Farben-Nachfolgegesellschaften die Badische Anilin- & Soda-Fabrik AG ihren Arbeitnehmern Belegschaftsaktien zu einem Vorzugskurs an. Auch hier wird das Angebot seither jährlich wiederholt. Insgesamt wurden bis 1966 Aktien mit DM 15,3 Mill. Nennwert ausgegeben[18].

1955 und 1957 hat die Demag AG in einer bisher nicht wiederholten Aktion ihren Arbeitnehmern ein Bezugsrecht auf junge Aktien im Nennwert von 2,4 Mill. eingeräumt, von dem 3 195 Arbeitnehmer Gebrauch machten[19].

Die Mannesmann AG gab ihren Arbeitnehmern 1957 zweimal und 1959 einmal Gelegenheit, Belegschaftsaktien im Nennwert von DM 3,6 Mill. zu Vorzugskursen zu erwerben. Von den anfänglich 11 800 Belegschaftsaktionären besitzen heute noch rund 7 000 Aktien im Nennwert von etwa DM 1,9 Millionen[20].

---

[15] Vgl. zu diesem Abschnitt *Tänzler*, Fritz: a.a.O., S. 57 ff. u. 74 ff.

[16] Vgl. zu diesem Abschnitt: Problematische Arbeiteraktie. In: Der Arbeitgeber. 5. Jg. 1953, H. 22, S. 989.

[17] Nach Schreiben der Farbenfabriken Bayer AG vom 18. 1. 1965 und 3. 10. 1966.

[18] Nach einem Schreiben der Badischen Anilin- & Soda-Fabrik AG vom 5. 8. 1966.

[19] Vgl. *Schneider-Landmann*, Hellmuth: Belegschaftsaktie — die „Volksaktie" der Unternehmen. Bestandsaufnahme und Kritik. In: Der Volkswirt. 11. Jg. 1957, H. 24, S. 1206.

[20] Nach einem Schreiben der Mannesmann AG vom 21. 12. 1965.

Ebenfalls 1957 führte auch die Eternit AG eine recht interessante Aktienausgabe durch. Und zwar bot sie ihren Arbeitnehmern und allen „eng verbundenen“ Eternit-Händlern vinkulierte Namensaktien im Nennwert von DM 1,75 Mill. zu günstigen Bedingungen zur Zeichnung an. Inzwischen hat sich dieser Betrag durch Kapitalerhöhungen auf DM 3,15 Mill. erhöht[21].

1960 folgte dann auch die dritte IG-Farben-Nachfolgegesellschaft, die Farbwerke Hoechst AG, mit einer Belegschaftsaktienausgabe zu Vorzugskursen. Diese Ausgabeaktion wurde 1964 und 1965 wiederholt. Gegenwärtig besitzen rund 25 000 Arbeitnehmer Aktien im Nennwert von rund DM 8 Millionen[22].

1963 und 1964 hat die Rosenthal-Porzellan AG Aktien im Nennwert von rund DM 0,63 Mill. unentgeltlich an etwa 6 300 Arbeitnehmern ausgegeben[23].

1964 erfolgte eine Aktienausgabe bei der Allianz Versicherungs-AG, bei der den Arbeitnehmern Aktien im Nennwert von DM 0,3 Mill. zu einem Vorzugskurs angeboten wurden[24].

Und die vorerst letzte Belegschaftsaktienausgabe erfolgte 1965 bei der Bayerischen Hypotheken- & Wechsel-Bank AG, die ähnlich der ihr nahestehenden Rosenthal AG Aktien im Nennwert von DM 0,5 Mill. unentgeltlich an ca. 5 000 Arbeitnehmer ausgab[25].

II. Die Art der Belegschaftsaktie

1. Die Art der aktienrechtlichen Mitgliedschaft

Entsprechend der Doppelnatur der Aktie als aktienrechtliche Mitgliedschaft und Aktienurkunde ist die Art der Belegschaftsaktie in zweifacher Hinsicht bestimmt. Hinsichtlich der aktienrechtlichen Mitgliedschaft lassen sich gemäß § 11 AktG Stamm- und Vorzugsaktien unterscheiden, und zwar unabhängig von der Beurkundung. Während Stammaktien — ihrem Kapitalanteil entsprechend — normale Rechte und Pflichten beinhalten, sind Vorzugsaktien demgegenüber mit besonderen Rechten (Vorzügen) und evtl. auch besonderen Pflichten ausgestattet. Die gebräuch-

[21] Nach einem Schreiben der Eternit AG vom 15. 8. 1966.

[22] Nach Schreiben der Farbwerke Hoechst AG vom 21. 12. 1965 und 11. 10. 1966.

[23] Nach Schreiben der Rosenthal-Porzellan AG vom 19. 1. 1965 und 3. 10. 1966.

[24] Nach einem Schreiben der Allianz Versicherungs AG vom 18. 1. 1965.

[25] Nach einem Schreiben der Bayerischen Hypotheken- & Wechsel-Bank AG vom 11. 1. 1966.

lichsten Vorzugsaktien haben eine prioritätische oder kumulative Vorzugsdividende und/oder einen bevorzugten Anspruch auf den Liquidationserlös, und zwar häufig verbunden mit einem Verlust des Stimmrechts gemäß § 12 Abs. I AktG[26]. Grundsätzlich ist jedoch eine Vielzahl von Gestaltungsmöglichkeiten für die Vorzugsaktie gegeben, insbesondere was die Vorzugsdividende betrifft.

Als Belegschaftsaktien sind bisher fast ausschließlich Stammaktien ausgegeben worden[27]. Von den angeführten Beispielen sind nur die Belegschaftsaktien der Friedrich Krupp AG Vorzugsaktien. Und zwar waren sie bei vollem Stimmrecht mit einem Vorrecht bei der Verteilung des Liquidationserlöses und mit einer sechsprozentigen kumulativen Vorzugsdividende ausgestattet, die sich — soweit auf die Stammaktien eine höhere Dividende entfiel — bis maximal 10 % mit erhöhte[28].

2. Die Art der Aktienurkunde

Nach der Art der Aktienurkunde werden gemäß § 10 AktG Inhaber- und Namensaktien unterschieden, und zwar unabhängig davon, ob es sich hinsichtlich der aktienrechtlichen Mitgliedschaft um Stamm- oder Vorzugsaktien handelt. Bei der Inhaberaktie ist die Mitgliedschaft in einem Inhaberpapier verbrieft, das seinen jeweiligen Besitzer gegenüber der Gesellschaft und Dritten als Inhaber der Mitgliedschaft ausweist und deren Übertragung durch Einigung und Übergabe der Urkunde ermöglicht. Dagegen ist bei Namensaktien die Mitgliedschaft in einem geborenen Orderpapier verbrieft, das den in ihm namentlich Bezeichneten als Inhaber der Mitgliedschaft ausweist (wobei zur Geltendmachung gegenüber der Gesellschaft die Eintragung im Aktienbuch erforderlich ist) und die Übertragung der Mitgliedschaft durch Indossament und Urkundenübergabe ermöglicht (wobei im Sonderfall der vinkulierten Namensaktie zusätzlich noch die Zustimmung der Gesellschaft erforderlich ist)[29].

Als Belegschaftsaktien sind entsprechend der allgemeinen Gebräuchlichkeit bisher überwiegend Inhaberaktien ausgegeben worden. Einzige

---

[26] Vgl. zu diesem Absatz *Gadow*, W., *Heinichen*, E. u. a.: Aktiengesetz, Bd. I ..., S. 68 ff. u. S. 74 f.

[27] Soweit in diesem Kapitel besondere Quellenangaben fehlen, beruhen die Angaben auf brieflichen Informationen der genannten Firmen (siehe dazu das Literatur- und Quellenverzeichnis).

[28] Vgl. dazu Mitteilung der Friedrich Krupp AG an ihre Belegschaft vom 24. 12. 1921. Zitiert nach *Tänzler*, Fritz: a.a.O., S. 57—58. — Ferner Problematische Arbeiteraktie ..., S. 989.

[29] Vgl. zu diesem Abschnitt *Gadow*, W., *Heinichen*, W. u. a.: Aktiengesetz, Bd. I ..., S. 63 ff. u. S. 377 ff. — Ferner *Baumbach*, A., *Hueck*, A.: a.a.O., S. 22 f. u. S. 139 ff.

Ausnahmen sind die Belegschaftsaktien der Friedrich Krupp AG[30], der Allianz Versicherungs-AG und der Eternit AG, die sogar vinkulierte Namensaktien ausgegeben hat. Außerdem waren die ersten Belegschaftsaktien der Farbenfabriken Bayer AG infolge der alliierten Entflechtungsgesetze Namensaktien. Sie wurden jedoch schon im Dezember 1953 in Inhaberaktien umgetauscht.

III. Der Ausgabeumfang der Belegschaftsaktie

1. Der zeitliche Ausgabeumfang

Der Ausgabeumfang der Belegschaftsaktie kann sowohl in zeitlicher wie auch in personeller und sachlicher Hinsicht sehr unterschiedlich gestaltet werden. Hinsichtlich der zeitlichen Gestaltung lassen sich vor allem die folgenden drei Möglichkeiten unterscheiden:

(1) Sporadische Ausgabeaktionen

(2) Permanente Ausgabeaktion

(3) Mischformen zwischen sporadischen und permanenten Ausgabeaktionen.

Sporadische Ausgabeaktionen, die von der Unternehmungsleitung nach freiem Ermessen angesetzt werden, sind zumindest seit dem zweiten Weltkrieg der Regelfall. So haben z. B. die Allianz Versicherungs-AG nur 1964, die Mannesmann AG 1959 und 1957, die Demag AG 1957 und 1955 sowie die Siemens-Gesellschaften nur 1950 Belegschaftsaktien ausgegeben, ohne bisherige Wiederholung[31].

Eine permanente Ausgabeaktion, bei der sich die Unternehmung bis auf weiteres zu einer länger anhaltenden oder regelmäßig zu wiederholenden Aktienausgabe verpflichtet, war bei den angeführten Beispielen nur von der Friedrich Krupp AG vorgesehen[32].

Neben den sporadischen und permanenten Ausgabeaktionen sind noch eine Vielzahl von Mischformen zu finden. So hat beispielsweise die Eternit AG ihre an sich sporadische Ausgabeaktion durch eine Rückgabepflicht der Arbeitnehmer bei Ausscheiden aus der Gesellschaft und erneuter Ausgabe dieser Aktien zeitlich gestreckt. Die IG-Farben-Nachfolgegesellschaften wiederholen seit vielen Jahren ihre Ausgabeaktionen

[30] Vgl. Mitteilung der Friedrich Krupp AG an ihre Belegschaft vom 24. 12. 1921. Zitiert nach *Tänzler*, Fritz, a.a.O., S. 59.

[31] Soweit in diesem Kapitel besondere Quellenangaben fehlen, beruhen die Angaben auf brieflichen Informationen der genannten Firmen (siehe dazu das Literatur- und Quellenverzeichnis).

[32] Vgl. *Tänzler*, Fritz: a.a.O., S. 58 ff.

regelmäßig, ohne sich dazu besonders verpflichtet zu haben. Und die Rosenthal-Porzellan AG verpflichtete sich 1963 bei ihrer ersten Aktienausgabe ausdrücklich im Falle eines Erfolges zu einer Wiederholung für 1964, zu der es auch kam.

2. Der personelle Ausgabeumfang

Zur Festlegung des erwerbs- bzw. teilnahmeberechtigten Personenkreises sind insbesondere folgende Regelungen üblich:

(1) Einbeziehung der gesamten Belegschaft

(2) Beschränkung nach Dauer der Betriebszugehörigkeit

(3) Beschränkung nach sonstigen Gesichtspunkten.

Die Einbeziehung der gesamten Belegschaft ohne stärkere Einschränkungen findet sich relativ selten, so beispielsweise nur bei der Demag AG und der Eternit AG.

Am gebräuchlichsten ist die Beschränkung nach der Betriebszugehörigkeit. Dabei kann eine sehr geringe Zugehörigkeitsdauer angesetzt, also nahezu ebenfalls die gesamte Belegschaft einbezogen werden, oder aber das Angebot bewußt auf die „langjährigen, treuen Mitarbeiter" beschränkt werden. So setzen beispielsweise die IG-Farben-Nachfolgegesellschaften, z. T. durch die Finanzierung aus Jahresprämien bedingt, eine mehrmonatige bis einjährige Betriebszugehörigkeit voraus. Während die Friedrich Krupp AG 5 Jahre, die Siemens-Gesellschaften 3 Jahre, die Mannesmann AG 5 Jahre, die Bayerische Hypotheken- & Wechsel-Bank AG 2,5 Jahre und die Rosenthal-Porzellan AG sogar 12 Jahre (1963) und 5 Jahre (1964) als Betriebszugehörigkeitsdauer zur Bedingung machten[33].

Beschränkungen nach sonstigen Gesichtspunkten sind wiederum seltener zu finden und werden dann häufig mit Betriebszugehörigkeitsbeschränkungen verknüpft. So wurde die Aktienausgabe der Bayerischen Hypotheken- & Wechsel-Bank AG außerdem auf die eigentlichen Bankangestellten beschränkt. Und bei der dritten Ausgabeaktion der Mannesmann AG 1959 waren leitende Angestellte vom Prokuristen bzw. Oberingenieur aufwärts grundsätzlich ausgenommen.

3. Der sachliche Ausgabeumfang

Zur Bestimmung des auszugebenden Aktienbetrages sind insbesondere die folgenden Regelungen üblich:

---

[33] Vgl. § 3 der Satzung der Kruppschen Treuhand e. V. Zitiert nach *Tänzler*, Fritz: a.a.O., S. 59—60.

(1) Festlegung eines Gesamtbetrages für die Belegschaft

(2) Festlegung eines einheitlichen Einzelbetrages für die Belegschaftsmitglieder

(3) Festlegung abgestufter Einzelbeträge für die Belegschaftsmitglieder.

Die Festlegung lediglich eines Gesamtbetrages für die Belegschaft und gegebenenfalls eine Repartierung der Aktien ist recht selten zu finden. Als einziges Beispiel kann die Belegschaftsaktienausgabe der Eternit AG genannt werden. In einigen Fällen findet sich eine solche Regelung auch als zusätzliche Beschränkung zur Absicherung für den Fall, daß zu viele Berechtigte ihre zulässigen Einzelbeträge voll ausnutzen.

Sehr häufig ist dagegen die Festlegung eines einheitlichen Einzelbetrages für alle berechtigten Belegschaftsmitglieder. So sollten die Arbeitnehmer bei der Friedrich Krupp AG maximal 500 Aktien zu DM 1 000 Nennwert über die Jahre verteilt erwerben können[34]. Die Farbwerke Hoechst AG, die Bayerische Hypotheken- & Wechsel-Bank AG, die Rosenthal-Porzellan AG und die Allianz Versicherungs-AG begrenzten den Ausgabebetrag der einzelnen, jährlichen Ausgabeaktion auf 1 Aktie zu DM 100 Nennwert pro Arbeitnehmer. Und die Mannesmann AG gab dreimal in zwei Jahren 1, 2 und 3 Aktien zu DM 100 Nennwert pro Arbeitnehmer aus.

Häufiger ist auch die Festlegung abgestufter Einzelbeträge für die Belegschaftsmitglieder, wobei eine Abstufung nach Arbeitsbezügen oder Betriebszugehörigkeit u. ä. m. denkbar ist. So betrug die von den Siemens-Gesellschaften bei Monatsbezügen über DM 200 teilweise und über DM 600 vollständig in Aktien ausgeschüttete „Wiederaufbauprämie" ein halbes Monatsgehalt bzw. einen halben Monatslohn[35]. Die Arbeitnehmer der Demag AG konnten 1955 bzw. 1957 Aktien im Nennwert der halben bzw. vollen Bruttomonatsbezüge erwerben. Bei der Badischen Anilin- & Soda-Fabrik AG kann jeder Arbeitnehmer jährlich seine „Jahresnettoprämie", bestehend aus einer Leistungs- und einer Treueprämie, in Belegschaftsaktien anlegen. Und bei der Farbenfabriken Bayer AG konnten z. B. 1964 alle Empfänger von „Jahresprämie" (tariflich bezahlte Arbeitnehmer) bis 2 Aktien zu DM 100 Nennwert und alle Empfänger von „Sondervergütung" und „Sonderzahlung" (übertariflich bezahlte Arbeitnehmer) Aktien im Nennwert von 10 % dieser Bezüge erwerben, mindestens aber ebenfalls 2 Aktien.

---

[34] Vgl. Mitteilung der Friedrich Krupp AG an ihre Belegschaft vom 24. 12. 1921. Zitiert nach *Tänzler*, Fritz: a.a.O., S. 58—59.

[35] Vgl. dazu Problematische Arbeiteraktie ..., S. 989. — Ferner Belegschaftsaktien. In: Der Arbeitgeber. 4. Jg. 1952, H. 18, S. 706.

IV. Die Ausgabetechnik der Belegschaftsaktie

1. Die Einräumung eines Bezugsrechts bei effektiver Kapitalerhöhung

Eine schon immer zulässige Methode, Belegschaftsaktien auszugeben, besteht darin, daß die Unternehmung ihren Arbeitnehmern durch Einräumung eines Bezugsrechts bei einer effektiven Kapitalerhöhung die Möglichkeit gibt, junge Aktien zu zeichnen[36]. Diese Ausgabemethode konnte schon nach dem Handelsgesetzbuch von 1897 anläßlich der darin einzig geregelten ordentlichen Kapitalerhöhung angewendet werden. Nach dem Aktiengesetz von 1937, das zusätzlich die genehmigte und die bedingte Kapitalerhöhung einführte, war sie auch bei der genehmigten Kapitalerhöhung zulässig. Und das neue Aktiengesetz von 1965 hat diese Methode u. a. auch für die bedingte Kapitalerhöhung zugelassen[37]. Dementsprechend können heute die folgenden drei Varianten dieser Ausgabemethode unterschieden werden:

(1) Einräumung eines Bezugsrechts bei einer ordentlichen Kapitalerhöhung

(2) Einräumung eines Bezugsrechts bei einer genehmigten Kapitalerhöhung

(3) Einräumung eines Bezugsrechts bei einer bedingten Kapitalerhöhung.

Bei einer ordentlichen Kapitalerhöhung erfolgt die Einräumung eines Bezugsrechts für Arbeitnehmer durch die Hauptversammlung oder den Vorstand. Dazu muß die Hauptversammlung gemäß § 186 Abs. 3 AktG im Kapitalerhöhungsbeschluß das den Aktionären nach Abs. 1 gesetzlich zustehende Bezugsrecht teilweise oder ganz ausschließen und insoweit entweder ausdrücklich der Belegschaft ein Bezugsrecht einräumen oder dieses ausdrücklich oder stillschweigend dem Vorstand überlassen[38]. Je nachdem ob die jungen Aktien durch Selbst- oder Fremdemission begeben werden, erhält der Arbeitnehmer auf diese Weise ein unmittelbares Bezugsrecht gegenüber der Unternehmung oder ein mittelbares gegenüber dem zwischengeschalteten Emittenten z. B. einem Bankenkonsor-

[36] Vgl. dazu *Tänzler*, Fritz: a.a.O., S. 25. — Ferner *Mickley*, Ingo: Die Aktienbeteiligung der Arbeitnehmer als Form der Partnerschaft. Nürnberg, Wirtschafts- u. Sozialwiss. Diss. 1955, S. 76. — Ferner *Janberg*, Hans: Einige Betrachtungen ..., S. 175 f. — Ferner *Woeste*, Karlfriedrich: Belegschaftsaktien anläßlich einer Kapitalerhöhung. In: Der Betriebsberater. 16. Jg. 1961, H. 34, S. 1316.

[37] Vgl. dazu insbesondere die §§ 282, 283 HGB 1897, die §§ 153, 154, 159 u. 169—171 AktG 1937 und die §§ 186, 187, 192 u. 202—204 AktG.

[38] Vgl. dazu *Gadow*, W., *Heinichen*, E. u. a.: Aktiengesetz. Großkommentar, Bd. II. 2., neu bearb. Aufl. Berlin 1965, S. 48. — Ferner *Woeste*, Karlfriedrich, a.a.O., S. 1316.

tium[39]. Der Hauptversammlungsbeschluß muß nach § 186 Abs. 3 AktG mindestens mit $^3/_4$ Mehrheit gefaßt werden und ist nach Hans Janberg nur dann unanfechtbar, „... wenn sich die Summe der der Belegschaft angebotenen jungen Aktien in einem angemessenen Verhältnis zum Grundkapital der AG und zu den den Altaktionären gleichzeitig oder in nicht zu ferner Vergangenheit oder Zukunft angebotenen jungen Aktien hält und der Ausgabekurs ... in einem angemessenen Verhältnis zum Bilanzkurs der Altaktien steht“[40]. Als Beispiel für diese Variante der vorliegenden Ausgabemethode kann erstens die Eternit AG angeführt werden, die speziell für diesen Zweck eine ordentliche Kapitalerhöhung durchführte und die Eternit Vermögensverwaltungs-GmbH als Emittenten einschaltete, und zweitens die Demag AG, die bei vornehmlich dem gewöhnlichen Finanzierungszweck dienenden ordentlichen Kapitalerhöhungen einen Teil der Aktien über die Matura Vermögensverwaltung mbH an die Belegschaft ausgab[41]. Außerdem ist hier auch die Aktienausgabe der Friedrich Krupp AG einzuordnen, bei der insofern eine Besonderheit vorliegt, als die Arbeitnehmer im Zeichnungsschein die Kruppsche Treuhand e. V. mit der Zeichnung beauftragten und gleichzeitig deren Mitgliedschaft erwarben[42]. Wahrscheinlich liegt hier eine Selbstemission mit Einräumung eines Bezugsrechtes an den Verein für Rechnung seiner einzelnen Mitglieder vor.

Bei einer genehmigten Kapitalerhöhung erfolgt die Einräumung eines Bezugsrechts an Arbeitnehmer gemäß § 204 AktG durch den Vorstand mit Zustimmung des Aufsichtsrates. Zugrundeliegen muß dem eine in den vorangegangenen 5 Jahren von der Hauptversammlung beschlossene Ermächtigung gemäß § 202 AktG, das Grundkapital in beliebigen Teilbeträgen bis zu einem Höchstbetrag (genehmigtes Kapital) zu erhöhen, die ausdrücklich oder stillschweigend den Ausschluß des Bezugsrechtes zuläßt oder gemäß § 202 Abs. 4 AktG ausdrücklich die Ausgabe an die Arbeitnehmer vorsieht[43]. Diese Ermächtigung bedarf nach § 202 Abs. 2 AktG mindestens einer $^3/_4$ Mehrheit, kann nach Abs. 3 das vorhandene Grundkapital nur um höchstens die Hälfte erhöhen und wird nur unter den oben erläuterten Bedingungen nicht anzufechten sein. Diese Variante

---

[39] Vgl. dazu *Mellerowicz*, Konrad: Emissionsgeschäft. In: Enzyklopädisches Lexikon für das Geld-, Bank- und Börsenwesen. Zugleich zweite Auflage vom Handwörterbuch des Bankwesens. Frankfurt a. M. 1957, S. 503—504. — Ferner *Gadow*, H., *Heinichen*, E. u, a.: Aktiengesetz, Bd. II ..., S. 44—45.

[40] *Janberg*, Hans: Einige Betrachtungen ..., S. 176.

[41] Soweit in diesem Kapitel besondere Quellenangaben fehlen, beruhen die Angaben auf brieflichen Informationen der genannten Firmen (siehe dazu das Literatur- und Quellenverzeichnis).

[42] Vgl. Mitteilung der Friedrich Krupp AG an ihre Belegschaft vom 24. Dezember 1921. Zitiert nach *Tänzler*, Fritz: a.a.O., S. 57—59.

[43] Vgl. dazu auch *Würdinger*, Hans: a.a.O., S. 238.

der vorliegenden Ausgabemethode ist von keiner der angeführten Unternehmungen angewendet worden.

Bei einer bedingten Kapitalerhöhung erfolgt die Einräumung von Bezugsrechten an Arbeitnehmer ausschließlich durch die Hauptversammlung im Kapitalerhöhungsbeschluß[44]. Und zwar muß diese gemäß § 192 und § 193 AktG eine Erhöhung des Grundkapitals beschließen, die nur soweit durchgeführt werden soll, wie ein den Arbeitnehmern gleichzeitig eingeräumtes Bezugsrecht ausgeübt wird. Dieser Beschluß bedarf gemäß § 193 Abs. 1 AktG wiederum mindestens einer $^3/_4$ Mehrheit, darf nach § 192 Abs. 3 AktG das Grundkapital maximal um die Hälfte erhöhen, wird wiederum den oben angeführten Anfechtungsbedingungen unterliegen und soll nach § 192 Abs. 2 Nr. 3 AktG nur zu einem Zweck erfolgen, nämlich „zur Gewährung von Bezugsrechten ... gegen Einlage von Geldforderungen, die den Arbeitnehmern aus einer ihnen von der Gesellschaft eingeräumten Gewinnbeteiligung zustehen". Diese erst seit kurzem zulässige Variante der vorliegenden Ausgabemethode wurde ebenfalls von keiner der angeführten Unternehmungen angewendet.

2. Die Einräumung eines Zuteilungsrechts bei nomineller Kapitalerhöhung

Eine ähnliche nach deutschem Aktienrecht nach wie vor unzulässige Methode zur Ausgabe von Belegschaftsaktien besteht darin, daß die Unternehmung ihren Arbeitnehmern bei einer nominellen Kapitalerhöhung (Kapitalerhöhung aus Gesellschaftsmitteln) ein Recht auf Zuteilung der Berichtigungsaktien (sog. Gratisaktien) einräumt[45]. Diese zuerst im 1958 veröffentlichten Referentenentwurf und später auch im Regierungsentwurf zum neuen Aktiengesetz vorgesene Ausgabemethode löste bei den Beratungen des handelsrechtlichen Kapitalerhöhungsgesetzes (sog. kleine Aktienrechtsreform), das u. a. die nominelle Kapitalerhöhung regelte, eine umfangreiche Diskussion in den Bundestagsausschüssen und der Öffentlichkeit aus, die sich auch bei den Beratungen zum Aktiengesetz von 1965 fortsetzte. Einerseits wurde sogar die zwangsweise Zuteilung der Hälfte der Berichtigungsaktien an die Arbeitnehmer gefordert, andererseits betont, daß auch schon die freiwillige Zuteilung gegen Art. 14 GG verstoße[46]. Da sich letztlich neben den verfassungsrechtlichen Be-

---

[44] Vgl. dazu *v. Godin*, R., *Wilhelmi*, H.: Gesetz über Aktiengesellschaften und Kommanditgesellschaften auf Aktien (Aktiengesetz). (Guttentagsche Sammlung Deutscher Reichsgesetze Nr. 205) 1. Aufl. Berlin u. Leipzig 1937, S. 520—521. — Ferner *Schlegelberger*, F., *Quassowski*, L. u. a.: Aktiengesetz. Kommentar. 3., erg. u. erw. Aufl. Berlin 1939, S. 752—753.

[45] Vgl. *Janberg*, Hans: Einige Betrachtungen ..., S. 175 u. 178.

[46] Vgl. dazu *Dempewolf*, Günther: Ist die Ausgabe von Belegschaftsaktien

denken die Ansicht durchsetzte, die nominelle Kapitalerhöhung lasse als praktisch bloßer Umbuchungsvorgang ihrer Natur nach keine Beteiligung der Arbeitnehmer zu[47], bestimmen § 9 hr.Kap.erh.G. und der heutige § 212 AktG, daß die Berichtigungsaktien ausschließlich den Aktionären zustehen und ein entgegenstehender Beschluß nichtig ist.

3. Die Veräußerung aus Gesellschaftsbeständen

Eine weitere, erst seit Inkrafttreten des handelsrechtlichen Kapitalerhöhungsgesetzes 1959 voll zulässige Ausgabemethode besteht darin, daß die Unternehmung ihren Arbeitnehmern Aktien zum Kauf anbietet, die sie selbst am freien Markt oder unter Rückgriff auf Verwertungsaktien erworben hat[48]. Bis 1959 ließ das Aktiengesetz den Erwerb eigener Aktien durch die Gesellschaft im wesentlichen nur zur Abwendung eines schweren Schadens, unentgeltlich oder in Ausführung einer Einkaufskommission zu (§ 65 Abs. 1 AktG 1937), von denen die zwei ersten Fälle für die Zwecke der Belegschaftsaktienausgabe zu selten sind und der dritte mit dem Risiko einer spekulativen Kurssteigerung verbunden ist[49]. Durch § 19 hr.Kap.erh.G. wurde dann der Erwerb eigener Aktien zu Zwecken der Belegschaftsaktienausgabe ausdrücklich als weitere Ausnahme in § 65 Abs. 1 AktG 1937 zugelassen[50], an dessen Stelle heute der § 71 Abs. 1 AktG getreten ist. Entsprechend den verschiedenen Möglichkeiten der Aktienbeschaffung sind vor allem folgende zwei Varianten dieser Ausgabemethode zu unterscheiden:

(1) Veräußerung aus Gesellschaftsbeständen mit Beschaffung am freien Markt

(2) Veräußerung aus Gesellschaftsbeständen unter Rückgriff auf Verwertungsaktien.

---

bei Kapitalerhöhung aus Gesellschaftsmitteln eine verfassungswidrige Eigentumsentziehung? In: Die Aktiengesellschaft. 4. Jg. 1959, H. 5 u. 6, S. 120 ff. u. 154 ff. — Ferner *Gessler*, E.: Kleine Aktienrechtsreform und Arbeitnehmeraktie. In: Recht der Arbeit. 13. Jg. 1960, H. 2, S. 49 f. — Ferner Deutscher Bundestag, 4. Wahlperiode: Schriftlicher Bericht des Rechtsausschusses (12. Ausschuß) über die von der Bundesregierung eingebrachten Entwürfe a) eines Aktiengesetzes, b) eines Einführungsgesetzes zum Aktiengesetz ... Bonn, den 28. 4. 1965. Zu Drucksache IV/3296, S. 39—40.

[47] Vgl. Deutscher Bundestag, 4. Wahlperiode: Schriftlicher Bericht ..., S. 40.

[48] Vgl. dazu *Tänzler*, Fritz: a.a.O., S. 25. — Ferner *Mickley*, Ingo: a.a.O., S. 76.

[49] Vgl. dazu *Niethammer*, Frank: Der Erwerb eigener Aktien zur Ausgabe an Arbeitnehmer. In: Der Betriebsberater. 15. Jg. 1960, H. 7, S. 257 ff. — Ferner *Janberg*, Hans: Einige Betrachtungen ..., S. 176 f.

[50] Vgl. *Gessler*, E.: Kleine Aktienrechtsreform ..., S. 50.

Bei der ersten Variante bietet die Unternehmung den Arbeitnehmern zu beliebigen Bedingungen (evtl. auch unentgeltlich[51]) Aktien zum Erwerb an, die sie selbst am freien Markt erworben hat. Dabei dürfen sich gemäß § 71 Abs. 1 AktG höchstens 10 % des Grundkapitals der Unternehmung zu Zwecken der Ausgabe an Arbeitnehmer, zur Abwendung eines schweren Schadens und zur Abfindung von Aktionären im Besitz der Unternehmung und ihrer abhängigen oder im Mehrheitsbesitz befindlichen Unternehmungen bzw. für ihre und deren Rechnung im Besitz eines Dritten befinden. Und nach Frank Niethammer ist der Vorstand bei Fortfall der Absicht einer Aktienausgabe an die Belegschaft verpflichtet, zu diesem Zweck erworbene eigene Aktien wieder zu veräußern[52]. Diese Form der Aktienausgabe wurde beispielsweise von der Farbwerke Hoechst AG und der Allianz Versicherungs-AG angewendet, sowie wahrscheinlich auch von den Siemens-Gesellschaften, die somit eine Veräußerung aus Gesellschaftsbeständen schon vor Inkrafttreten des handelsrechtlichen Kapitalerhöhungsgesetzes durchgeführt hätten[53].

Bei der zweiten Variante erwirbt die Unternehmung zur Veräußerung an die Belegschaft Aktien zurück, die ein Zeichner — meist die Emissionsbank — bei einer Kapitalerhöhung mit der Verpflichtung übernommen hat, sie unter Abführung des evtl. Mehrerlöses über den Zeichnungskurs nach Weisung der Gesellschaft zu verwerten[54]. Derartige Verwertungsaktien können durch einen entsprechenden Bezugsrechtsverzicht der Aktionäre absichtlich geschaffen werden, entstehen aber auch unabsichtlich, soweit Aktionäre versäumen, ihr Bezugsrecht auszuüben[55]. Die Übernahme der Verwertungsaktien durch die Unternehmung ist wiederum nur mit den schon angeführten Beschränkungen des § 71 Abs. 1 AktG möglich. Darüber hinaus wird die Schaffung der Verwertungsaktien speziell durch § 56 AktG erschwert, der die Zeichnung junger Aktien durch eine abhängige oder in Mehrheitsbesitz befindliche Unternehmung untersagt und hinsichtlich einer Zeichnung für Rechnung der Unternehmung bestimmt, daß der Zeichner ohne Rücksicht auf die Vereinbarung mit der Unternehmung auf die volle Einlage haftet und keines der Rechte aus den Aktien geltend machen kann. Allerdings ist auch in diesen Fäl-

---

[51] Vgl. *Niethammer*, Frank: a.a.O., S. 259.

[52] Vgl. *Niethammer*, Frank: a.a.O., S. 258.

[53] Vgl. Belegschaftsaktien ..., S. 706.

[54] Vgl. *Blümich*, W., *Klein*, O. u. a.: Körperschaftsteuergesetz mit Durchführungsverordnungen, Nebengesetzen und Verwaltungsanweisungen. Kommentar. 4. völl. neubearb. Aufl. Berlin u. Frankfurt a. M. 1965, S. 957.

[55] Das nicht ausgeübte mittelbare und unmittelbare Bezugsrecht fällt an die Gesellschaft und wird meist nach Emissionsvertrag zur Schaffung von Verwertungsaktien verwendet. (Vgl. dazu *Janberg*, Hans: Einkommensteuerfragen bei Belegschaftsaktien. In: Der Betrieb. 11. Jg., 1958, H. 39, S. 1081. — Ferner *Blümich*, W., *Klein*, O. u a.: a.a.O., S. 957).

len die Zeichnung nicht unwirksam und außerdem bleibt noch die Möglichkeit, daß die Aktien von einer unabhängigen Unternehmung für eigene Rechnung mit der entsprechenden Verwertungsabsprache gezeichnet werden, was normalerweise bei einer längerfristigen Übernahme der Verwertungsaktien geschieht[56]. Praktisch ist diese Ausgabemethode daher gar nicht so selten. So erfolgte z. B. die Ausgabe bei der Rosenthal-Porzellan AG 1963 und 1964 unter Rückkauf von Verwertungsaktien, die die Hausbank 1962 bei einer Kapitalerhöhung gezeichnet hatte. Und die Bayerische Hypotheken- und Wechsel-Bank AG führte speziell zu diesem Zweck eine genehmigte Kapitalerhöhung durch und erwarb die Aktien vom Zeichner zum Börsenkurs zurück, um sie dann aus Gesellschaftsbeständen auszugeben.

4. Die Vermittlung eines Aktienkaufes

Eine weitere schon immer zulässige Ausgabemethode, die bis zum Inkrafttreten des handelsrechtlichen Kapitalerhöhungsgesetzes 1959 vor allem anstelle der Veräußerung aus Gesellschaftsbeständen verwendet wurde, besteht darin, daß die Unternehmung lediglich Kaufan- oder -aufträge der Arbeitnehmer an einen Dritten weiterleitet, der in der Lage ist, die entsprechenden Aktien selbst zu veräußern oder aber als Kommissionär für die Arbeitnehmer zu erwerben[57]. Diese grundsätzlich zulässige Ausgabemethode war nach dem Aktiengesetz von 1937 nur bei Einschaltung einer abhängigen Unternehmung u. U. unzulässig, da gemäß § 65 Abs. 5 AktG 1937 auch eine abhängige Unternehmung nur nach den gleichen Grundsätzen wie die herrschende selbst deren Aktien erwerben konnte. Mit § 19 hr. Kap. erh. G. ist auch diese Beschränkung aufgehoben worden, da der Erwerb eigener Aktien im Fall einer Belegschaftsaktienausgabe auch für die herrschende Unternehmung möglich wurde. Entsprechend den auch hier denkbaren Möglichkeiten der Aktienbeschaffung lassen sich wiederum zwei Varianten der Ausgabemethode unterscheiden:

(1) Vermittlung eines Aktienkaufes mit Beschaffung am freien Markt

(2) Vermittlung eines Aktienkaufes unter Rückgriff auf Verwertungsaktien.

Die erste Variante wird beispielsweise von der Farbenfabriken Bayer AG und der Badischen Anilin- & Soda-Fabrik AG angewendet. Die Farbenfabriken Bayer AG haben die Corona Treuhand-Gesellschaft m.b.H.

---

[56] Vgl. dazu *Gadow*, W., *Heinichen*, E. u. a.: Aktiengesetz, Bd. I..., S. 302. — Ferner *v. Godin*, R., *Wilhelmi*, H.: a.a.O., S. 165—166.

[57] Vgl. dazu *Mickley*, Ingo: a.a.O., S. 76. — Ferner *Janberg*, Hans: Einige Betrachtungen..., S. 177.

beauftragt, Kaufaufträge der Belegschaft, die direkt an die Corona Treuhand-Gesellschaft gerichtet sind, zu besonderen Bedingungen auszuführen. Und die Badische Anilin- & Soda-Fabrik AG hat die Kaufaufträge der Arbeitnehmer an eine Bank weitergeleitet.

Eine der zweiten Variante zumindest ähnliche Ausgabeform hat z. B. die Mannesmann AG angewendet. Sie leitete entsprechende Kaufan- oder -aufträge an die Deutsche Treuhand-Gesellschaft weiter, die diese unter Rückgriff auf Aktien ausführen konnte, die „... nach Kapitalerhöhungen von einer Bank zur Verfügung gestellt“[58] wurden, wobei es sich in erster Linie um Stücke handelte, „... die aufgrund von Bezugsrechten aus ... Wandelobligationen bezogen worden waren“[59].

V. Die Finanzierung der Belegschaftsaktie

1. Die arbeitnehmerseitige Finanzierung

Die Ausgabe von Belegschaftsaktien kann jeweils auf spezifische Weise von Seiten der Arbeitnehmer, der Unternehmung, der Aktionäre und des Staates finanziert werden, und zwar sowohl ausschließlich von einer als auch von mehreren Seiten. Die arbeitnehmerseitige Finanzierung der Belegschaftsaktie umfaßt alle Eigenleistungen, die der Arbeitnehmer aus seinem bestehenden Einkommen und Vermögen zum Erwerb der Aktien aufbringen muß, ohne daß ihm zu diesem Zweck von anderer Seite zusätzliche Mittel zur Verfügung gestellt werden. Nach der Herkunft der Eigenleistungen lassen sich vor allem folgende Arten der arbeitnehmerseitigen Finanzierung unterscheiden:

(1) Eigenleistungen aus Vermögen

(2) Eigenleistungen aus dem laufenden Arbeitseinkommen

(3) Eigenleistungen aus bestehenden Erfolgsbeteiligungen oder Sonderzuwendungen.

Eigenleistungen aus Vermögen werden vom Arbeitnehmer normalerweise so erbracht, daß er vor der Aktienausgabe eine größere Einzahlung bei der ausgebenden Stelle vornimmt. Diese Finanzierungsart ist relativ selten und unter den angeführten Beispielen nur bei der Aktienausgabe der Allianz Versicherungs-AG zu finden, bei der der gesamte Kaufpreis vorher durch Einzahlung auf ein Postscheckkonto zu entrichten war[60].

---

[58] Schreiben der Mannesmann AG vom 21. 12. 1965.

[59] Ebenda.

[60] Soweit in diesem Kapitel besondere Quellenangaben fehlen, beruhen die Angaben auf brieflichen Informationen der genannten Firmen (siehe dazu das Literatur- und Quellenverzeichnis).

Eine häufiger zu findende Mischform mit Eigenleistungen aus dem laufenden Arbeitseinkommen besteht darin, daß die Unternehmung zwar nachträglich ratenweise Eigenleistungen über längere Zeit vorsieht, aber die erste Rate größer als die nachfolgenden dimensioniert. Diese Methode ist z. B. von der Mannesmann AG bei der zweiten und dritten Ausgabe angewendet worden und auch von der Friedrich Krupp AG.

Als Eigenleistung aus dem laufenden Arbeitseinkommen muß normalerweise jedes nachträgliche ratenweise Ansparen von arbeitnehmerseitig aufzubringenden Finanzierungsbeträgen angesehen werden, unabhängig davon, ob sie vom Arbeitnehmer selbst eingezahlt oder gleich von den Arbeitsbezügen einbehalten werden. Als Beispiele für die erste Möglichkeit lassen sich die schon oben erwähnte Aktienausgabe der Friedrich Krupp AG sowie die Aktienausgabe der Eternit AG anführen. Bei der Friedrich Krupp AG mußte eine 35 %-Rate bei Zeichnung der Aktien und der Rest in 3 Monatsraten von den Arbeitnehmern selbst eingezahlt werden[61]. Und bei der Eternit AG wurde die Einlage in 4 Jahren selbst angespart. Die Aktienausgabe erfolgte mit einer 25 % Einlage, die jeweils am Jahresende erhöht wurde (diese Ausgabemethode mit teileingezahlten Aktien war gemäß § 10 Abs. 2 AktG nur möglich, weil es sich um Namensaktien handelte). Die zweite Möglichkeit der Finanzierung durch Eigenleistungen aus dem laufenden Arbeitseinkommen wurde von der Mannesmann AG, der Demag AG, der Badischen Anilin- & Soda-Fabrik AG und der Farbenfabriken Bayer AG angewendet, die alle nachträgliche Eigenleistungen durch Abzug von den Arbeitsbezügen zuließen, allerdings wahlweise neben der nachfolgend erläuterten Finanzierungsart.

Eigenleistungen aus bestehenden Erfolgsbeteiligungen oder Sonderzuwendungen werden vom Arbeitnehmer normalerweise so erbracht, daß er die Unternehmung zur teilweisen oder vollständigen Einbehaltung dieser Bezüge ermächtigt. Zu diesem Zweck wird die Aktienausgabe meist kurz vor den Zahlungstermin der Erfolgsbeteiligung oder Sonderzuwendung gelegt. Diese Finanzierungsart findet sich z. B. bei den drei IG-Farben-Nachfolgegesellschaften, die ihre Belegschaftsaktien zum Jahresende ausgeben, wenn die von Lohn bzw. Gehalt, Betriebszugehörigkeitsdauer und Unternehmungsgewinn abhängige ‚Jahresprämie' ausgeschüttet wird[62]. Ganz ähnlich wurde auch die ‚Abschlußgratifikation' und

---

[61] Vgl. Mitteilung der Friedrich Krupp AG an ihre Belegschaft vom 24. 12. 1921. Zitiert nach *Tänzler*, Fritz: a.a.O., S. 58.

[62] Die Jahresprämie wird bei jeder der drei Gesellschaften etwas anders berechnet und bei Hoechst und Bayer nicht an leitende Angestellte gewährt, für die ein besonderes Gratifikationssystem besteht. Bei Hoechst wird im Gegensatz zu den anderen Gesellschaften am Jahresende nur ein Abschlag auf die hier dividendenabhängige Jahresprämie gewährt, deren Endzahlung im Mai nach der Hauptversammlung erfolgt.

ein evtl. Weihnachtsgeld bei der Mannesmann AG und die ‚Arbeitserfolgs- und Treueprämie' bei der Demag AG zur Finanzierung mit herangezogen. Allerdings wird diese Finanzierungsmethode, schon wegen evtl. Spitzenbeträge, regelmäßig mit einer der beiden anderen arbeitnehmerseitigen Finanzierungsarten kombiniert. So sind bei Bayer, BASF, Demag und Mannesmann — wie schon oben erwähnt — auch Ratenzahlungen aus dem laufenden Arbeitseinkommen möglich, während die Farbwerke Hoechst evtl. über die ‚Jahresprämie' hinausgehende Beträge aus den übrigen Dezemberbezügen in einem Betrag einbehalten.

2. Die unternehmungsseitige Finanzierung

Die unternehmungsseitige Finanzierung umfaßt jegliche Gewährung von Zuwendungen aus dem Vermögen bzw. dem Ertrag der Unternehmung zusätzlich zu den bestehenden Bezügen der Arbeitnehmer, und zwar ohne Berücksichtigung des evtl. Rückflusses dieser Zuwendungen infolge der spezifischen Finanzierungsfunktion der Aktie für die Unternehmung, die u. U. auch die Belegschaftsaktie noch erfüllt[63]. Nach der Form, in der diese Zuwendungen erfolgen, lassen sich vier Arten unternehmungsseitiger Finanzierung unterscheiden:

(1) Gewährung zusätzlicher Erfolgsbeteiligungen oder Sonderzuwendungen

(2) Gewährung von Vorzugskursen

(3) Gewährung von ‚Einlagen zu Lasten der Rücklagenbildung'

(4) Gewährung kleinerer Vergünstigungen.

Die Gewährung zusätzlicher Erfolgsbeteiligungen oder Sonderzuwendungen durch die Unternehmung umfaßt alle im Zusammenhang mit der Aktienausgabe über die bestehenden Arbeitnehmerbezüge hinaus gewährten Geldleistungen. Diese Finanzierungsart wurde beispielsweise von den Siemens-Gesellschaften, der Rosenthal-Porzellan AG und der Bayerischen Hypotheken- u. Wechsel-Bank AG angewendet. Die Siemens-Gesellschaften schütteten eine einmalige Wiederaufbauprämie aus, die bei den höher bezahlten Arbeitnehmern teilweise und ganz gegen

[63] Für ein klares Verständnis ist hier und im folgenden scharf zu trennen zwischen der unternehmungsseitigen Finanzierung der Belegschaftsaktie als einem Vorgang des Mitteleinsatzes und dem evtl. auftretenden Effekt der Beschaffung von Finanzierungsmitteln für die Unternehmung durch den Rückfluß der eingesetzten Mittel und Zufluß der arbeitnehmerseitig aufgewendeten Mittel. Diese Trennung wird häufig nicht vorgenommen, ist aber notwendig, da der zweite Effekt nicht zwangsläufig sondern nur bei bestimmten Ausgabentechniken auftritt, nämlich im Zusammenhang mit Kapitalerhöhungen.

Belegschaftsaktien verrechnet wurde[64]. Und die Rosenthal-Porzellan AG wie auch die Bayerische Hypotheken- u. Wechsel-Bank AG gewährten ihren Arbeitnehmern einen einmaligen Zuschuß in Höhe des Kaufpreises der Aktie, bei dem es sich wie auch bei Siemens außerdem um einen Vorzugskurs handelte, wie er nachfolgend erläutert wird.

Bei der Gewährung von Vorzugskursen handelt es sich um die Herabsetzung des Verkaufspreises der Belegschaftsaktien unter den jeweiligen Börsenkurs (bis auf Kurs Null einschließlich)[65]. Diese Finanzierungsart kann nur bei Aktienausgabe durch Veräußerung aus Gesellschaftsbeständen oder Vermittlung eines Aktienkaufes auftreten, während bei der Einräumung eines Bezugsrechtes anläßlich effektiver Kapitalerhöhungen eine aktionärsseitige Finanzierung vorliegt. Als Beispiele lassen sich vor allem die Belegschaftsaktien der Rosenthal-Porzellan AG und der Bayerischen Hypotheken- u. Wechsel-Bank AG anführen. Erstere wurden zum halben Börsenkurs, letztere zu 312 % ausgegeben. Außerdem sind hier die drei IG-Farben-Nachfolgegesellschaften, die Siemens-Unternehmungen und die Allianz Versicherungs-AG zu nennen, die entweder mehrere Aktien mit geringem Nachlaß (Bayer, BASF und Siemens bis etwa 50 Punkte) oder eine Aktie mit hohem Abschlag (Hoechst über 200 und Allianz 500 Punkte) ausgaben[66].

Bei der Gewährung von ‚Einlagen zu Lasten der Rücklagenbildung' handelt es sich um eine besondere unternehmungsseitige Finanzierungsform, die vom Gesetzgeber im neuen Aktiengesetz als Ersatz für die erwähnte nach wie vor unzulässige Einräumung von Zuteilungsrechten bei einer nominellen Kapitalerhöhung an Arbeitnehmer geschaffen wurde[67]: Bei einer Aktienausgabe durch Einräumung eines Bezugsrechtes anläßlich einer genehmigten Kapitalerhöhung kann nach § 204 Abs. 3 AktG so verfahren werden, daß die auf die jungen Aktien „... zu leistende Einlage aus dem Teil des Jahresüberschusses gedeckt wird, den nach § 58 Abs. 2 Vorstand und Aufsichtsrat in freie Rücklagen einstellen könnten"[68]. Voraussetzung ist ein Jahresabschluß mit uneingeschränktem Bestätigungsvermerk und entsprechendem Überschuß. Diese Regelung

---

[64] Vgl. Problematische Arbeiteraktie ..., S. 989.

[65] Dabei tritt jedoch nur insoweit ein unternehmungsseitiger Aufwand auf, als der Verkaufspreis unter dem Ankaufskurs (am Markt) oder dem Rückgriffskurs (bei Verwertungsaktien) bzw. einem davon abweichenden Bilanzwert liegt.

[66] Vgl. dazu *Schneider-Landmann*, Hellmuth: a.a.O., S. 1205. — Ferner Belegschaftsaktien ..., S. 706.

[67] Vgl. Deutscher Bundestag, 4. Wahlperiode: Schriftlicher Bericht ..., S. 39—40.

[68] Gesetzestext des § 204 Abs. 3 AktG. — Vgl. dazu auch *Gessler*, E.: Das neue Aktienrecht. In: Der Betriebsberater. 20. Jg. 1965, H. 17, S. 678. — Ferner *Peupelmann*, Hans W.: Übergang zum neuen Aktienrecht. In: Der Betrieb, 18. Jg. 1965, H. 41, S. 1509.

könnte bei oberflächlicher Betrachtung so verstanden werden, als läge bei dieser unternehmungsseitigen Finanzierungsart im Gegensatz zu den übrigen kein Aufwand sondern eine Gewinnverwendung vor. Unabhängig von der rechnungstechnischen Gestaltung sind jedoch auch diese ‚Einlagen zu Lasten der Rücklagenbildung' wie alle Aufwendungen der Unternehmung für ihre Arbeitnehmer, die nicht aufgrund eines Miteigentumsverhältnisses erfolgen, Personal- bzw. Sozialaufwand. Darüber hinaus scheint nicht einmal eine direkte Verbuchung der Einlagen zu Lasten des Jahresüberschusses erforderlich. Die Formulierung „gedeckt wird" deutet darauf hin, daß mit dieser Vorschrift nicht so sehr die rechnungstechnische Behandlung festgelegt, sondern vor allem die grundsätzliche Möglichkeit geschaffen wird, bei einer ganz bestimmten Ausgabemethode von dem in § 58 AktG angestrebten Gewinnverwendungsverhältnis abzuweichen, also den Aktionären die Möglichkeit zu geben, die Ermächtigung bei der genehmigten Kapitalerhöhung an die Bedingung zu knüpfen, eine evtl. Belegschaftsaktienausgabe dürfe sich nur auf die Rücklagenbildung nicht jedoch auf die Dividende auswirken.

Die Gewährung kleinerer Vergünstigungen ist meist zusätzlich neben anderen unternehmungsseitigen Finanzierungsarten zu finden und umfaßt vor allem die Übernahme folgender Aufwendungen: Erstens Zinskosten, wie sie insbesondere bei Eigenleistungen der Arbeitnehmer aus dem laufenden Arbeitseinkommen entstehen können. Derartige Kosten wurden beispielsweise von der Badischen Anilin- & Soda-Fabrik AG, der Bayer AG, der Demag AG und der Mannesmann AG getragen. Zweitens die Nebenkosten des Aktienerwerbs, wie die gegebenenfalls anfallende Börsenumsatzsteuer, Bankprovision u. ä., die beispielsweise von der Farbwerke Hoechst AG, der Farbenfabriken Bayer AG, der Rosenthal-Porzellan AG, der Bayerischen Hypotheken- u. Wechsel-Bank AG und der Mannesmann AG übernommen wurden, nicht jedoch von der Allianz Versicherungs-AG und der Demag AG. Und drittens die Lohnsteuer- und Sozialversicherungsabgaben auf die durch die unternehmungs- und aktionärsseitige Finanzierung unversteuert gewährten geldwerten Vorteile (einschließlich der Abgaben auf die Abgaben), soweit sie nicht aufgrund der nachfolgend erläuterten staatlichen Finanzierung befreit sind; als Beispiele lassen sich hier die Mannesmann AG und die Bayer AG anführen[69].

3. Die aktionärsseitige Finanzierung

Die aktionärsseitige Finanzierung beinhaltet jeden Verzicht der Aktionäre auf Teile ihres Vermögens bzw. Einkommens bei der Beleg-

[69] Vgl. *Schmitt*, Matthias: a.a.O., S. 310.

schaftsaktienausgabe, soweit es sich nicht lediglich um eine Rückwirkung der unternehmungsseitigen Finanzierung handelt, die sich zwangsläufig aus der Tatsache ergibt, daß die Aktionäre mit ihren Aktien anteilig an Vermögen und Gewinn der Unternehmung beteiligt sind. Es gibt vor allem zwei Formen, in denen eine aktionärsseitige Finanzierung auftreten kann:

(1) Einräumung eines Bezugsrechtes für die Belegschaft

(2) Aufgabe eines Bezugsrechtes zur Schaffung von Verwertungsaktien.

Die Einräumung eines Bezugsrechtes für die Belegschaft, wie sie bei jeder Aktienausgabe anläßlich einer effektiven Kapitalerhöhung erforderlich ist, bedeutet immer dann eine aktionärsseitige Finanzierung, wenn der Ausgabekurs der jungen Aktien unter dem Substanzwert der Altaktien liegt[70]. In diesem Falle übersteigt — da die jungen Aktien prinzipiell gleichberechtigt neben die Altaktien treten — der auf die jungen Aktien entfallende Anteil am Gesellschaftsvermögen die auf sie geleistete Einlage, und im gleichen Maße wachsen ihnen ihrer Einlage unangemessene Gewinn- und Verwaltungsrechte zu[71]. Entsprechend verlieren die alten „... Aktionäre eine ... Quote an der Vermögenssubstanz sowie an der Herrschaftsgewalt über und an der Dividendenerwartung aus einem entsprechenden Teil des Gesellschaftsvermögens“[72]. „Daß dieser von den Aktionären aufgegebene Teil für sie ein unmittelbarer, realer Vermögenswert ist, beweist am besten die Tatsache, daß die Bezugsrechte an der Börse (abhängig vom Kurs der Aktie) bewertet und gehandelt werden[73].“ Als Beispiel für diese Form der aktionärsseitigen Finanzierung läßt sich vor allem die Aktienausgabe der Demag AG anführen, deren Aktionäre bei einem Börsenkurs der Altaktien von 200 bis 250 % und einem Ausgabekurs der jungen Aktien von 100 % auf Teile ihres Bezugsrechts verzichten. Eine ähnliche aktionärsseitige Finanzierung wurde von der Friedrich Krupp AG und der Eternit AG vorgenommen, die die jungen Aktien zum Kurse von 106 % bzw. 100 % ausgaben[74].

Die Aufgabe eines Bezugsrechtes zur Schaffung von Verwertungsaktien, wie sie bei jeder Aktienausgabe durch Veräußerung aus Gesellschaftsbeständen oder Vermittlung eines Aktienkaufes unter Rückgriff auf Verwertungsaktien erforderlich ist, bedeutet immer dann eine ak-

[70] Vgl. dazu *Dempewolf*, Günter: a.a.O., S. 121. — Ferner *Janberg*, Hans: Einkommensteuerfragen ..., S. 1080.

[71] Vgl. *Dempewolf*, Günter: a.a.O., S. 122.

[72] *Woeste*, Karlfriedrich: a.a.O., S. 1316.

[73] Ebenda.

[74] Vgl. Mitteilung der Friedrich Krupp AG an ihre Belegschaft vom 24. 12. 1921. Zitiert nach *Tänzler*, Fritz: a.a.O., S. 58—59.

tionärsseitige Finanzierung, wenn der Ausgabekurs an den Zeichner zuzüglich eines evtl. Mehrerlöses bei der Weiterveräußerung unter dem Substanzwert der Altaktien liegt. Da sich der Zeichner der Verwertungsaktien zur Abführung des den Ausgabekurs überschreitenden Mehrerlöses an die Unternehmung verpflichtet, dieser Mehrerlös wie das normale Agio nach § 150 Abs. 2 Ziff. 2 AktG in die gesetzliche Rücklage eingestellt wird und dabei ebenso erfolgsteuerfrei bleibt[75], besteht der einzige Unterschied zwischen dem vorliegenden und dem Fall der Bezugsrechtseinräumung an die Belegschaft darin, daß sich hier die Einlage aus zwei Teilen zusammensetzt. Allerdings muß beachtet werden, daß der ‚Mehrerlös' oft erst längere Zeit nach der Kapitalerhöhung anfällt, also zwischenzeitlich kaum berücksichtigt werden kann, und insofern bei der Schaffung von Verwertungsaktien die Höhe des Ausgabekurses die größere Bedeutung hat. Eine derartige aktionärsseitige Finanzierung kann beispielsweise bei der Aktienausgabe der Rosenthal-Porzellan AG und der Bayerischen Hypotheken- u. Wechsel-Bank AG vorgelegen haben. Allerdings wurde sie von den beiden Unternehmungen bewußt gering gehalten, indem im ersten Fall der Rückkaufpreis und im zweiten Fall schon gleich der Ausgabekurs in Höhe des jeweiligen Börsenkurses festgesetzt wurde.

Bisweilen wird grundsätzlich bestritten, daß ein Bezugsrechtsverzicht der Aktionäre — wie erläutert — als spezifische Zuwendung der Aktionäre an die Belegschaft angesehen werden kann bzw. sich von einem unternehmungsseitigen Finanzierungsakt unterscheidet. Görbing wendet z. B. ein: „Die Hauptversammlung wird, wenn sie diesen Beschluß faßt, als Organ der Gesellschaft tätig, ist also nicht verschieden von der Gesellschaft ...[76]" Und Matthias Schmitt behauptet, die Aktionäre seien gleichermaßen benachteiligt, ob sie nun zugunsten der Arbeitnehmer auf ein Bezugsrecht verzichteten oder aber die Unternehmung am Markt erworbene Aktien mit entsprechendem Vorzugskurs an die Belegschaft weitergäbe[77]. Diese Einwendungen sind in gewissem Umfange richtig, für eine Einordnung des Bezugsrechtsverzichts unter die unternehmungsseitigen Finanzierungsarten reichen sie jedoch nicht aus: Zwar ist es richtig, daß die Hauptversammlung als Organ der Gesellschaft den Beschluß faßt, jedoch erfolgt die Zuwendung allein aus dem Vermögen der Aktionäre und nicht aus dem Gesellschaftsvermögen; die Bilanz der AG bleibt unverändert[78]. Ebenso ist es richtig, daß auch die unternehmungsseitige

---

[75] Vgl. dazu *Blümich*, W., *Klein*, O. u. a.: a.a.O., S. 957. — Ferner *Gadow*, W., *Heinichen*, E. u. a.: Aktiengesetz, Bd. I ..., S. 927. — Ferner *Schlegelberger*, F., *Quassowski*, L. u. a.: a.a.O., S. 569.

[76] *Görbing:* Zur steuerlichen Behandlung der Zuwendung von Aktien an Arbeitnehmer. In: Der Betriebsberater. 15. Jg. 1960, H. 7, S. 263.

[77] Vgl. *Schmitt*, Matthias: a.a.O., S. 309.

[78] Vgl. *Janberg*, Hans: Einige Betrachtungen ..., S. 176.

Finanzierung das Vermögen der Aktionäre vermindert, nur eben in viel geringerem Umfange, da sie normalerweise zu einem großen Teil zu Lasten potentieller Erfolgsteuerverbindlichkeiten, also zu Lasten des Staates geht, was unten noch näher erläutert wird.

4. Die staatliche Finanzierung

Die staatliche Finanzierung umfaßt alle gesetzlich geregelten Zuwendungen und Abgabenverzichte der Finanzbehörden und Sozialversicherungsträger im Zusammenhang mit der Belegschaftsaktienausgabe, die — wenn nicht direkt so zumindest indirekt — zur Finanzierung der Belegschaftsaktie beitragen. Dabei sind insbesondere die folgenden Formen staatlicher Finanzierung zu unterscheiden:

(1) Abgabenverzicht bei der Erfolgsbesteuerung

(2) Prämienbegünstigung nach dem Spar-Prämiengesetz

(3) Abgabenvergünstigung nach oder analog dem steuerlichen Kapitalerhöhungsgesetz

(4) Abgabenvergünstigung nach dem Vermögensbildungsgesetz.

(1) Der *Abgabenverzicht* bei der *Erfolgsbesteuerung* beinhaltet einen Fortfall potentieller Steuerverbindlichkeiten für die Unternehmung als Folge der unternehmungsseitigen Finanzierung der Belegschaftsaktie und insofern per Saldo eine Verminderung des Finanzierungsaufwandes[79]. Die gesetzliche Grundlage bilden die §§ 4 und 5 EStG in Verbindung mit § 6 Abs. 1 KStG und § 7 GewStG, denen zufolge der erfolgsteuerpflichtige Gewinn durch vollständigen Vermögensvergleich unter Zu- bzw. Abrechnung von Entnahmen und Einlagen ermittelt wird, bei Berücksichtigung vor allem der Vorschriften über Betriebsausgaben, Bewertung und Absetzung für Abnutzungen[80]. Alle Aufwände der Unternehmung zur Finanzierung der Belegschaftsaktie sind ausnahmslos Betriebsausgaben, d. h. Aufwendungen, die im Zeitpunkt ihres Entstehens ersatzlos das Betriebsvermögen und somit den steuerpflichtigen Gewinn bzw. die potentiellen Steuerverbindlichkeiten mindern[81]. Das ergibt sich vor allem aus der Tatsache, daß es zur Anerkennung als Betriebsausgabe nicht notwendig ist, daß „... die Ausgaben für den Betrieb geeignet oder erfor-

---

[79] Davon ist scharf zu trennen der evtl. Rückfluß der Mittel bei bestimmten Ausgabemethoden. Dabei handelt es sich um eine Frage der Unternehmungsfinanzierung, die an anderer Stelle erörtert wird (siehe auch Fußnote 63).

[80] Vgl. *Wöhe*, Günter: Betriebswirtschaftliche Steuerlehre, Bd. I. Unveränderter Nachdruck, Berlin u. Frankfurt a. M. 1964, S. 131 ff.

[81] Vgl. *Littmann*, Eberhard: Das Einkommensteuerrecht. Kommentar zum Einkommensteuergesetz. 8., völl. erneuerte Aufl. Stuttgart 1966, S. 459.

derlich sind ..."[82], sondern lediglich, daß sie „... ernstlich zur Förderung des Betriebes gemacht worden sind ... und mit ihm in einem sachlichen Zusammenhang stehen ..."[83]. Und diese Bedingung wird heute auch von den Finanzbehörden bei freiwilligem Sozialaufwand grundsätzlich als erfüllt angesehen[84]. Eventuelle Zweifel im Hinblick auf ‚Einlagen zu Lasten der Rücklagenbildung' lassen sich durch das RFH-Urteil VI 63/40 vom 19. 6. 1940 ausräumen, in dem eine aus dem Ergebnis zu zahlende Gewinnbeteiligung als Betriebsausgabe anerkannt wurde[85].

Der Umfang des staatlichen Erfolgsteuerverzichts liegt je nach geplanter Gewinnverwendung zwischen 33 % und 58 % des durch die unternehmungsseitige Finanzierung der Belegschaftsaktie verursachten Aufwandes, entsprechend der gegenwärtigen Erfolgsteuerbelastung von etwa 33,4 % für ausgeschüttete und 57,4 % für einbehaltene Gewinne[86]. Im Rahmen der heute üblichen Politik relativ stabiler Dividenden wird die unternehmungsseitige Finanzierung jedoch nicht nur bei ‚Einlagen zu Lasten der Rücklagenbildung' ausschließlich zu Lasten potentieller Rücklagen gehen, so daß im Normalfall mit einem staatlichen Erfolgsteuerverzicht von rd. 57 % gerechnet werden kann. Zwar hat das neue Aktiengesetz die Möglichkeiten der Dividendenstabilisierung merklich eingeschränkt, eine völlige Umorientierung der Dividendenpolitik ist jedoch nicht wahrscheinlich[87]. Aber selbst bei konsequenter Verwirklichung des nach § 58 und § 174 AktG angestrebten gleichbleibenden Verhältnisses von 1 : 1 zwischen Gewinnausschüttung und Rücklagenbildung wird der staatliche Erfolgsteuerverzicht noch immer rd. 48 % betragen, wie die folgende Rechnung zeigt:

---

[82] *Blümich*, W., *Falk*, K., *Steinbrink*, W.: Einkommensteuergesetz, Bd. I. 9. Aufl. Berlin u. Frankfurt a. M. 1964, S. 352.

[83] Ebenda, S. 352.

[84] Vgl. dazu *Merle*, Günter: Die betriebswirtschaftliche Problematik des freiwilligen sozialen Aufwands in der Industrie. Berlin, Technische Universität, Wirtschaftswiss. Diss. 1963, S. 117. — Ferner *Blümich*, W., *Falk*, L., *Steinbrink*, W.: a.a.O., S. 352—353.

[85] Vgl. dazu *Hellinger*, Alfred: Die Gewinnbeteiligung der Arbeitnehmer im Steuerrecht. (Der Rechts- und Steuerdienst, H. 30) Köln 1954, S. 54. — Ferner Steuerliche Behandlung von sog. „Ergebnislöhnen" (BdF-Erlaß vom 22. 4. 1952—IV—S 2174—27/52). In: Der Betrieb. 5. Jg. 1952, H. 20, S. 404.

[86] Vgl. dazu *Schwarz*, Horst: Unterschiedliche Erfolgssteuerbelastungen von Investitionsalternativen. Problematik und Technik der Ermittlung. In: Neue Betriebswirtschaft. 16. Jg. 1963, H. 1, S. 2 ff. — Ferner *Bösl*, Rudolf: Retrograde Ermittlung des Steuerbilanzgewinns auf Grund der Sammelposition „Steuern vom Einkommen, vom Ertrag und vom Vermögen" nach § 132 AktG. In: Der Betrieb. 18. Jg. 1965, H. 34, S. 1223—1224. — Die Rechnung geht von 13,04 % Gewerbeertragsteuer (300 % Hebesatz, 5 % Steuermeßzahl) und 51 % bzw. 15 % Körperschaftsteuer aus.

[87] Vgl. dazu *Schubert*, Werner: Betriebswirtschaftliche Überlegungen zum Ausweis und zur Verwendung von Gewinn nach dem neuen Aktienrecht. In: Zeitschrift für Betriebswirtschaft, 35. Jg. 1965, H. 12, S. 823 f. — Ferner *Mellerowicz*, Konrad: Unternehmenspolitik, Bd. III. Freiburg i. Br. 1964, S. 416 ff.

(a) Aus 100 Einheiten steuerpflichtigen Gewinns werden *Ya* Einheiten zur Ausschüttung und *Yr* Einheiten zur Rücklagenbildung verwendet:
$Ya + Yr = 100$

(b) Die Nettoausschüttung und die Nettorücklagenbildung sind gleich:
$Ya - 0{,}334\,Ya = Yr - 0{,}574\,Yr$
$Ya = 0{,}426/0{,}666\,Yr = 0{,}64\,(100 - Ya) = 39$ (b) + (a)

(c) Die gesamte Steuerbelastung *X* ist die Summe der Einzelbelastungen:
$X = 0{,}334\,Ya + 0{,}574\,Yr$
$X = 0{,}334 \cdot 39 + 0{,}574\,(100 - 39) = 48$ (c) + (b) + (a)

(2) Die *Prämienbegünstigung nach dem Spar-Prämiengesetz* beinhaltet die Zahlung einer begrenzt verfügbaren Prämie an den Arbeitnehmer auf arbeitnehmer- und unternehmungsseitig erbrachte ‚Aufwendungen für den Erwerb' der Belegschaftsaktie und bewirkt insofern die nachträgliche Minderung einer evtl. arbeitnehmerseitigen Finanzierungslast. Da die Prämie nach § 1 Abs. 4 SparPG und § 12 Abs. 2 SparPDV bei Heirat des Arbeitnehmers nach 2 Jahren und bei völliger Erwerbsunfähigkeit oder Tod sowie auch bei Tod des Ehegatten sofort verfügbar ist, also ‚eiserne Reserven' ersetzen kann, kommt ihr für die Finanzierung selbst auch schon Bedeutung zu.

Die gegenwärtig geltenden gesetzlichen Bedingungen für die Prämienbegünstigung beim Wertpapiererwerb sind vor allem, daß erstens die ‚Erwerbsaufwendungen' an oder über ein Kreditinstitut geleistet werden (§ 5 Abs. 1 SparPDV), daß zweitens mit dem Kreditinstitut eine sechsjährige Verfügungssperre vereinbart wird (§ 1 Abs. 1 u. 4 SparPG), daß drittens die Verwahrung der Wertpapiere von einem Kreditinstitut im Sperrdepot vorgenommen wird (§ 5 Abs. 4 SparPDV), daß viertens der Wertpapiererwerb nicht in mittelbarem oder unmittelbarem Zusammenhang mit einer Kreditaufnahme steht (§ 1 Abs. 4 Z. 1 SparPG) und daß fünftens weder der Erwerber noch seine Ehefrau oder eines seiner Kinder unter 18 Jahren eine Vergünstigung nach dem Wohnungsbau-Prämiengesetz beantragt bzw. die Prämienbegünstigung nach dem Spar-Prämiengesetz nicht schon anderweitig voll ausschöpft (§ 1 Abs. 4 Z. 3 u. § 2 Abs. 2—3 SparPG)[88]. Die Erfüllung der ersten der vier Bedingungen bereitet keine großen Schwierigkeiten. Falls die Aktienausgabe durch Veräußerung aus Gesellschaftsbeständen oder Vermittlung eines Aktienkaufes ohne Einschaltung eines Kreditinstitutes erfolgt, kann zur

---

[88] Das Spar-Prämiengesetz ist vor allem durch die Steueränderungsgesetze von 1964 und 1966 sehr wesentlich geändert worden: In seiner Fassung von 1963 begünstigte es nur den Ersterwerb von Wertpapieren, sah eine fünfjährige Sperrfrist vor und enthielt kein Kumulationsverbot hinsichtlich der Vergünstigungen des Wohnungsbau-Prämiengesetzes.

Erfüllung der ersten Bedingung mit den Aktienurkunden auch der Erwerbspreis gesammelt an das verwahrende Kreditinstitut überwiesen werden, das diese Beträge dann weiter oder zurückleitet[89]. Und zur Erfüllung der vierten Bedingung ist es bei Eigenleistungen der Arbeitnehmer aus dem laufenden Arbeitseinkommen im Zweifel erforderlich, daß die Raten nur bis zum Ende des Erwerbsjahres laufen[90]. Lediglich die fünfte Bedingung ist häufiger nicht zu erfüllen; durch sie scheiden ein großer Teil der schon anderweitig prämiensparenden und alle bausparenden Belegschaftsaktionäre aus dem Kreis der Begünstigten aus.

Der Umfang der Prämienbegünstigung ist wie folgt bestimmt: Prämienbegünstigt ist der reine Erwerbspreis ohne evtl. gewährte Vorzugskurse oder Bezugsrechte und ohne Nebenkosten des Erwerbs bis zu Höchstbeträgen zwischen DM 600 und DM 1800 je nach Familienstand bzw. Alter und Zahl der Kinder unter 18 Jahren (§ 2 Abs. 2 u. 3 SparPG, § 5 Abs. 1—3 SparPDV, Nr. 8 u. 9 SparPR). Und der Prämiensatz beträgt je nach Familienstand bzw. Alter und Zahl der Kinder unter 18 Jahren 20—30 % (§ 2 Abs. 1 SparPG).

Die Prämienbegünstigung nach dem Sparprämiengesetz konnte beispielsweise 1965 bei der Aktienausgabe der Farbwerke Hoechst und der Badischen Anilin- & Soda-Fabrik in Anspruch genommen werden, wenn die Arbeitnehmer es wünschten und die (damals geltenden) Bedingungen erfüllt waren.

(3) Die *Abgabenvergünstigung* nach oder analog dem *steuerlichen Kapitalerhöhungsgesetz* beinhaltet eine begrenzte Befreiung unternehmungsseitig gewährter Vorzugskurse und aktionärsseitig eingeräumter Bezugsrechte von Lohnsteuer, Lohnsummensteuer und Sozialversicherungsbeiträgen und bedeutet somit eine Verminderung der arbeitnehmer- und unternehmungsseitigen Finanzierungslast. Da Vorzugskurse und Bezugsrechte geldwerte Güter sind, die dem Arbeitnehmer aus dem Dienstverhältnis zufließen, stellen sie nach § 2 Abs. 1—3 LStDV in Verbindung mit § 19 EStG Einkünfte aus nichtselbständiger Arbeit dar, unterliegen also der Lohnsteuer[91]. Indirekt folgt daraus mit § 24 GewStG auch die Abgabenpflicht der Lohnsummensteuer und nach § 160 RVO in Verbindung mit dem gemeinsamen Erlaß des Reichsfinanzministers und Reichsarbeitsministers vom 10. 9. 1944 (RArbBl. II S. 281) auch die Bei-

---

[89] Vgl. *Laube*, Peter: Zweites Gesetz zur Vermögensbildung der Arbeitnehmer. Textausgabe mit Erläuterungen und Beispielen. Frankfurt a. M. 1965, S. 60.

[90] Diese Regelung wurde bei der Privatisierung des Volkswagenwerks getroffen.

[91] Vgl. dazu *Schelp*, G., *Schmitt*, K., *Haase*, W.: Kommentar zum Gesetz zur Förderung der Vermögensbildung der Arbeitnehmer. Heidelberg 1962, S. 78. — Ferner *Görbing:* a.a.O., S. 261.

tragspflicht zur Sozialversicherung[92]. Zwar wurde für Bezugsrechte zeitweilig jegliche Abgabenpflicht bestritten, weil die Zuwendung offensichtlich nicht aus dem Gesellschaftsvermögen stammt[93], jedoch ist dieser Einwand 1962 vom Bundesfinanzhof als unerheblich für den Begriff der Einkünfte aus nichtselbständiger Arbeit verworfen worden[94]. Bei der Bewertung des Vorzugskurses bzw. Bezugsrechtes ist, da es sich um Sachbezüge handelt, nach § 3 Abs. 1 LStDV der übliche Mittelpreis des Verbrauchsortes zugrundezulegen, d. h. in der Regel die Kursdifferenz zwischen Überlassungskurs und Börsenkurs am Tage der Überlassung[95]. Davon sind jedoch Abschläge gerechtfertigt, wenn mit dem Arbeitnehmer eine Veräußerungssperre vereinbart wird, da er damit ein Kursrisiko eingeht[96].

Für den Fall der unternehmungsseitigen Gewährung eines Vorzugskurses hat der Gesetzgeber in § 8 des steuerlichen Kapitalerhöhungsgesetzes Bedingungen und Umfang eines derartigen Abschlages geregelt: Die Aktienausgabe muß durch Veräußerung aus Gesellschaftsbeständen erfolgen[97], Arbeitgeber und Arbeitnehmer müssen eine fünfjährige Veräußerungssperre vereinbaren und die Verwahrung der Aktien hat (gemäß § 3 Abs. 1 DV zu § 8 Abs. 1 st. Kap. erh. G.) bei einem Kreditinstitut, dem Arbeitgeber oder einem von ihm bestimmten Treuhänder zu erfolgen. Unter diesen Bedingungen gehört ein Vorzugskurs bis zu 50 % des Börsenkurses und bis zu DM 500 pro Jahr und Arbeitnehmer nicht zu den Einkünften aus unselbständiger Arbeit und ist damit lohnsteuerfrei, und in Verbindung mit § 24 GewStG bzw. § 160 RVO und dem angeführten Reichsministererlaß auch von Lohnsummensteuer und Sozialversicherungsabgaben befreit[98].

---

[92] Vgl. dazu *Schelp*, G., *Schmitt*, K., *Haase*, W.: a.a.O., S. 165—167. — Nach einer Entscheidung des Bundessozialgerichts ist dieser Erlaß auch heute noch grundsätzlich gültig. (Vgl. Entscheidungen des Bundessozialgerichts. Bd. 6. Köln, Berlin 1958, S. 47 ff.).

[93] Vgl. dazu *Janberg*, Hans: Einkommensteuerfragen ..., a.a.O., S. 1081. — Ferner *Woeste*, Karlfriedrich: a.a.O., S. 1316 f.

[94] Urteil vom 2. 3. 1962 — VI. 255/60 U. (Vgl. Ausgabe von Belegschaftsaktien an Arbeitnehmer. Lohnsteuerpflichtiger Arbeitslohn bei Vorzugskursen. In: Der Betriebsberater. 17. Jg. 1962, H. 14, S. 551).

[95] Vgl. *Schelp*, G., *Schmitt*, K., *Haase* W.: a.a.O., S. 78.

[96] Vgl. *Görbing:* a.a.O., S. 261.

[97] Das Gesetz spricht von der „Überlassung eigener Aktien". Aus dieser Formulierung und dem gesetzlichen Zusammenhang mit § 19 hr. Kap. erh. G. folgt nach Görbing, daß die Aktien sich vorher im Eigentum der Unternehmung befinden müssen. (Vgl. *Görbing:* a.a.O., S. 261). — Die gleiche Ansicht wird in einem Erlaß der Länderfinanzminister vertreten. (Vgl. Behandlung der Ausgabe von Belegschaftsaktien zu einem Vorzugskurs. Fin.Min. Hessen, Erlaß vom 13. 7. 1961 — S 2220 — 138 — II/23 —. In: Die Aktiengesellschaft. 6. Jg. 1961, H. 11, S. 326).

[98] Vgl. *Schmitt*, K.: Überlassung von Belegschaftsaktien an Arbeitnehmer zu einem Vorzugskurs. In: Der Betriebsberater. 17. Jg. 1962, H. 10, S. 402.

In allen anderen Fällen insbesondere der aktionärsseitigen Einräumung eines Bezugsrechtes oder, soweit zwar die unternehmungsseitige Gewährung eines Vorzugskurses vorliegt, aber die Bedingungen des steuerlichen Kapitalerhöhungsgesetzes nicht erfüllt sind, kann, wie ein gleichlautender Erlaß der Länderfinanzminister von 1961 feststellt, entsprechend den allgemeinen Bewertungsgrundsätzen, von denen auch das steuerliche Kapitalerhöhungsgesetz ausgeht, eine ähnliche, wenn auch weniger großzügige, Vergünstigung gewährt werden[99]. Allerdings soll inzwischen eine Reihe von Ländern die Ansicht vertreten, ein Abschlag sei in den gesetzlich nicht geregelten Fällen nur noch gerechtfertigt, wenn in absehbarer Zeit mit einem Kursverlust zu rechnen sei[100].

Die Vergünstigung nach dem steuerlichen Kapitalerhöhungsgesetz wurde beispielsweise von der Farbwerke Hoechst AG, der Rosenthal-Porzellan AG, der Bayerischen Hypotheken- u. Wechsel-Bank AG und der Allianz Versicherungs-AG in Anspruch genommen.

(4) Die *Abgabenvergünstigung* nach dem *Vermögensbildungsgesetz* beinhaltet eine begrenzte Befreiung arbeitnehmerseitiger Eigenleistungen und evtl. auch unternehmungsseitig gewährter zusätzlicher Erfolgsbeteiligungen oder Sonderzuwendungen und ‚Einlagen zu Lasten der Rücklagenbildung' von der Lohnsteuer, Lohnsummensteuer und den Sozialversicherungsbeiträgen und bedeutet somit eine Verminderung der arbeitnehmer- und unternehmungsseitigen Finanzierungslast[101].

Als wichtigste gesetzliche Bedingungen dieser Abgabenvergünstigung sind zu nennen: Erstens muß es sich um vermögenswirksame Leistungen handeln, d. h. in diesem Zusammenhang um ‚Aufwendungen für den Erwerb' von Belegschaftsaktien, die entweder nach dem Spar-Prämiengesetz oder nach dem steuerlichen Kapitalerhöhungsgesetz festgelegt werden (§ 2 Abs. 1 Ziff. a und d 2. VermBG). Daraus folgt u. a., daß Vorzugskurse oder Bezugsrechte nach dem Vermögensbildungsgesetz nicht begünstigt sind[102]. Zweitens muß es sich um Leistungen des Arbeitgebers handeln (§ 1 Abs. 1 2. VermBG)[103], d. h. entweder um besondere aus-

---

[99] Vgl. dazu Behandlung der Ausgabe von Belegschaftsaktien . . ., S. 326. — Ferner *Görbing:* a.a.O., S. 263.

[100] Nach einem Schreiben des Niedersächsischen Finanzministers vom 29. 3. 1966.

[101] Die Einkommensteuer- bzw. Körperschaftsteuervergünstigung nach § 14 2. VermBG bleibt hier außer Betracht, weil sie nur Kleinunternehmungen bis zu 50 Arbeitnehmern gewährt wird, also für eine Belegschaftsaktienausgabe normalerweise bedeutungslos ist.

[102] Vgl. *Laube,* Peter: a.a.O., S. 57.

[103] Obwohl § 4 2. VermBG von „vermögenswirksamer Anlage von Teilen des Arbeitslohns" spricht und die Vorschriften über „vermögenswirksame Leistungen" nur für anwendbar erklärt, wird hier — in Übereinstimmung mit der Literatur — der einheitliche Begriff der „vermögenswirksamen Leistung" verwendet, wie ihn § 1 2. VermBG programmatisch voranstellt.

schließlich für die vermögenswirksame Anlage erbrachte Leistungen oder um Teile des „... laufenden Gehaltes oder ... sonstigen Arbeitslohns (z. B. Tantiemen, Unfallverhütungs-Prämien, Weihnachtsgratifikationen) ...“[104], in jedem Fall aber um Leistungen im Rahmen des Arbeitsverhältnisses. Daraus folgt, daß Eigenleistungen des Arbeitnehmers nur dann begünstigt sind, wenn sie durch Abzug von derartigen Arbeitsbezügen erbracht werden. Drittens müssen die vermögenswirksamen Leistungen vom Arbeitgeber ‚für‘ den Arbeitnehmer erbracht werden (§ 2 Abs. 1 u. 2 2. VermBG), d. h. der Arbeitnehmer darf normalerweise die Leistung nicht bar ausgezahlt erhalten, auch nicht vorübergehend[105]. Viertens müssen die Leistungen vereinbart sein (§ 1 Abs. 1 2. VermBG). Das kann entweder durch Einzelverträge, Betriebsvereinbarungen oder Tarifverträge geschehen (§ 3 2. VermBG), was vor allem für besondere ausschließlich zur vermögenswirksamen Anlage erbrachte Leistungen in Frage kommt[106], oder aber durch schriftliches Verlangen des Arbeitnehmers bei Kontrahierungszwang des Arbeitgebers[107], soweit es sich um Teile des Arbeitslohns handelt (§ 4 2. VermBG). Fünftens muß die Form der Anlage und das Unternehmen oder Institut, bei dem die Anlage erfolgen soll, vom Arbeitnehmer frei zu wählen sein (§ 6 2. VermBG), d. h. die Abgabenvergünstigung entfällt insbesondere dann, wenn die Arbeitnehmer nicht anstelle des Belegschaftsaktienerwerbs die Möglichkeit einer anderen vermögenswirksamen Anlage haben[108]. Sechstens müssen die vermögenswirksamen Leistungen allen Arbeitnehmern zumindest eines Betriebsteils angeboten werden (§ 5 2. VermBG), unzulässig ist z. B. eine Leistung nur an Arbeitnehmer mit längerer Betriebszugehörigkeit oder unter der Bedingung von Eigenleistungen[109]. Diese Vorschrift gilt jedoch nur bei Vereinbarung durch Einzelverträge und Betriebsvereinbarungen, also insbesondere nicht bei Anlage von Arbeitslohn auf Verlangen des Arbeitnehmers[110].

Der Umfang der Abgabenvergünstigung beträgt für Arbeitnehmer mit weniger als drei Kindern DM 312,— und mit drei oder mehr Kindern

---

[104] *Nissen*, Karl-Heinz: Zur Anwendung des Zweiten Vermögensbildungsgesetzes. In: Der Betrieb. 18. Jg. 1965, H. 38, S. 1374.

[105] Vgl. *Laube*, Peter: a.a.O., S. 43 f.

[106] Für Erfolgsbeteiligungen gelten ergänzende Bestimmungen (§ 7—11 2. VermBG).

[107] Vgl. *Halbach*, Günter: Zweites Gesetz zur Förderung der Vermögensbildung der Arbeitnehmer mit Nebengesetzen. Textausgabe mit Einführung und Erläuterungen. Köln, Berlin, Bonn, München 1965, S. 11.

[108] Vgl. *Janert*, Friedrichkarl: Kommentar zum 2. Vermögensbildungsgesetz. Darmstadt 1965. S. 43 u. 154.

[109] Vgl. dazu Informationsdienst der Sparkassen und Girozentralen (Hrsg.): Das neue Vermögensbildungsgesetz. Stuttgart 1965, S. 31—32. — Ferner *Halbach*, Günter: a.a.O., S. 12.

[110] Vgl. *Laube*, Peter: a.a.O., S. 35.

DM 468,— (§ 12 Abs. 1 2. VermBG), die von der Lohnsteuer, Lohnsummensteuer und den Beiträgen zur Sozialversicherung befreit sind (§ 12 Abs. 4 u. § 13 2. VermBG). Allerdings umfaßt die Befreiung von der Sozialversicherung nicht die gesetzliche Unfallversicherung, und die Befreiung von der Lohnsummensteuer entfällt, soweit die vermögenswirksame Leistung auf Verlangen des Arbeitnehmers aus seinem Arbeitslohn erfolgt (§ 13 u. § 12 Abs. 4 2. VermBG).

Als Beispiele lassen sich die Aktienausgabe der Rosenthal-Porzellan AG, der Bayerischen Hypotheken- u. Wechsel-Bank AG und der Farbwerke Hoechst AG anführen: Die Rosenthal AG erbrachte die in Höhe des Vorzugskurses gewährte zusätzliche Sonderzuwendung aufgrund einer Betriebsvereinbarung als ausschließlich für die vermögenswirksame Anlage bestimmte Leistung, allerdings noch nach dem ersten Vermögensbildungsgesetz. Heute wäre diese Zuwendung nicht mehr begünstigt, da sie nur an die für die Aktienausgabe vorgesehenen Arbeitnehmer mit 12 bzw. 5 Jahren Betriebszugehörigkeit gewährt wurde und die Möglichkeit einer anderen vermögenswirksamen Anlage nicht bestand. Die Bayerische Hypotheken- u. Wechsel-Bank AG hat aus diesem Grunde ihre in Höhe des Vorzugskurses gewährte zusätzliche Sonderzuwendung nicht von vornherein als zur vermögenswirksamen Anlage bestimmte Leistung erbracht, sondern ihren Arbeitnehmern freigestellt, sie als Teil ihres Arbeitslohns nach § 4 2. VermBG vermögenswirksam anzulegen. Allerdings ist auch dieser Weg insofern fragwürdig, als den Arbeitnehmern nicht freigestellt war, auf den Aktienerwerb zu verzichten und die Sonderzuwendung anders anzulegen oder ausgezahlt zu erhalten. Und die Farbwerke Hoechst AG empfehlen ihren Arbeitnehmern lediglich ihre Eigenleistungen als vermögenswirksame Leistung aus Teilen des Arbeitslohns nach § 4 2. VermBG behandeln zu lassen.

VI. Die Verfügungsmöglichkeit der Belegschaftsaktie

1. Der Verzicht auf jegliche Verfügungsbeschränkung

Die sofortige Einräumung der vollen Verfügungsmöglichkeit über die Belegschaftsaktie bei der Aktienausgabe ist recht selten, meist enthalten die Ausgabebedingungen eine oder mehrere befristete oder dauernde Verfügungsbeschränkungen, die entweder auf gesetzlichen Bestimmungen beruhen oder von der Unternehmung nach eigenem Ermessen gestaltet werden. Eine der wenigen Aktiengesellschaften, die sofort auf jegliche Verfügungsbeschränkung verzichtet, ist die Badische Anilin- & Soda-Fabrik AG[111]. In ähnlicher Weise haben auch die Siemens-Gesellschaften

[111] Soweit in diesem Kapitel besondere Quellenangaben fehlen, beruhen die Angaben auf brieflichen Informationen der genannten Firmen. (Siehe dazu das Literatur- und Quellenverzeichnis).

ihren Arbeitnehmern sofort die volle Verfügungsmöglichkeit über die Siemens-Zertifikate gewährt, die bis zur Wertpapierbereinigung an die Stelle von Aktien getreten waren[112].

2. Die Einführung gesetzlicher Verfügungsbeschränkungen

Seit dem Inkrafttreten des steuerlichen Kapitalerhöhungs-, Sparprämien- und Vermögensbildungsgesetzes werden regelmäßig die in den ersten beiden Gesetzen zur Bedingung gemachten mehrjährigen Verfügungsbeschränkungen angewendet. Der Grund liegt nicht nur in der Erlangung der staatlichen Finanzierungshilfen, sondern auch darin, eine frühzeitige Wiederveräußerung der Aktien zu verhindern, was, im staatlichen Interesse bezweckt, in noch stärkerem Maße im Interesse der Unternehmung steht.

Die Verfügungsbeschränkung des steuerlichen Kapitalerhöhungsgesetzes beinhaltet nach § 8 Abs. 1 st. Kap. erh. G. eine fünfjährige Veräußerungssperre, die zwischen Arbeitgeber und Arbeitnehmer vereinbart werden muß und gemäß § 3 DV zu § 8 Abs. 1 st. Kap. erh. G. eine Verwahrung der Aktien beim Arbeitgeber, einem von ihm bestellten Treuhänder oder einem Kreditinstitut erfordert. Bei Nichteinhaltung erfolgt gemäß § 5 DV zu § 8 Abs. 1 st. Kap. erh. G. — außer bei Tod des Arbeitnehmers oder seiner Ehefrau und völliger Erwerbsunfähigkeit des Arbeitnehmers — die Nacherhebung der Steuern (und Sozialversicherungsabgaben) auf den erlangten Kursvorteil und gemäß § 12 Abs. 2 2. VermBG auch auf evtl. im Zusammenhang damit stehende vermögenswirksame Leistungen[113].

Die Verfügungsbeschränkung des Sparprämiengesetzes beinhaltet dagegen nach § 1 Abs. 1 u. 4 SparPG eine heute sechsjährige (früher fünfjährige) umfassende Verfügungssperre (einschließlich Beleihung), die zwischen Arbeitnehmer und einem Kreditinstitut abgeschlossen werden muß und gemäß § 5 Abs. 4 SparPDV die dortige Aktienverwahrung erfordert. Bei Nichteinhaltung verfällt gemäß § 5 SparPG die Prämie, außer bei Tod des Arbeitnehmers oder seiner Ehefrau, bei völliger Erwerbsunfähigkeit des Arbeitnehmers und wenn bei Heirat mindestens eine zweijährige Sperrfrist eingehalten wird (§ 1 Abs. 4 SparPG und § 12 Abs. 2 SparPDV). Außerdem ist gemäß § 12 Abs. 2 2. VermBG mit der Nacherhebung der Steuern (und Sozialversicherungsabgaben) auf evtl. im Zusammenhang damit stehende vermögenswirksame Leistungen zu rechnen[114].

---

[112] Vgl. Belegschaftsaktien ..., S. 706.
[113] Vgl. dazu auch *Schmitt*, K.: a.a.O., S. 402.
[114] Vgl. zu diesem Abschnitt *Gérard*, W., *Kunze*, H., *Schäfer*, A.: Spar-Prä-

Normalerweise vereinbaren die Unternehmungen mit den Arbeitnehmern eine fünfjährige Sperrfrist gemäß steuerlichem Kapitalerhöhungsgesetz und weisen die Arbeitnehmer — soweit die Verwaltung der Aktien durch Kreditinstitute erfolgen kann — darauf hin, daß auch noch ein prämienbegünstigter Sparvertrag abgeschlossen werden kann, so z. B. die Farbwerke Hoechst AG und die Bayerische Hypotheken- u. Wechsel-Bank AG. (Das war in der Vergangenheit besonders zweckmäßig und einfach, da die Sperrfristen nach beiden Gesetzen gleich waren.) Bei den Belegschaftsaktien der Rosenthal-Porzellan AG und der Allianz Versicherungs-AG, für die ebenfalls eine Sperrfrist nach dem steuerlichen Kapitalerhöhungsgesetz vereinbart wurde, mußte dagegen die Sperrung nach dem Sparprämiengesetz entfallen, da die Verwaltung der Aktien von den Unternehmungen selbst vorgenommen wird.

3. Die Einführung besonderer Verfügungsbeschränkungen

Anstelle der gesetzlichen Verfügungsbeschränkungen oder in Kombination mit ihnen kann die Unternehmung auch besondere, nach eigenem Ermessen gestaltete Verfügungsbeschränkungen einführen. Dabei ist eine unbegrenzte Anzahl von Möglichkeiten gegeben, die sich am zweckmäßigsten nach ihrer Zielsetzung unterscheiden lassen:

(1) Verfügungsbeschränkungen zur Vermeidung frühzeitiger Wiederveräußerung

(2) Verfügungsbeschränkungen zur Vermeidung eines Fremdeinflusses

(3) Verfügungsbeschränkungen zur Bindung der Arbeitskräfte.

Besondere Verfügungsbeschränkungen zur Vermeidung einer frühzeitigen Wiederveräußerung, insbesondere zur Realisierung des erlangten Finanzierungsvorteils, sind vor allem bis zum Inkrafttreten des steuerlichen Kapitalerhöhungsgesetzes und des Spar-Prämiengesetzes üblich gewesen, heute wird ihre Funktion normalerweise von den gesetzlichen Verfügungsbeschränkungen mit erfüllt. So haben vor 1959 die Farbenfabriken Bayer AG Veräußerungssperren von rd. 15 Monaten und die Mannesmann AG sowie die Demag AG einjährige Veräußerungssperren verwendet, die nur bei Tod, schwerer Krankheit und in ähnlichen Fällen aufgehoben wurden. Gegenwärtig sind nur noch zwei Fälle bekannt, in denen zur Vermeidung einer frühzeitigen Wiederveräußerung von den gesetzlichen Verfügungsbeschränkungen abgewichen wird: Die Bayer AG hat bis heute eine kurze Veräußerungssperre von 20 Monaten (1964) beibehalten. Und die Allianz Versicherungs-AG verknüpfte die gesetz-

---

miengesetz 1959 u. 1963. Komentar. 3., neubearb. u. erw. Aufl. Berlin 1963, S. 158—159.

liche Verfügungsbeschränkung gemäß § 8 Abs. 1 st. Kap. erh. G. mit der Auflage, den erlangten Kursvorteil bis zu DM 500,— an die Gesellschaft zurückzuzahlen.

Besondere Verfügungsbeschränkungen zur Vermeidung eines Fremdeinflusses auf die Unternehmung sind heute nur noch bei kleineren Unternehmungen zu finden, während sie in der Vergangenheit relativ häufig waren. So beschränkte beispielsweise die Friedrich Krupp AG die Verfügungsmöglichkeit bei ihren Belegschaftsaktien auf die jederzeitige Einlösung und Beleihung bei der Kruppschen Treuhand e.V., um den Charakter der Unternehmung als Familiengesellschaft zu erhalten[115]. Die gleiche Wirkung wird heute von der Eternit AG dadurch erreicht, daß die Arbeitnehmer ihre im übrigen vinkulierten Namensaktien nur an die Eternit Vermögensverwaltungs-GmbH oder einen anderen erwerbsberechtigten Arbeitnehmer oder Eternit-Händler veräußern dürfen. Eine ähnliche, wenn auch schwächere, Verfügungsbeschränkung ist von der Demag AG in Form eines auf die ersten 5 Jahre beschränkten Vorkaufsrechts der die Aktien verwaltenden Matura-Vermögensverwaltung mbH eingeführt worden.

Besondere Verfügungsbeschränkungen zur Bindung der Arbeitskräfte an die Unternehmung sind gegenwärtig ebenfalls relativ selten, nicht zuletzt wegen der von Gewerkschaftsseite vorgetragenen volkswirtschaftlichen Bedenken[116]. So wurden beispielsweise die Belegschaftsaktien der Friedrich Krupp AG bei Ausscheiden des Arbeitnehmers aus der Unternehmung — außer bei Pensionierung und Tod — sofort zurückgezogen und ausgezahlt[117]. Eine entsprechende Beschränkung der Verfügungsmöglichkeiten ist heute nur noch bei der Eternit AG zu finden, deren Arbeitnehmer ihre Aktien bei Beendigung des Arbeitsverhältnisses veräußern müssen.

VII. Die Verwaltung der Belegschaftsaktie

1. Die individuelle Verwaltung

Die Art der Verwaltung wird vor allem dadurch bestimmt, ob die Belegschaftsmitglieder ihren Aktienbesitz unabhängig voneinander bei verschiedenen Verwaltungsstellen verwalten lassen können (individuelle Verwaltung) oder eine gemeinsame Verwaltungsstelle vorgeschrieben ist

---

[115] Vgl. dazu § 8 der Satzung der Kruppschen Treuhand e.V. und den Geschäftsbericht des Vorsitzenden vom 10. 3. 1922. Zitiert nach *Tänzler*, Fritz: a.a.O., S. 67—72.

[116] Darauf wird im dritten Teil der Arbeit noch genauer eingegangen.

[117] Vgl. *Tänzler*, Fritz: a.a.O., S. 61 und 67.

(kollektive Verwaltung). Die individuelle Verwaltung ist insbesondere in folgenden zwei Formen gebräuchlich:

(1) Verwaltung nach eigenem Ermessen

(2) Verwaltung durch Kreditinstitute.

Bei der Verwaltung nach eigenem Ermessen wird dem einzelnen Arbeitnehmer die Belegschaftsaktie sofort ausgehändigt bzw. überwiesen und völlig freigestellt, auf welche Weise er die Verwaltung durchführt. Er kann die Aktien also zu Haus aufbewahren bzw. in einem Banksafe und seine Vermögens- und Verwaltungsrechte selbst ausüben oder aber beliebige andere Personen bzw. Firmen damit beauftragen, insbesondere auch Banken und Sparkassen. Als Beispiele für diese Verwaltungsart lassen sich vor allem die Belegschaftsaktien der Siemens-Gesellschaften und der Badischen Anilin- & Soda-Fabrik AG anführen[118]. Darüber hinaus sind hier auch die Belegschaftsaktien der Eternit AG zu erwähnen, die zwar normalerweise von der Eternit Vermögensverwaltungs-GmbH verwaltet, aber auf Wunsch auch ausgehändigt werden.

Bei der Verwaltung durch Kreditinstitute wird dem einzelnen Arbeitnehmer die Belegschaftsaktie nicht ausgehändigt, sondern sofort auf ein gegebenenfalls zu eröffnendes Depotkonto bei einer beliebigen Bank oder Sparkasse überwiesen, das meist mit einem zeitweiligen Sperrvermerk versehen wird. Das Institut verwahrt die Aktienurkunden nach Wunsch im eigenen Streifbanddepot oder gibt sie in Sammelverwahrung bei einer Wertpapiersammelbank und übt die Vermögensrechte der Aktie, insbesondere das Gewinn- und Bezugsrecht, für den Belegschaftsaktionär aus[119]. Die Wahrnehmung der Verwaltungsrechte der Aktie, insbesondere des Stimmrechtes, bleibt grundsätzlich dem Aktionär vorbehalten. Gemäß § 135 AktG kann er aber auch das Kreditinstitut auf 15 Monate mit jederzeitiger Widerrufsmöglichkeit zur Stimmrechtsausübung in seinem Namen (oder ‚im Namen dessen den es angeht') bevollmächtigen[120]. Nach dem neuen Aktiengesetz bleibt ihm auch dann eine wirksame Einflußmöglichkeit, denn § 128 AktG verpflichtet die Kreditinstitute, neben der Weiterleitung der Mitteilungen der Gesellschaft über die

[118] Vgl. Merkblatt zu den Siemens-Zertifikaten vom Dezember 1950. Zitiert nach *Mickley*, Ingo: a.a.O., S. 94 ff. — Soweit in diesem Kapitel besondere Quellenangaben fehlen, beruhen die Angaben auf brieflichen Informationen der genannten Firmen. (Siehe dazu das Literatur- und Quellenverzeichnis).

[119] Vgl. *Obst*, G., *Hintner*, O.: Geld-, Bank- und Börsenwesen. Eine gemeinverständliche Darstellung. 35., vollst. neu bearb. u. stark erw. Aufl. Stuttgart 1963, S. 540 ff. u. 547 ff.

[120] Während nach § 114 Abs. 3 u. 4 AktG 1937 eine Ermächtigung der Kreditinstitute zur Stimmrechtsausübung im eigenen Namen möglich war (Legitimationsübertragung), ist dies nach dem Aktiengesetz von 1965 nur noch ausnahmsweise bei Namensaktien zulässig, wenn das Kreditinstitut im Aktienbuch als Aktionär eingetragen ist.

Einberufung der Hauptversammlung, deren Tagesordnung, etwaige Anträge und Wahlvorschläge von Aktionären nebst Begründung und eventueller Stellungnahme des Vorstandes, dem Aktionär eigene Vorschläge zur Ausübung des Stimmrechts zuzuleiten und um entsprechende Weisungen auf einem Formblatt zu bitten[121]. Erst wenn dieser auf Weisungen verzichtet, darf das Kreditinstitut nach § 135 Abs. 5 AktG das Stimmrecht im Sinne seiner Vorschläge ausüben. Als Beispiel für diese Verwaltungsart lassen sich die Belegschaftsaktien der Farbwerke Hoechst AG anführen. Der besondere Vorteil einer solchen Verwaltung liegt in der Möglichkeit, auch das Spar-Prämiengesetz auszunutzen.

2. Die kollektive Verwaltung

Die kollektive Verwaltung der Belegschaftsaktien (bei einer gemeinsamen Verwaltungsstelle) kann insbesondere auf folgende drei Arten erfolgen:

(1) Verwaltung durch die Unternehmung

(2) Verwaltung durch ein Kreditinstitut

(3) Verwaltung durch eine besondere Verwaltungsstelle, wie eine Treuhand- oder Vermögensverwaltungsgesellschaft, ein Aktionärsverein u. ä. m.

Bei der Verwaltung durch die Unternehmung nimmt diese die Belegschaftsaktien selbst in Verwahrung; die Arbeitnehmer erhalten Gutscheine oder auch die Dividendenscheinbogen ausgehändigt. Die Verwaltung der Aktienurkunden wird von der Unternehmung normalerweise zusammengefaßt im Streifbanddepot einer Bank vorgenommen unter Hinweis darauf, daß es sich nicht um eigene Aktien handelt. Die Vermögensrechte werden dann bei ausgehändigten Dividendenscheinbogen von den Arbeitnehmern selbst anderenfalls von der Bank wahrgenommen. Die Ausübung der Verwaltungsrechte, insbesondere des Stimmrechts, muß den Arbeitnehmern selbst vorbehalten bleiben, da eine Bevollmächtigung der Unternehmung nicht ohne weiteres zulässig ist[122]. Soweit die Unternehmung die nötigen Formalitäten vornimmt, können die einzelnen Belegschaftsaktionäre selbst an der Hauptversammlung teilnehmen und ihre Stimme abgeben oder auch einen oder mehrere Vertrauensleute dazu bevollmächtigen. Diese Art der Verwaltung wird

---

[121] Vgl. *Gessler*, E.: Das neue Aktienrecht..., S. 679.

[122] Die sehr umstrittene Frage, ob die Gesellschaft aufgrund einer Vollmacht bzw. Legitimationsübertragung Stimmrechte in der eigenen Hauptversammlung ausüben kann, ist in § 135 Abs. 1 des neuen Aktiengesetzes für den besonders wichtigen Fall des Depotstimmrechts der Banken so geregelt worden, daß es nur bei Vorliegen genauer Weisungen zulässig ist. (Vgl. dazu auch *Gadow*, W., *Heinichen* E. u. a.: Aktiengesetz, Bd. I..., S. 806—807).

beispielsweise von der Rosenthal-Porzellan AG und der Allianz Versicherungs-AG während der fünfjährigen Sperrfrist angewendet. Und zwar hat die Rosenthal AG den Belegschaftsaktionären einen Gutschein ausgehändigt und ermöglicht ihnen auf Wunsch auch, ihr Stimmrecht selbst auszuüben, im übrigen werden die „... Interessen der Belegschaftsaktionäre ... in der Hauptversammlung von 2 vom Betriebsrat gewählten Belegschaftsaktionären wahrgenommen, die auch vor der Hauptversammlung besonders über das Geschäftsergebnis unterrichtet werden"[123]. Und die Allianz Versicherungs-AG händigt ihren Belegschaftsaktionären den Dividendenscheinbogen aus und ermöglicht auf Wunsch ebenfalls eine Stimmrechtsausübung.

Bei der Verwaltung durch ein Kreditinstitut nimmt dieses alle Belegschaftsaktien direkt in Verwahrung, nachdem für jeden Arbeitnehmer ein Depotkonto eröffnet wurde, das mit einem meist zeitweiligen Sperrvermerk versehen wird. Die Verwahrung der Aktien erfolgt wie bei der individuellen Verwaltung durch das Kreditinstitut im Streifband- oder Girosammeldepot, die Vermögensrechte werden vom Kreditinstitut wahrgenommen und die Verwaltungsrechte, insbesondere das Stimmrecht, kann auf Wunsch ebenfalls gemäß § 135 AktG von der Bank oder Sparkasse ausgeübt werden, wobei sie die Verpflichtung nach § 128 AktG zu befolgen hat. Der einzige Unterschied gegenüber der individuellen Verwaltung liegt darin, daß die Belegschaftsaktien alle vom gleichen Kreditinstitut verwaltet werden. Da diese Verwaltungsart dem beauftragten Kreditinstitut einen unerwünschten Einfluß bzw. Einflußzuwachs in der Hauptversammlung bringen kann, wird sie nur in Ausnahmefällen angewendet.

Bei der Verwaltung durch eine besondere Verwaltungsstelle, wie eine Treuhand- oder Vermögensverwaltungsgesellschaft, einen Akionärsverein u. ä. m., nimmt diese die Belegschaftsaktien ebenfalls direkt in Empfang bzw. behält sie gleich in Verwahrung, falls sie schon in die Aktienausgabe eingeschaltet ist. Die Verwahrung der Aktienurkunden und die Ausübung der Vermögensrechte wird entweder von dieser Verwaltungsstelle selbst übernommen oder aber einem Kreditinstitut übertragen. Die Ausübung der Verwaltungsrechte, insbesondere des Stimmrechts, erfolgt dagegen regelmäßig durch die Verwaltungsstelle selbst und richtet sich im einzelnen nach dem zugrundeliegenden Rechtsverhältnis. Meist liegt ein echtes Treuhandverhältnis vor, bei dem die Verwaltungsstelle Vollinhaberin der Aktienrechte wird und nur schuldrechtlich zur Ausübung zugunsten des Treugebers verpflichtet ist, oder eine Legitimationsübertragung (unechtes Treuhandverhältnis), bei der die Aktienrechte beim Aktionär verbleiben, die Verwaltungsstelle aber nach außen ermächtigt

---

[123] Schreiben der Rosenthal-Porzellan AG vom 3. 10. 1966.

wird, als Aktionär zu handeln[124]. In beiden Fällen übt die Verwaltungsstelle die Stimmrechte im eigenen Namen aus, muß jedoch bei der Legitimationsübertragung die Aktien nach § 129 Abs. 3 AktG im Teilnehmerverzeichnis der Hauptversammlung als Fremdbesitz kennzeichnen[125]. Es kann aber auch eine einfache Bevollmächtigung vorliegen, die lediglich zur Stimmrechtsausübung im fremden Namen berechtigt.

Durch das neue Aktiengesetz ist eine gewisse Unsicherheit über die Zulässigkeit der Stimmrechtsausübung im eigenen Namen entstanden, weil § 135 Abs. 1—8 AktG für Kreditinstitute nur noch die Stimmrechtsausübung im fremden Namen aufgrund einer Vollmacht zuläßt und Abs. 9 diese Vorschrift u. a. auch auf ‚Vereinigungen von Aktionären' und ‚Personen, die sich geschäftsmäßig zur Stimmrechtsausübung in der Hauptversammlung erbieten', ausdehnt[126]. Da die Begründung des Regierungsentwurfs im Zusammenhang mit den ‚Personen, die sich zur Stimmrechtsausübung erbieten' von geschäftsmäßigen Vertretern spricht, denen Abstimmungsaufträge erteilt werden, ohne daß ihnen auch die Aktienverwahrung übertragen wird, ist es — abgesehen von Aktionärsvereinen — unklar, ob die besonderen Verwaltungsstellen mit unter die Vorschriften fallen oder nicht[127].

Als Beispiele für diese Art der Aktienverwaltung lassen sich vor allem die Belegschaftsaktien der Friedrich Krupp AG, der Farbenfabriken Bayer AG, der Demag AG und der Mannesmann AG anführen: Bei der Friedrich Krupp AG wurden die Belegschaftsaktien — wie schon erwähnt — von einem Aktionärsverein, der Kruppschen Treuhand e. V., aufgrund eines echten Treuhandverhältnisses für den einzelnen Aktionär verwaltet. Die Stimmrechtsausübung erfolgte im eigenen Namen durch den Vereinsvorstand gemäß den Vereinsbeschlüssen[128]. Diese sehr elegante Lösung wäre gemäß § 135 Abs. 7 u. 9 AktG ausnahmsweise auch heute noch zulässig, da es sich um Namensaktien handelte, die auf den Namen des Vereins im Aktienbuch eingetragen waren[129]. Die Be-

---

[124] Vgl. dazu *Gadow*, W., *Heinichen*, E. u.a.: Aktiengesetz, Bd. I..., S. 386 bis 387 u. 403. — Ferner *Baumbach*, A., *Hueck*, A.: a.a.O., S. 146. — Ferner *Siebert*, Wolfgang: Das rechtsgeschäftliche Treuhandverhältnis. 2. Aufl. Marburg 1933, S. 10 ff.

[125] Vgl. *Gadow*, W., *Heinichen*, E. u. a.: Aktiengesetz, Bd. I..., S. 756.

[126] Die Stimmrechtsausübung im eigenen Namen ist ausnahmsweise noch bei Namensaktien zulässig, wenn das Kreditinstitut bzw. die ihm gleichgestellten Vereinigungen und Personen im Aktienbuch als Aktionäre eingetragen sind. (Siehe Fußnote 120).

[127] Vgl. Deutscher Bundestag, 4. Wahlperiode: Regierungsentwurf eines Aktiengesetzes und eines Einführungsgesetzes zum Aktiengesetz mit je einer Begründung. Bundestagsdrucksache IV/171. Bonn den 3. 2. 1962, S. 159.

[128] Vgl. § 9 der Satzung der Kruppschen Treuhand. Zitiert nach *Tänzler*, Fritz: a.a.O., S. 62.

[129] Vgl. § 3 des Treuhand-Vertrages. Zitiert nach *Tänzler*, Fritz: a.a.O., S. 65.

legschaftsaktien der Farbenfabriken Bayer AG werden während der Sperrfrist obligatorisch und danach fakultativ von der Corona Treuhand-Gesellschaft mbH ebenfalls im Rahmen eines echten Treuhandverhältnisses verwaltet. Die Stimmrechtsausübung erfolgt im eigenen Namen nach den Weisungen eines Beirates, der aus 5 Betriebsratsvorsitzenden der einzelnen Werke und 3 vom Vorstand der Bayer AG bestimmten Mitgliedern besteht. Die Corona Treuhand-Gesellschaft vertritt vorerst den Standpunkt, sie sei als echter Treuhänder gesetzlichen Vertretern (Eltern, Vormündern u. Pflegern) oder Parteien kraft Amtes (Konkursverwaltern und Testamentsvollstreckern) vergleichbar und falle daher nicht unter die Beschränkungen des § 135 AktG[130]. In ganz ähnlicher Weise werden die Belegschaftsaktien der Demag AG von der Matura Vermögensverwaltung mbH. und die Belegschaftsaktien der Mannesmann AG von der Deutschen Treuhand Gesellschaft verwaltet. In beiden Fällen erfolgt die Stimmrechtsausübung im eigenen Namen, bei der Demag AG nach Weisungen eines Beirates, bestehend aus 2 Demag-Vorstandsmitgliedern und 3 dem Aufsichtsrat angehörenden Betriebsratsmitgliedern, und bei der Mannesmann AG nach Weisungen des einzelnen Aktionärs, der aber das Stimmrecht auch selbst ausüben kann. Beide Gesellschaften haben diese Stimmrechtsregelung auch nach Inkrafttreten des neuen Aktiengesetzes für die noch vorhandenen Aktien beibehalten. Zum Vergleich darf hier evtl. noch die Verwaltung der Eternit-Belegschaftsaktien angeführt werden, obwohl es sich dabei, wie schon erwähnt, um eine Mischform zwischen individueller und kollektiver Verwaltung handelt. Die Eternit Vermögens-Verwaltungs-GmbH, die — soweit nicht die Aushändigung der Aktien gewünscht wird — die Verwaltung übernimmt, übt die Stimmrechte der auf den Namen des Aktionärs eingetragenen Namensaktien gemäß § 135 und § 128 des neuen Aktiengesetzes wie ein Kreditinstitut aus, also aufgrund einer Vollmacht im fremden Namen.

---

[130] Nach einem Schreiben der Corona Treuhand-Gesellschaft mbH. vom 3. 10. 1966.

B. Die Ziele der Belegschaftsaktie

I. Allgemeines

1. Die unterschiedlichen Lehrmeinungen über die Ziele betrieblicher Sozialpolitik

Nachdem im vorangegangenen Kapitel ein allseitiger Einblick in das Wesen der Belegschaftsaktie gegeben worden ist, sollen nun die Ziele genauer untersucht werden, die die Unternehmung mit ihrer Ausgabe verfolgt. Wie die Begriffsanalyse ergeben hat, ist die Belegschaftsaktie im Gegensatz zur regulären Aktie ein Mittel betrieblicher Sozialpolitik, d. h. die Ziele der Belegschaftsaktie sind durch die betriebliche Sozialpolitik bestimmt. Über die Ziele der betrieblichen Sozialpolitik besteht in der Betriebswirtschaftslehre keine volle Übereinstimmung. Zwar wird allgemein betont, daß sie teils sozialer, teils ökonomischer und teils politischer Natur sind, aber Uneinigkeit besteht vor allem darüber, inwieweit sie Selbstzweck oder nur Mittel zum Zweck sind.

Die Ansicht, daß die betriebliche Sozialpolitik letztlich nur ökonomische Ziele verfolgt, wird z. B. sehr extrem von Karl Hax, Heinz Lelonek und Achim von Loesch vertreten: Harl Hax geht davon aus, daß die betriebliche Sozialpolitik ihre Ziele nur in Übereinstimmung mit der Zielsetzung der allgemeinen Unternehmungspolitik verfolgen kann, die in einer freien Verkehrswirtschaft nun einmal die Gewinnmaximierung sei. Daher könne sie wie die Personalpolitik letztlich nur der Gewinnmaximierung dienen[1]. „Die betriebliche Sozialpolitik in diesem Sinne ist ein wirksames Mittel zur Steigerung der betrieblichen Leistung und nicht ... ein Akt der reinen Fürsorge und der Wohltätigkeit[2].“ Heinz Lelonek sieht in den sozialen Zielen der betrieblichen Sozialpolitik nur Nahziele. „Alle diese Nahziele streben einem gemeinsamen Endziel zu, nämlich der Erhaltung und Steigerung des menschlichen Produktivitätspotentials ... Das ist die wichtigste Aufgabe, die das Unternehmen sich in dieser Beziehung stellen kann. Es darf und kann keine anderen Ziele verfolgen, weil sie nicht seiner gesamtwirtschaftlichen Aufgabe: Erzeugung von

---

[1] Vgl. *Hax,* Karl: Betriebliche Sozialpolitik als Teilbereich der Unternehmenspolitik. In: Zeitschrift für handelswissenschaftliche Forschung, N. F., 7. Jg. 1955, H. 1, S. 11, 12, 15.

[2] Ebenda, S. 13.

Gütern oder Übernahme von Dienstleistungen entsprechen[3]." Und Achim von Loesch schreibt: „Die betriebliche Sozialpolitik stellt, ungeachtet aller sonstigen Motive wie alle Maßnahmen in modernen Unternehmungen letztlich auf Gewinnmaximierung ab, selbst wenn sie kurzfristig auf Gewinnteile verzichtet. Sie ist ein Teilbereich der Personalpolitik des Betriebes[4]."

Die gegenteilige Meinung, daß die betriebliche Sozialpolitik, entgegen der obigen Ansicht, letztlich nicht nur ökonomische sondern auch spezifisch soziale und politische Ziele verfolgt, ist erstmalig (und zwar extrem) von Götz Briefs und Adolph Geck vertreten worden und wird heute gemäßigter z. B. von Konrad Mellerowicz, Erich Potthoff und auch von Wilhelm Hasenack betont. Adolph Geck kennzeichnet die obige Auffassung, die „... unter dem Mantel sozialpolitischer Hochherzigkeit ... einen höheren Wirtschaftsertrag anstrebt"[5], als ‚soziale Betriebspolitik' und setzte dem erstmalig den Begriff der ‚betrieblichen Sozialpolitik', gewissermaßen als Programm, entgegen[6], die „....sozialpolitische Maßnahmen ... wesentlich oder in primärer Orientierung um der Menschen willen, wegen des Arbeiterwohles und des Gemeinwohles ..."[7] trifft. Nach Konrad Mellerowicz verfolgt die betriebliche Sozialpolitik sowohl (selbständige) soziale Ziele, als auch wirtschaftliche Ziele[8]. In auffälligem Gegensatz zu Hax und v. Loesch schreibt er: „Die Unterordnung sozialer Dispositionen unter das Ziel der Personalpolitik — Gewinnung und Erhaltung von Arbeitskräften —, kann nur Nebenaufgabe der im übrigen nach eigenen Zielen und Grundsätzen ausgerichteten Sozialpolitik sein[9]." „Der Betrieb ist ja nicht nur eine wirtschaftliche Einheit, die lediglich Gewinne erzielen will, sondern auch ein soziales Gebilde mit der Konsequenz der Sorge für das Wohlergehen aller im Betriebe Beschäftigten[10]." Erich Potthoff wendet sich nachdrücklich gegen den Standpunkt, daß die betriebliche Sozialpolitik die sozialen Ziele nur neben den wirtschaftlich-technischen Zielen verfolgt[11] und fährt dann fort: „Nach unserer Auffas-

---

[3] *Lelonek*, Heinz: Die Aufwendungen für den arbeitenden Menschen. Versuch einer Bestandsaufnahme der gegenwärtigen Diskussion. In: Betriebliche Aufwendungen für den arbeitenden Menschen. Probleme der betrieblichen Sozialpolitik. Stuttgart und Düsseldorf 1956, S. 167—168.

[4] *v. Loesch*, Achim: a.a.O., S. 64.

[5] *Geck*, Adolph: Soziale Betriebsführung, zugleich Einführung in die betriebliche Sozialpolitik. 2., erw. Aufl. Essen 1953, S. 250.

[6] Vgl. *Geck*, Adolph: a.a.O., S. 114—115.

[7] *Geck*, Adolph: a.a.O., S. 250.

[8] Vgl. *Mellerowicz*, Konrad: Unternehmenspolitik, Bd. II. Freiburg im Breisgau 1963, S. 341.

[9] Ders., Ebd., S. 289.

[10] Ders., Ebd., S. 341.

[11] Vgl. *Potthoff*, Erich: Theorie und Praxis der sozialen Betriebspolitik. Stuttgart und Düsseldorf 1953, S. 24—25.

sung bedarf es ... einer klaren Entscheidung, sonst gibt es ein Nebeneinander, das sehr leicht zu einem Gegeneinander statt zu einem Miteinander führt[12]." „Die Einzelmaßnahmen der sozialen Betriebspolitik mögen dann noch so umfangreich sein, sie sind aber bei einer derartigen Ausgliederung immer abhängig von der technischen und wirtschaftlichen Seite des Betriebes und haben wenig Möglichkeiten, in diese selber gestaltend im Interesse des Sozialen einzudringen[13]." Und ähnlich, wenn auch mehr auf einen Ausgleich mit den Vertretern einer rein ökonomisch determinierten betrieblichen Sozialpolitik bedacht, äußert sich Wilhelm Hasenack: Meines Erachtens ist „... die oft aufgeworfene und meist extrem einseitig beantwortete Frage, ob das Bestimmtsein der betrieblichen Sozialpolitik letztlich durch humanitäre oder aber durch betriebsökonomische Motive den Ausschlag gibt ... so zu entscheiden, daß beides zusammenkommen muß, mit einem kleinen ‚Prae' zugunsten des realistisch-nüchternen Motivkreises"[14]. „Das spürbare Wirken humaner Gründe einer in dieser Beziehung ehrlichen, die Anteilnahme des menschlichen Herzens nicht abweisenden Unternehmungspolitik ist nicht im tieferen Sinne ‚betriebsfremd' ...[15]."

2. Die zeitgemäßen Ziele der betrieblichen Sozialpolitik

Die Frage nach der Qualität der sozialen und politischen Ziele der betrieblichen Sozialpolitik als zumindest teilweiser Selbstzweck oder bloßes Mittel zum Zweck der ökonomischen Ziele, ist keineswegs nur eine theoretische Frage ohne Bedeutung für die praktische Sozialpolitik der Unternehmung. Wie Wilhelm Hasenack sehr treffend feststellt, wirkt es auf das Betriebsklima fast immer schlecht, „... wenn nach außen hin die Motive für die sozialen Maßnahmen schein-altruistisch getarnt werden, obwohl die Unternehmungsführung ganz offensichtlich von der Erwartung ausgeht, daß sich die Maßnahmen ‚auszahlen' ..."[16]. Diese Gefahr kann nur durch eine klare und auch gegenüber der Arbeitnehmerschaft offen vertretene Entscheidung für eine der beiden oben erläuterten Lehrmeinungen beseitigt werden.

In der Praxis des modernen Großbetriebes ist diese Entscheidung zugunsten zumindest teilweise selbständiger sozialer und politischer Ziele gefallen. Die Gegenwart ist in nie gekanntem Ausmaß von einer Vielzahl von Bestrebungen zur sozialen Betriebsgestaltung im weitesten Sinne gekennzeichnet, wie Mitbestimmung, Miteigentum, Erfolgsbeteili-

---

[12] *Potthoff*, Erich: Theorie ..., S. 25.

[13] Ders., Ebd., S. 25.

[14] *Hasenack*, Wilhelm: Mensch im Betrieb ..., S. 583.

[15] Ebd., S. 584.

[16] Ebd., S. 584.

gung, Partnerschaft, Human Relations u. ä. m. Der freiwillige Sozialaufwand hat einen Umfang wie nie zuvor erreicht und wird von den Unternehmern selbst nur zum geringsten Teil als ‚vorwiegend betriebsbedingt' bezeichnet, was allerdings nicht unbedingt die volle Wahrheit zu sein braucht[17]. Das Arbeitsrecht befindet sich in einem ständigen Ausbau und bestimmt in § 49 Abs. 1 des Betriebsverfassungsgesetzes: „Arbeitgeber und Betriebsrat arbeiten ... vertrauensvoll ... zum Wohle des Betriebes und seiner Arbeitnehmer unter Berücksichtigung des Gemeinwohles zusammen." Und nach Galperin und Siebert stellt diese Bestimmung „... nicht nur einen Programmsatz dar, sondern objektiv geltendes Recht"[18]. Darüber hinaus legt das Grundgesetz als Wirtschaftsordnung die soziale Marktwirtschaft fest[19]. Hax ist also zumindest ungenau, wenn er bei der Ableitung der Unternehmungsziele von einer ‚freien Verkehrswirtschaft' ausgeht. Diese Veränderungen ausschließlich auf ein differenzierteres Verständnis des menschlichen *Produktionsfaktors* zurückzuführen mit Gewinnmaximierung als einzig selbständigen Unternehmungsziel, muß als Verkennung der Situation angesehen werden, aufgrund einer Anwendung von Denkschemen der Vergangenheit auf eine gewandelte Gegenwart.

Aber auch in der betriebswirtschaftlichen Lehre mehren sich gegenwärtig die Bemühungen, diesen Sachverhalt in der allgemeinen Unternehmungspolitik zu berücksichtigen und somit in das Lehrgebäude einzufügen. So schreibt Konrad Mellerowicz: „Das Prinzip der Gewinnmaximierung als elementares Ziel jeder Unternehmung, das sich — man kann wohl sagen — jahrhundertelang durch die Wirtschaftstheorie zieht, wird heute in immer stärkeren Maße bestritten. Die Liste der denkbaren Ziele ist größer geworden, und die Zahl der Faktoren, die an der Berechtigung der Unterstellung des Ziels der Gewinnmaximierung Zweifel aufkommen lassen, mehren sich[20]." Curt Sandig erweitert in Anlehnung an Heinrich Nicklisch die Unternehmungsziele Gewinn und Sicherheit so weit, daß sie jedes materielle und immaterielle Mehr gegenüber einem Vergleichsstand bzw. jede Erhaltung des Gewordenen, Bestehenden und Werdenden umfaßt[21]. Und nach Martin Lohmann folgt die Unternehmungsleitung einem differenzierteren ökonomisch-sozialen Leitbild, das

---

[17] Vgl. *Spiegelhalter,* Franz: Die Entwicklung des betrieblichen Sozialaufwandes. In: Der Arbeitgeber. 5. Jg. 1953, H. 20, S. 904—909.

[18] *Galperin,* H., *Siebert,* W.: Kommentar zum Betriebsverfassungsgesetz. 3., neubearb. u. erw. Aufl. Heidelberg 1958, S. 302.

[19] Vgl. *Lampert,* Heinz: Die Wirtschafts- und Sozialordnung der Bundesrepublik Deutschland. München u. Wien 1965, S. 60—69.

[20] *Mellerowicz,* Konrad: Unternehmenspolitik, Bd. I ..., S. 31.

[21] Vgl. dazu *Sandig,* Curt: Unternehmungspolitik. In: Handwörterbuch der Betriebswirtschaft. 3., völl. neu bearb. Aufl. Bd. IV. Stuttgart 1962, Sp. 5557 bis 5558. — Ferner *Sandig,* Curt: Die Führung des Betriebes ..., S. 78—79.

sich evtl. in umfassendem Sinne mit ‚Überleben bei Wachstums- und Fortschrittsicherung' kennzeichnen läßt und in dem ökonomische Ziele (gewinn-, markt-, kosten- und goodwillorientierte Ziele) neben sozialen Zielen (humanen und politischen Zielen) stehen[22]. Sehr treffend stellt er dazu im Hinblick auf das Gewinnmaximierungsziel fest: „Das Arbeiten mit einer einzigen Zielvorstellung, also auch mit dieser, ist für eine betriebswirtschaftliche Betrachtung viel zu abstrakt, da daraus keine Anhaltspunkte für die jeweiligen Aktionen abgeleitet werden können. Man kann das nicht damit abtun, daß man andere mögliche Ziele als bloße Mittel zum Zweck oder zweitrangig bezeichnet . . .[23]."

Nach diesen Überlegungen können die Ziele, die eine zeitgemäße betriebliche Sozialpolitik mit ihren Mitteln, so auch der Belegschaftsaktie, verfolgt, ganz allgemein wie folgt gekennzeichnet werden.

(1) Soziale Ziele, auf Verbesserung der Arbeits- und Lebensbedingungen der Arbeitnehmer gerichtet. (Als Selbstzweck und Mittel zur Erreichung der ökonomischen Ziele.)

(2) Ökonomische Ziele, auf die Erhöhung des Erfolges und der Sicherheit der Unternehmung gerichtet. (Vor allem als Selbstzweck.)

(3) Politische Ziele, auf die Verbesserung und Sicherung des staatlichen Gemeinwesens und der Volkswirtschaft gerichtet. (Als Selbstzweck und Mittel zur Erreichung der ökonomischen Ziele.)

Die Einzelheiten dieser Ziele werden von den spezifischen Eigenschaften der eingesetzten Mittel bestimmt. Die mit der Belegschaftsaktie im einzelnen verfolgten Ziele werden im folgenden ausgehend von Äußerungen aus Praxis und Wissenschaft dargestellt, vorerst ohne auf ihre Problematik und Erfolgsaussicht einzugehen.

II. Die sozialen Ziele der Belegschaftsaktie

1. Abbau des sozialen Konflikts

Das erste und wichtigere von insgesamt zwei sozialen Zielen der Belegschaftsaktie ist ordnungspolitischer Natur. Es betrifft die menschlichen Beziehungen zwischen den beiden die Unternehmung tragenden Parteien, Arbeitnehmer und Arbeitgeber, die von einem fundamentalen Gegensatz gekennzeichnet sind, der ausgehend vom Arbeitsleben auf Unternehmungsebene sich unter Variation im politischen Leben auf gesamtgesellschaftlicher Ebene fortsetzt.

---

[22] Vgl. *Lohmann,* Martin: Einführung in die Betriebswirtschaftslehre. 4., neubearb. Aufl., Tübingen 1964, S. 208—216.

[23] Ebd., S. 211.

So wurde von Philip Rosenthal, dem Vorstandsvorsitzenden der Rosenthal-Porzellan AG, die Verringerung der „... Kluft, die noch zwischen dem Arbeitgeber und Arbeitnehmer besteht ...“[24] als erstes Ziel der Belegschaftsaktie genannt. Ähnlich führte Hans Reuter, Vorstandsvorsitzender der Demag AG, als erstes Ziel an, den „... traditionellen Gegensatz zwischen Kapital und Arbeit ...“[25] durch „... Interessenausgleich zwischen ... den Aktionären, den Mitarbeitern und der Firmenleitung ...“[26] zu beseitigen. Und der Vorstand der Farbenfabriken Bayer AG schreibt in einem Brief an die Belegschaft, daß die Unternehmung „... auf diese Weise ihre Mitarbeiter als Miteigentümer gewinnen“[27] möchte, wie überhaupt der Begriff des Miteigentums eine wesentliche Rolle in den Verlautbarungen der Unternehmungen zur Ausgabe von Belegschaftsaktien spielt[28].

In der älteren Literatur schreibt Joseph Grimmer: „Man will durch den Versuch der Aktienbeteiligung der Lösung der sozialen Frage näher kommen[29].“ „An die Stelle des Klassenkampfgedankens soll die Ueberzeugung von der Notwendigkeit der Kooperation treten[30].“ „Diese Hoffnung und damit in Verbindung die Ueberbrückung der Kluft zwischen Unternehmer und Arbeiter wird mit der Aktienbeteiligung verknüpft[31].“ Fritz Tänzler schreibt etwa zur gleichen Zeit: Die Aktienbeteiligung „... vermag zweifellos den Boden der gegenseitigen Verständigung innerhalb des Betriebes zu ebnen ...“[32]. Der Arbeitnehmer „... wird zum Kapitalisten, die Auffassung, daß das Kapital ein Feind der Arbeit sei, muß damit entschwinden“[33].

Eine Analyse dieser aus 1929—1962 stammenden Äußerungen aus Praxis und Wissenschaft zeigt, daß sie trotz verschiedener Termini den gleichen unveränderten Sachverhalt meinen, nämlich die Gegensatzbeziehung zwischen Arbeitnehmer und Arbeitgeber in der industriellen Arbeitswelt, in allen ihren Erscheinungsformen (speziell in der privatkapi-

---

[24] Stimmen der Wirtschaft. In: Die Aktiengesellschaft. 8. Jg., 1963, H. 8, S. 226.

[25] Hans Reuter in einer Rede auf der Hauptversammlung der Demag AG 1958. Zitiert nach *Cattepoel,* Dirk: Erfahrungen mit Belegschaftsaktien. In: Die Aktiengesellschaft. 3. Jg. 1958, H. 12, S. 279.

[26] Ebenda, S. 279.

[27] Schreiben des Vorstandes der Farbenfabriken Bayer AG an die Belegschaft, November 1953. Zitiert nach *Mickley,* Ingo: a.a.O., S. 109 f.

[28] Vgl. dazu Stimmen ..., S. 226. — Ferner Aktien für die Belegschaft — Warum? In: Demag — Unser aller Werk. Jg. 1955, H. 4 (Werkszeitung der Demag AG).

[29] *Grimmer,* Joseph: a.a.O., S. 25.

[30] Ebenda, S. 25—26.

[31] Ebenda, S. 27.

[32] *Tänzler,* Fritz: a.a.O., S. 18.

[33] Ebenda, S. 18.

talistischen Wirtschaftsordnung), mit allen ihren Auswirkungen (speziell auf Unternehmungsebene) und unter Einbeziehung von Deutungsversuchen (speziell des Marxismus). Die Soziologie, um deren spezifisches Fachgebiet es sich hierbei handelt, subsumiert diesen vielgestalten Sachverhalt unter den Begriff (industrieller) sozialer Konflikt[34]. Somit ist das erste soziale Ziel der Belegschaftsaktie zusammenfassend zweckmäßig mit ‚Abbau des (industriellen) sozialen Konflikts' zu kennzeichnen.

Als Schwerpunkte dieses Zieles können bei sinngemäßer Auslegung der angeführten Äußerungen aufgrund der drei Funktionen des Eigentums (der Herrschafts-, Sicherungs- und Prestigefunktion) festgehalten werden[35]:

(1) Abbau der Herrschaftsgegensätze zwischen Arbeitgeber und Arbeitnehmer durch die Mit-Herrschaft über das Produktionsvermögen der Unternehmung und die damit verbundene Einflußnahme auf das gesamte Betriebsgeschehen, die die Belegschaftsaktie dem Arbeitnehmer gewährt.

---

[34] Der Begriff „sozialer Konflikt" wird den oft gleichbedeutend benutzten Begriffen Klassenkonflikt, Klassengegensatz u. ä. m. vorgezogen, weil der Marxsche Klassenbegriff die Konfliktursache impliziert. In Übereinstimmung mit Dahrendorf, Kellner u. a. wird hier unter sozialem Konflikt jede bedeutsame Gegensatzbeziehung zwischen gesellschaftlichen Gruppen verstanden, insbesondere die von der Gesellschaft aus ihrer Struktur heraus selbst erzeugten (endogenen) Konflikte, weniger die von außen an die Gesellschaft herangetragenen (exogenen) Konflikte und insbesondere nicht die individuellen Konflikte (die bei Fürstenberg mit unter den Begriff fallen). Da dieser Begriff gleichermaßen die Konflikte zwischen Schwarzen und Weißen, Katholiken und Protestanten, Zunftmeistern und Zunftgesellen wie auch Arbeitgebern und Arbeitnehmern umfaßt, muß er noch durch eine differentia specifica eingeengt werden. So verwendet Kellner den Begriff „moderner sozialer Konflikt" und Dahrendorf den des „industriellen Konflikts". Die hier verwendete differentia specifica „industriell" wird im folgenden vernachlässigt, da eine Verwechslung mit anderen sozialen Konflikten nicht möglich ist. (Vgl. dazu *Dahrendorf*, Ralf: Zu einer Theorie des sozialen Konflikts. In: Hamburger Jahrbuch für Wirtschafts- und Gesellschaftspolitik. Hrsg. H. D. Ortlieb, 3. Jg. 1958, S. 88. — Ferner *Dahrendorf*, Ralf: Industrie und Betriebssoziologie. 3. Aufl. Berlin 1965, S. 94—95. — Ferner *Dahrendorf*, Ralf: Soziale Klassen und Klassenkonflikt in der industriellen Gesellschaft. 1957, S. 203. — Ferner *Kellner*, Wolfgang: Der moderne soziale Konflikt. Seine Ursache und seine Überwindung im Betrieb. Stuttgart 1961, Vorwort. — Ferner *Fürstenberg*, Friedrich: Grundfragen der Betriebssoziologie. Köln und Opladen 1964, S. 122 bis 136).

[35] Zu Inhalt und Gliederung der Funktionen des Eigentums vgl. *Küng*, Emil: Eigentum und Eigentumspolitik. Tübingen, Zürich 1964, S. 5—54. — Ferner *Michel*, Hartmut: a.a.O., S. 32—56. — Ferner *Künneth*, Walter: Rechte und Pflichten des Kapitaleigentümers nach der evangelischen Sozialethik. In: Eigentum und Eigentümer in unserer Gesellschaftsordnung. (Veröffentlichungen der Walter-Raymond-Stiftung, Bd. 1) Köln und Opladen 1960, S. 112 f. — Ferner *Schmölders*, Günther: Eigentum und Eigentumspolitik. In: Eigentum und Eigentümer ..., S. 220. — Ferner *Gehlen*, Arnold: Soziologische Aspekte des Eigentumsproblems in der Industriegesellschaft. In: Eigentum und Eigentümer ..., S. 171.

(2) Abbau der wirtschaftlichen Gegensätze zwischen Arbeitgeber und Arbeitnehmer durch die Teilhabe des Arbeitnehmers an Substanz und Erfolg der Unternehmung und die damit verbundene Existenzsicherung, die die Belegschaftsaktie dem Arbeitnehmer gewährt.

(3) Abbau der gesellschaftlichen Gegensätze zwischen Arbeitgeber und Arbeitnehmer durch die Steigerung der Achtung der sozialen Umwelt als Folge des Prestigeeffekts der Belegschaftsaktie.

2. Verbesserung der wirtschaftlichen Existenzgrundlage der Arbeitnehmer

Das zweite soziale Ziel der Belegschaftsaktie ist wohlfahrtspolitischer Natur. Es betrifft die wirtschaftlichen Lebensbedingungen der Arbeitnehmer der Unternehmung, deren Einkommens- und insbesondere Vermögensverhältnisse im Verhältnis zu anderen Gesellschaftsgruppen unzulänglich sind.

So sprach Hans Reuter davon, daß die Belegschaftsaktie „... den Mitarbeitern eine zusätzliche Chance ... an den Gewinnmöglichkeiten des Unternehmens teilzunehmen“[36] geben soll. Der Vorstand der Farbenfabriken Bayer kündigte die Aktienausgabe 1964 wie folgt an: „... im Rahmen unserer Bestrebungen, Ihnen Möglichkeiten zu einer Anlage Ihrer Ersparnisse, zur Schaffung von Eigentum und damit zu einer zusätzlichen Sicherung für das Alter zu eröffnen, geben wir Ihnen erneut die Gelegenheit, Aktien unseres Unternehmens zu einem Vorzugskurs zu erwerben ...[37].“ Hans Janberg, Vorstandsmitglied der Deutschen Bank AG, schreibt in seinen Betrachtungen zur Belegschaftsaktie etwas vorsichtiger: „Von der Sicht der einzelnen Gesellschaft her wird es ... so sein, daß man der Belegschaft einen Vorteil zukommen lassen möchte, wie dies bei allen freiwilligen Sozialleistungen der Fall ist[38].“ Nach Karlfriedrich Woeste geht es „... auch ganz einfach darum ..., aus allgemeinen sozialen Überlegungen ohne egoistisches Motiv den Arbeitnehmern etwas zuzuwenden[39].“ Und Ingo Mickley schreibt: Dem Arbeitnehmer „... wird die Möglichkeit geboten, für Notzeiten, für die Ausbildung seiner Kinder und für seine Altersversorgung Kapital anzulegen“[40].

In der älteren Literatur schreibt Joseph Grimmer: „Der Arbeiter wird aus seiner drückenden, völlig mittellosen Stellung herausgehoben wer-

---

[36] Hans Reuter in einer Rede auf der Hauptversammlung der Demag AG 1958. Zitiert nach *Cattepoel,* Dirk: a.a.O., S. 279.

[37] Schreiben des Vorstandes der Farbenfabriken Bayer AG an die Belegschaft, vom Oktober 1964.

[38] *Janberg,* Hans: Einige Betrachtungen ..., S. 179.

[39] *Woeste,* Karlfriedrich: a.a.O., S. 1317.

[40] *Mickley,* Ingo: a.a.O., S. 70.

den zu wirtschaftlichem Selbstbewußtsein[41].“ „Die Dividende kann gewissermaßen als Lohnaufbesserung angesehen werden[42].“ Und ähnlich äußert sich Fritz Tänzler: Der Arbeitgeber wünscht, seinen Arbeitnehmern aus ethischen Gründen „... besondere Vorteile zugute kommen zu lassen ... ein Zusatzeinkommen zu ermöglichen“[43].

Eine Analyse dieser Äußerungen läßt erkennen, daß das zweite soziale Ziel der Belegschaftsaktie etwa mit ‚Verbesserung der wirtschaftlichen Existenzgrundlage der Arbeitnehmer‘ gekennzeichnet werden könnte, und daß ihm Praxis und Wissenschaft nach wie vor hohe Bedeutung beimessen.

Als Schwerpunkte dieses Zieles können in genauer Übereinstimmung mit den substanz- und ertragsmäßigen Aspekten der Sicherungsfunktion des Eigentums festgestellt werden:

(1) Ermöglichung einer eigenverantwortlichen Alters- und Krisenvorsorge für den Arbeitnehmer durch die mit dem Miteigentum verbundene Verfügungsmöglichkeit über Vermögenssubstanz, also einen ‚Vorrat‘ an Wirtschaftsgütern.

(2) Verbesserung des Lebensstandards des Arbeitnehmers durch die mit dem Miteigentum verbundene Verfügbarkeit von Vermögenserträgen, also eines ‚arbeitlosen‘ Zusatzeinkommens.

III. Die ökonomischen Ziele der Belegschaftsaktie

1. Steigerung der Produktivität und Wirtschaftlichkeit

Das erste von insgesamt vier ökonomischen Zielen der Belegschaftsaktie betrifft ganz allgemein den Leistungsprozeß in allen Funktionsbereichen der Unternehmung und ist in erster Linie auf die Mehrung des Unternehmungsgewinns gerichtet.

So sagte Philip Rosenthal: „Denn wir sehen in diesem inneren Zusammenhalt eines der stärksten Mittel, um unsere wirtschaftlichen und ideellen Ziele zu erreichen ...[44].“ Und Hans Reuter: „Wir möchten soweit wie nur irgend möglich in allen Mitarbeitern das Bewußtsein dafür schärfen, daß der hauptsächliche Leistungsmaßstab für ein Wirtschaftsunternehmen der Gewinn ist ...[45].“ Die Farbenfabriken Bayer schreiben in ihrem Brief an die Belegschaft: „Miteigentümer sein bedeutet, daß der Werks-

---

[41] *Grimmer*, Joseph: a.a.O., S. 28.

[42] Ebenda, S. 28.

[43] *Tänzler*, Fritz: a.a.O., S. 17.

[44] Stimmen ..., S. 226.

[45] Hans Reuter in einer Rede auf der Hauptversammlung der Demag AG 1958. Zitiert nach *Cattepoel*, Dirk: a.a.O., S. 179.

angehörige... durch seinen Aktienbesitz... am Geschick seines Unternehmens ein wirklich eigenes Interesse hat[46]." Hans Janberg vermerkt: „Wenn das Betriebsklima nicht gestört wird, ist die Erwartung nicht von der Hand zu weisen, daß die Belegschaftsaktie das Rentabilitätsinteresse steigert...[47]." Das Mißtrauen der Gewerkschaften „... dürfte sich... darauf richten, daß die Interessen der Arbeitnehmer-Aktionäre, nämlich hohe Dividenden und hohe Kurse, mit den von ihnen für die Arbeitnehmer vertretenen Forderungen nach hohen Löhnen und kürzerer Arbeitszeit kollidieren"[48]. Und Ingo Mickley schreibt: „Arbeitnehmeraktionäre werden Rohstoffe und Materialien und auch Werkzeuge verantwortungsbewußter gebrauchen... Die Qualität der Erzeugnisse werden sie ebenfalls zu beeinflussen versuchen, da sie an einem guten Verkauf... gesteigertes Interesse haben werden[49]."

In der älteren Literatur äußert Joseph Grimmer: „Streiks und Arbeitskämpfe werden seltener aus der Erwägung heraus, daß der Arbeiter sich und seinen Mitarbeitern dadurch Schaden zufügt. Durch solche Ueberlegungen erhofft man eine Steigerung der Arbeitsleistungen, der Arbeitslust und der Sparsamkeit an Material[50]." Und Fritz Tänzler betont, „... daß die Anteilnahme an dem Erträgnis den Arbeitnehmer veranlaßt, seine eigene Arbeitsleistung so einzusetzen, daß sie das Erträgnis günstig beeinflußt, daß also die Aussicht die Intensität seiner Arbeit vermehrt und produktions- und ertragsmindernde Unterbrechungen der Arbeit durch Feierstunden und Arbeitsruhe fernhält"[51]. Sehr interessant sind in diesem Zusammenhang auch die Ausführungen Bernhard Pfisters allgemein zum Miteigentum: „Es wird erwartet, daß der Besitzanteil, das Wissen um den Besitzanteil am Betrieb, am Gebäude, an den Maschinen und Werkzeugen dem Arbeitnehmer einen gewissen Eigentumssinn, einen Besitzstolz, ein Verantwortungsgefühl, ein Eigentumsbewußtsein nicht nur erzeugt, sondern auch habituell verleiht[52]."

Eine Analyse dieser Äußerungen zeigt, daß dieses erste ökonomische Ziel der Belegschaftsaktie etwa mit ‚Steigerung der Produktivität und Wirtschaftlichkeit (der Unternehmung)', umschrieben werden könnte, wobei allerdings vermerkt werden muß, daß die Äußerungen der Gegenwart recht allgemein gehalten sind, was sowohl auf Zweifel an der Er-

---

[46] Brief des Vorstandes der Farbenfabriken Bayer AG an die Belegschaft, vom November 1953. Zitiert nach *Mickley*, Ingo: a.a.O., S. 109 f.

[47] *Janberg*, Hans: Einige Betrachtungen ..., S. 180.

[48] Ebenda, S. 180.

[49] *Mickley*, Ingo: a.a.O., S. 61.

[50] *Grimmer*, Joseph: a.a.O., S. 28.

[51] *Tänzler*, Fritz: a.a.O., S. 18.

[52] *Pfister*, Bernhard: Eigentum und Miteigentum aus soziologischer und volkswirtschaftlicher Sicht. In: Die Aussprache. 4. Jg. 1954, H. 6, S. 90.

folgsaussicht als auch auf Furcht vor Diffamierung des betrieblichen Eigennutzes beruhen kann.

Als Schwerpunkte dieses Zieles lassen sich feststellen:

(1) Schaffung eines ökonomischen Anreizes für die Arbeitnehmer zur Leistungssteigerung, zur sparsameren Betriebsmittelverwendung und insbesondere zur Beschränkung ihrer wirtschaftlichen Forderungen, und zwar mit den Auswirkungen dieses Verhaltens auf Dividende und Substanzwert der Belegschaftsaktien.

(2) Schaffung eines psychischen Antriebes bei den Arbeitnehmern zur Leistungssteigerung, zur Beschränkung ihrer wirtschaftlichen Forderungen und insbesondere zur pfleglichen bzw. sparsamen Betriebsmittelverwendung, und zwar mit dem psychischen Sorge- und Pflegebedürfnis des Eigentümers für sein Eigentumsobjekt.

(3) Schaffung der psychologischen Voraussetzungen bei den Arbeitnehmern für die Beschränkung der wirtschaftlichen Forderungen, die sparsame bzw. pflegliche Betriebsmittelverwendung und insbesondere die Steigerung ihrer Arbeitsleistung, und zwar mit dem Abbau des sozialen Konflikts (erstes soziales Ziel) und der damit verbundenen Verbesserung des gesamten Betriebsklimas.

2. Heranziehung einer leistungsfähigen Stammbelegschaft

Das zweite ökonomische Ziel der Belegschaftsaktie betrifft speziell die Funktion der Personalbeschaffung und ist in erster Linie auf eine diesbezügliche Sicherung der Unternehmung gerichtet.

So sagte Philip Rosenthal: „Ein mit der nötigen Vorsicht eingeleitetes Miteigentum des einzelnen Arbeitnehmers an seinem Unternehmen kann ein Schritt dazu sein, daß der arbeitende Mensch sich ... innerlich wirklich wieder mehr als ein Teil seines Unternehmens fühlt[53].“ Und in einem Brief des Vorstandes der Rosenthal-Porzellan AG an die Belegschaft wird die Ausgabe der Belegschaftsaktie als „... Maßnahme zur Festigung der Verbindung zwischen dem Unternehmen und seinen langjährigen Mitarbeitern ...“[54] bezeichnet. Hans Janberg stellt fest: Die Erwartung ist „... nicht von der Hand zu weisen, daß die Belegschaftsaktie ... eine größere Verbundenheit der anlegenden Arbeitnehmer mit der Unternehmung herstellt. Dabei kann man der Geschäftsleitung wohl kaum verdenken, daß ihr an der Erhaltung eines Belegschaftsstammes mehr gelegen ist als an einem ständig zu erwartenden Wechsel der gegenüber

---

[53] Stimmen ..., S. 226.

[54] Schreiben des Vorstandes der Rosenthal-Porzellan AG an die Belegschaft, vom Mai 1963.

dem betrieblichen Geschehen gleichgültigen Arbeitnehmer"[55]. Und Ingo Mickley schreibt: „Der Arbeitnehmer ... wird stärker als bisher an dem Gedeihen der betreffenden Unternehmung interessiert sein und demzufolge nicht ohne zwingende Günde das Arbeitsverhältnis lösen[56]."

In der älteren Literatur schreibt Joseph Grimmer: „Ferner wird der Arbeiter durch die Aktienbeteiligung an einem bestimmten Unternehmen interessiert und dadurch enger mit ihm verbunden, so daß der häufige Arbeitsstellenwechsel herabgemindert wird; es wird ein seßhafter Arbeiterstamm geschaffen[57]." Und Fritz Tänzler vermerkt: „Endlich kann aus der Aktienverbundenheit eine größere Stetigkeit der Arbeiterschaft folgen, insofern, als der aktienbesitzende Arbeitnehmer es vermeiden wird, den Betrieb zu wechseln, weil er sich dann der Vergünstigungen aus dem Aktienbesitz und des Vorteils des weiteren Aktienerwerbs begibt[58]."

Eine Analyse dieser Äußerungen zeigt, daß das zweite ökonomische Ziel der Belegschaftsaktie etwa mit ‚Heranziehung einer leistungsfähigen Stammbelegschaft' umschrieben werden könnte und daß ihm Wissenschaft und Praxis gegenwärtig wie in der Vergangenheit hohe Bedeutung beimessen.

Als Schwerpunkte dieses Ziels lassen sich feststellen:

(1) Schaffung eines ökonomischen Anreizes für die betrieblichen Arbeitnehmer, ihren Arbeitsplatz nicht zu wechseln, und für die außerbetrieblichen Arbeitnehmer, sich um einen Arbeitsplatz in der aktienausgebenden Unternehmung zu bemühen, und zwar mit der Aussicht auf eine Wiederholung der Aktienausgabe.

(2) Schaffung eines psychischen Antriebes bei den betrieblichen Arbeitnehmern, ihren Arbeitsplatz nicht zu wechseln mit der psychischen Bindung des Eigentümers an sein Eigentumsobjekt.

(3) Schaffung der psychologischen Voraussetzungen für eine Minderung der Fluktuation der betrieblichen und für eine Heranziehung außerbetrieblicher Arbeitskräfte, und zwar mit dem Abbau des sozialen Konflikts (erstes soziales Ziel) und der damit verbundenen Verbesserung des gesamten Betriebsklimas.

---

[55] *Janberg,* Hans: Einige Betrachtungen ..., S. 180.
[56] *Mickley,* Ingo: a.a.O., S. 59.
[57] *Grimmer,* Joseph: a.a.O., S. 28.
[58] *Tänzler,* Fritz: a.a.O., S. 18.

3. Verbesserung der Unternehmungsfinanzierung

Das dritte ökonomische Ziel der Belegschaftsaktie betrifft speziell die Funktion der Kapitalbeschaffung und ist in erster Linie auf eine diesbezügliche Sicherung der Unternehmung gerichtet.

So betont die Mannesmann AG in ihren Presse-Informationen zur Belegschaftsaktien-Ausgabe 1957, daß die Maßnahme vor allem der Überzeugung entsprang, „... nicht nur daß die Industrie dem kleinen und mittleren Sparer besonders gute Anlagemöglichkeiten zu bieten hat, sondern daß sie auf lange Sicht auch ihrerseits auf alle Sparer Wert legt und darunter nicht zuletzt auch die eigenen Belegschaftsmitglieder sehen möchte“[59]. Ein etwas anderer Aspekt dieser Zielsetzung wird von Philip Rosenthal hervorgehoben: „Sicherlich haben wir die Arbeitsdividende auch aus Ersparnisgründen wegfallen lassen[60].“ Damit ist jedoch vor allem der Liquiditätseffekt dieser Maßnahme gemeint. Wie in dem Brief des Vorstandes an die Belegschaft erläutert wird, mache die direkte Einsparung gegenüber der Zahlung einer Arbeitsdividende nur DM 300 000 aus, hinzu käme jedoch noch der Vorteil, daß die Gesellschaft den Wert der Aktien in Höhe von DM 640 000 nicht bar auszuzahlen habe, also für Investitionen zur Verfügung bliebe[61]. Ähnlich schreibt Matthias Schmitt: „In den meisten Fällen bedeutet es für die Gesellschaft keine direkte, wohl aber eine indirekte Geldzuführung, da die Aktienausgaben überwiegend mit den Gewinnbeteiligungen der Belegschaft gekoppelt sind. Neben der sehr erwünschten Vergrößerung der Aktionärszahl und der Kapitalbasis spielt ... die Frage der Liquidität eine gewisse Rolle. Bei der reinen Gewinnbeteiligung gehen erhebliche liquide Mittel der Unternehmung verloren ...[62].“ Und auch Ingo Mickley sieht in der ‚Erweiterung der Kapitalbasis‘[63] ein wichtiges Ziel der Aktienbeteiligung der Arbeitnehmer.

In der älteren Literatur schreibt dazu Fritz Tänzler: „Schließlich kann aber auch ... für die Unternehmung als Ganzes mitbestimmend sein, sich im Wege der Verbreiterung der Aktienbasis auch eine Verbreiterung der Kapitalgrundlage zu schaffen, neue Kapitalquellen für den Betrieb zu erschließen, ...[64].“

---

[59] Presse-Informationen der Mannesmann AG zur Belegschaftsaktienausgabe 1957. Zitiert nach *Woeste*, Karlfriedrich: a.a.O., S. 1317.

[60] Stimmen ..., S. 226. — Bei der Rosenthal-Porzellan AG bestand eine Gewinnbeteiligung in Form einer sog. Arbeitsdividende, die durch die Ausgabe von Belegschaftsaktien ersetzt wurde.

[61] Nach Schreiben des Vorstandes der Rosenthal-Porzellan AG an die Belegschaft, vom Mai 1963.

[62] *Schmitt*, Matthias: a.a.O., S. 308.

[63] Vgl. *Mickley*, Ingo: a.a.O., S. 63.

[64] *Tänzler*, Fritz: a.a.O., S. 19.

Die Analyse dieser Äußerungen zeigt, daß das dritte ökonomische Ziel der Belegschaftsaktie etwa mit ‚Verbesserung der Unternehmungsfinanzierung‘ gekennzeichnet werden kann und daß ihm Lehre und Praxis heute wie in der Vergangenheit gleichermaßen Bedeutung beimessen.

Als Schwerpunkte dieses Zieles lassen sich feststellen:

(1) Erhöhung des gegenwärtigen Eigenkapitals und der Liquidität der Unternehmung, als direkte finanztechnische Wirkung der Aktienausgabe.

(2) Verbesserung der zukünftigen Finanzierungsmöglichkeiten der Unternehmung am Aktienmarkt, durch die indirekt mit der Aktienausgabe bewirkte Gewöhnung der Arbeitnehmer an den Erwerb und Besitz von Aktien, als wesentliche Voraussetzung für den selbständigen Aktienerwerb.

4. Werbung um öffentliches Vertrauen (public relations)

Das vierte ökonomische Ziel der Belegschaftsaktie betrifft speziell die Funktion des Absatzes und darüber hinaus alle weiteren Beziehungen zur Öffentlichkeit und ist in erster Linie auf eine diesbezügliche Sicherung der Unternehmung gerichtet.

So findet sich im Brief des Vorstandes der Rosenthal-Porzellan AG an die Belegschaft der folgende Hinweis auf eine entsprechende Zielsetzung der Belegschaftsaktien-Ausgabe: „Sollte dieser Versuch innerhalb und außerhalb unseres Unternehmens die Würdigung finden, die wir ihm im Interesse unserer bewährten, treuen Mitarbeiter wünschen, so würde die Unternehmensleitung nicht anstehen, ihn zu wiederholen . . .[65].“

Und in der älteren Literatur weist Fritz Tänzler darauf hin, daß insbesondere bei manchen Betrieben gemeinnütziger Art oder Unternehmungen des Massenkonsums das Bestreben nicht ohne Einfluß sei, „. . . das Unternehmen volkstümlicher zu machen, es in den Gedankenkreis und das Interesse der Massen hineinzutragen“[66].

Diese Äußerungen zeigen, daß das vierte und letzte ökonomische Ziel der Belegschaftsaktie mit ‚Werbung um öffentliches Vertrauen‘ im Sinne des amerikanischen Begriffs der ‚public relations‘ gekennzeichnet werden kann[67]. Die relativ geringe Zahl entsprechender Äußerungen wird

[65] Schreiben des Vorstandes der Rosenthal-Porzellan AG an die Belegschaft, vom Mai 1963.

[66] *Tänzler*, Fritz: a.a.O., S. 19.

[67] Carl Hundhausen hat den Begriff der „public relations“ mit „Werbung um öffentliches Vertrauen“ übersetzt, was auch im Hinblick auf eine exaktere Begriffsbestimmung als zweckmäßig angesehen werden kann. (Vgl. *Hund-*

zumindest von seiten der Praxis auf die Tatsache zurückzuführen sein, daß ein deutlicher Hinweis auf dieses Ziel seinen Erfolg wesentlich beeinträchtigt.

Als Schwerpunkte dieses Zieles der Belegschaftsaktie sind aus dem gesamten Bereich der Vertrauenswerbung vor allem die folgenden Sektoren anzusehen:

(1) Vertrauenswerbung bei Lieferanten und insbesondere Kunden, vor allem durch den Demonstrationswert der Belegschaftsaktie hinsichtlich wirtschaftlicher Leistungsfähigkeit und sozialer Fortschrittlichkeit der Unternehmung.

(2) Vertrauenswerbung bei Gewerkschaften, Kirchen und ähnlichen Organisationen, vor allem durch den Demonstrationswert der Belegschaftsaktie hinsichtlich der sozialen Fortschrittlichkeit der Unternehmung.

(3) Vertrauenswerbung bei Parteien und Staat, vor allem durch den Demonstrationswert der Belegschaftsaktie hinsichtlich des politischen Verantwortungsbewußtseins der Unternehmung.

IV. Die politischen Ziele der Belegschaftsaktie

1. Leistung eines Beitrages zur Stabilisierung der Gesellschaftsordnung

Das erste der beiden politischen Ziele der Belegschaftsaktie ist gesellschaftspolitischer Natur. Es betrifft die Sicherung und Verbesserung der Gesellschaftsordnung und berührt dabei den gesamtgesellschaftlichen Aspekt des sozialen Konflikts.

So betonte Hans Reuter[68] und ähnlich Matthias Schmitt[69], daß die Belegschaftsaktie vor allem auch ein gesellschaftspolitisches Ziel verfolgt. Hans Janberg erläutert diese Zielsetzung näher mit „... Eigentumsbildung auf breitester Basis, die heute vom Gesetzgeber auf vielfache Art gefördert wird ...“[70]. Und Philip Rosenthal sagte anläßlich der ersten Belegschaftsaktienausgabe der Rosenthal-Porzellan AG: „Wir sind der

hausen, Carl: Werbung um öffentliches Vertrauen — „Public Relations“, Bd. I. Essen 1951, S. 7. — Vgl. dazu auch *Schelsky,* Helmut: Public Relations. In: Wörterbuch der Soziologie. Hrsg. W. Bernsdorf und F. Bülow, Stuttgart 1955, S. 404. — Ferner *Ellerbeck,* Werner: Public Relations. In: Handwörterbuch der Betriebswirtschaft. Hrsg. H. Seischab und K. Schwantag. 3., völlig neu bearb. Aufl. Bd. III. Stuttgart 1958, Sp. 4507).

[68] Hans Reuter in einer Rede auf der Hauptversammlung der Demag AG 1958. Zitiert nach *Cattepoel,* Dirk: a.a.O., S. 279.

[69] Vgl. *Schmitt,* Matthias: a.a.O., S. 308.

[70] *Janberg,* Hans: Einige Betrachtungen ..., S. 179.

Ansicht, daß der Bestand der freien Welt zumindest teilweise auch davon abhängt, in wieweit die Anonymität, die Kluft, die noch zwischen dem Arbeitgeber und Arbeitnehmer besteht, verringert werden kann[71]." Und auch Ingo Mickley vermerkt: Ein vornehmlich auf politischer Ebene liegendes Ziel „...ist die Abschwächung der kapital- und unternehmerfeindlichen Einstellung der Arbeitnehmerschaft. Die Abneigung des Arbeitnehmers gegen den Kapitalismus reicht nur soweit, wie er selbst von der Kapitalbildung ausgeschlossen ist"[72]. Das gleiche meint wohl auch Karlfriedrich Woeste, wenn er schreibt: „Vielleicht tritt... auch die weitere Überlegung hinzu, daß die Beteiligung weiter Bevölkerungskreise am Aktienbesitz letztlich zur Erhaltung eines Wirtschaftssystems beiträgt, das den verbleibenden Aktienbesitz bestätigt[73]."

In der älteren Literatur äußert sich Joseph Grimmer folgendermaßen: „Die Aktienbeteiligung wird teilweise als Kampfmittel gegen den Sozialismus angesehen, weil nämlich der mit Kapital an einem Unternehmen Beteiligte, besonders der Arbeiter, für den Sozialismus ‚verdorben' wird[74]." Man erhofft steigende Unabhängigkeit und Erhebung zu wirtschaftlichem Selbstbewußtsein[75].

Diese Äußerungen zeigen trotz ihrer Verschiedenheit, daß das erste politische Ziel der Belegschaftsaktie etwa mit 'Leistung eines Beitrages zur Stabilisierung der Gesellschaftsordnung (im Rahmen der staatlichen Eigentumspolitik)' bezeichnet werden kann.

Als Schwerpunkte dieses Zieles können festgestellt werden:

(1) Leistung eines Beitrages zum Abbau der Bestrebungen zur Abschaffung bzw. Aushöhlung der Rechtsinstitution des Privateigentums (an Produktionsmitteln), des wesentlichen manifesten Konfliktgegenstandes im sozialen Konflikt auf gesamtgesellschaftlicher Ebene. Und zwar durch den Abbau der bestehenden ungleichen Eigentumsverteilung, der zumindest tendentiell mit der Ausgabe von Belegschaftsaktien insoweit bewirkt wird, als sie Arbeitnehmereigentum (an Produktionsmitteln) schafft, z. T. sogar auf Kosten der Arbeitgeber, und an Erwerb und Umgang mit Eigentum gewöhnt.

(2) Leistung eines Beitrages zum Abbau der Bestrebungen nach Ausweitung der Staatsvorsorge und aller dazu notwendigen staatlichen Befugnisse, und zwar durch die ökonomische Sicherung der Arbeitnehmer, die mit der Ausgabe von Belegschaftsaktien insoweit bewirkt

---

[71] Stimmen ..., S. 226.
[72] *Mickley*, Ingo: a.a.O., S. 69.
[73] *Woeste*, Karlfriedrich: a.a.O., S. 1317.
[74] *Grimmer*, Joseph: a.a.O., S. 26.
[75] Vgl. *Grimmer*, Joseph: a.a.O., S. 28.

wird, als sie Arbeitnehmereigentum schafft und an den Erwerb und den Umgang mit Eigentum gewöhnt.

2. Leistung eines Beitrages zur Sicherung des Wirtschaftswachstums

Das zweite politische Ziel der Belegschaftsaktie ist wirtschaftspolitischer Natur. Es betrifft die Sicherung und Verbesserung der Volkswirtschaft.

Dieses Ziel kennzeichnet Hans Reuter mit „... breitere Schichten der Bevölkerung für den Gedanken des Aktiensparens zu gewinnen, das Verständnis für die Aktie als Motor der industriellen Entwicklung und damit der Steigerung unseres Lebensstandards zu vertiefen“[76]. Hans Janberg sieht in der Ausgabe von Belegschaftsaktien auch eine Bestrebung der Unternehmung für den Aktienbesitz im allgemeinen zu werben[77]. Nach Matthias Schmitt sollen durch die Ausgabe von Belegschaftsaktien die Nachteile der reinen Gewinnbeteiligung vermieden werden, bei der volkswirtschaftlich meist keine Kapitalbildung erfolgt, da solche Ausschüttungen erfahrungsgemäß konsumtiv verwandt würden[78]. Ähnlich schreibt Ingo Mickley: „Die Forderung, auch die Arbeitnehmerschaft am Kapitalbildungsprozeß teilnehmen zu lassen, wird durch die Aktienbeteiligung erfüllt[79].“ Und der Vorstand der Rosenthal-Porzellan AG begründet den Ersatz der Arbeitsdividende durch die Ausgabe von Belegschaftsaktien u. a. wie folgt: „Wir halten Lohnerhöhungen dieses Ausmaßes nicht für den verantwortungsvollen Weg einer Beteiligung der Arbeitnehmer an der Gesamtleistung unserer Volkswirtschaft, weil sie zwangsläufig allgemeine Preissteigerungen auslösen ...[80].“

In der älteren Literatur äußert sich Joseph Grimmer dahingehend, daß mit der Aktienbeteiligung die Hoffnung verbunden würde, den Arbeitnehmer zum Sparen zu bringen und letztlich eine gerechtere Güterverteilung herbeigeführt werde[81]. Als Ergänzung kann in diesem Zusammenhang auch auf folgende Ausführungen in der allgemeinen Miteigentumsliteratur hingewiesen werden: Werner G. Schmitz betont, „... daß Sparen allein noch nicht zur Bildung von Kapital im Sinne von Produktivkapital führen muß, daß der Kapitalbildungsprozeß vielmehr erst als abgeschlossen gelten kann, wenn die Ersparnisse investiert ... sind. Die

---

[76] Hans Reuter in einer Rede auf der Hauptversammlung der Demag AG 1958. Zitiert nach *Cattepoel*, Dirk: a.a.O., S. 279.

[77] Vgl. *Janberg*, Hans: Einkommensteuerfragen ..., S. 1080.

[78] Vgl. *Schmitt*, Matthias: a.a.O., S. 308.

[79] *Mickley*, Ingo: a.a.O., S. 69.

[80] Schreiben des Vorstandes der Rosenthal-Porzellan AG an die Belegschaft, vom Mai 1963.

[81] Vgl. *Grimmer*, Joseph: a.a.O., S. 27 und 28.

kapitalmäßige Beteiligung des Arbeitnehmers am Unternehmen ... stellt in diesem Sinne einen vollständigen Kapitalbildungsvorgang dar und hebt sich somit ... deutlich von ... Nur-Sparvorgängen, wie etwa dem Kontensparen des Arbeitnehmers ab"[82]. Und Oswald v. Nell-Breunings These vom ‚Sparen ohne Konsumverzicht' gilt als eine der wesentlichen Grundlagen des Miteigentums: „Wird der Lohn ganz dem Konsum zugeführt, so kann die volkswirtschaftliche Lohnquote realiter nicht höher sein als diejenige Quote des Sozialprodukts, die in Konsumgütern besteht; Lohnerhöhungen, die diese Grenze zu übersteigen versuchen, lösen unweigerlich die Lohn-Preis-Spirale aus, sind also dazu verurteilt, nominell zu bleiben. Sind die Lohn- und Gehaltsempfänger dagegen bereit, von ihrem Arbeitseinkommen ... auch Kapitalgüter zu kaufen ..., so fällt diese Grenze; der Lohn kann — vereinfachend gesagt — der vollen Höhe des Sozialprodukts gleichkommen[83]."

Diese Äußerungen zeigen trotz ihrer Verschiedenheit, daß das zweite politische Ziel der Belegschaftsaktie etwa mit ‚Leistung eines Beitrages zur Sicherung des Wirtschaftswachstums (im Rahmen der staatlichen Sparförderungspolitik)' bezeichnet werden kann.

Als Schwerpunkte dieses Ziels können festgestellt werden:

(1) Leistung eines Beitrages zur Erhöhung der volkswirtschaftlichen Kapitalbildung und somit der zukünftigen Produktivität, und zwar durch die Förderung des langfristigen Arbeitnehmer-Sparens, insbesondere in Aktien, die durch die Ausgabe von Belegschaftsaktien insofern erreicht wird, als die Arbeitnehmer u. U. den Aktienerwerb aus ihrem laufenden Einkommen und kurzfristigen Ersparnissen mitfinanzieren und darüber hinaus an einen selbständigen Aktienerwerb gewöhnt werden.

(2) Leistung eines Beitrages zur Verringerung der Preisauftriebstendenzen bei Vollbeschäftigung, insbesondere soweit sie von Lohnerhöhungen ausgehen, und somit zur Verbesserung und Sicherung des gesamten volkswirtschaftlichen Produktions- und Verteilungsprozesses. Und zwar durch die mit der Belegschaftsaktienausgabe bewirkte nachhaltige Kaufkraftumlenkung vom Konsumgüter- auf den Kapitalgütermarkt, insofern als die Arbeitnehmer u. U. den Aktienerwerb aus eigenen — vorwiegend für den Konsum bestimmten — Mitteln mitfinanzieren und darüber hinaus psychologische Voraussetzungen für den selbständigen Aktienerwerb geschaffen werden.

---

[82] *Schmitz*, Werner G.: a.a.O., S. 17.

[83] *v. Nell-Breuning*, Oswald: Vermögensbildung in Arbeiterhand. In: Gewerkschaftliche Monatshefte. 4. Jg. 1953, H. 9, S. 514. — Vgl. dazu auch *v. Nell-Breuning*, Oswald: Sparen ohne Konsumverzicht. In: Der Volkswirt. 11. Jg. 1957, H. 37, S. 2051—2052.

C. Die Probleme der Belegschaftsaktie

I. Allgemeines

Im vorangegangenen Kapitel sind die Ziele der Belegschaftsaktie dargestellt worden, ausgehend von Äußerungen aus Praxis und Wissenschaft, die deduktiv ergänzt und vertieft wurden. Und zwar ohne Berücksichtigung aller Sachverhalte, die die Erfolgsaussicht bestimmen. Im folgenden sollen daher die wichtigsten der Probleme untersucht werden, die die Verwirklichung der Ziele in Frage stellen.

Es sind vor allem zwei Arten von Problemen, die die Erfolgsaussicht der Belegschaftsaktie beeinträchtigen:

(1) Generelle Probleme, die die Verwirklichung aller (oder zumindest fast aller) Ziele gleicherweise in Frage stellen.

(2) Spezielle Probleme, die die Verwirklichung einzelner Ziele beeinträchtigen.

Der größere Teil der Probleme ist in Wissenschaft und Praxis schon vielfach erörtert worden, meistens allerdings sehr einseitig bzw. polemisch, um zu dem im voraus feststehenden Urteil über die Belegschaftsaktie speziell oder allgemein das betriebliche Miteigentum zu kommen. Einige sehr wesentliche Probleme sind dagegen ganz oder mit wenigen Ausnahmen unbeachtet geblieben, so die Quantität des Aktienbesitzes, der Personenkreis der Aktienbesitzer, die Ursache des sozialen Konfliktes und die Bedingungen einer Eigenkapital- und Liquiditätserhöhung. Die folgenden Untersuchungen sollen eine ausgewogene Beurteilung aller wesentlichen Probleme ermöglichen.

II. Die generellen Probleme

1. Die Quantität des Aktienbesitzes

a) Allgemeines

Die Verwirklichung der Ziele der Belegschaftsaktie setzt an erster Stelle eine ausreichende Quantität des Aktienbesitzes bezogen auf den einzelnen Belegschaftsaktionär und die Gesamtbelegschaft voraus. Ganz abgesehen von evtl. qualitativen Mängeln der Belegschaftsaktie wird ihre Erfolgsaussicht schon durch eine zu geringe Quantität gefährdet.

Während in den USA die Belegschaften oft schon erhebliche Beteiligungen an ihren Unternehmungen besitzen — z. B. hatte die American Telegraph and Telephone Company schon 1957 325 000 Belegschaftsaktionäre, das waren 50 % der Belegschaft und eine Gruppe von 21 % in der Gesamtheit (Kopfzahl) der Aktionäre, und hat seither weitere 10 % ihres Aktienkapitals als Belegschaftsaktien ausgegeben[1] —, ist die Quantität des Belegschaftsaktienbesitzes in Deutschland meist wesentlich geringer. Der Kapitalanteil erreicht maximal 2,6 % und liegt häufig unter 0,5 %. Der durchschnittliche Kurswert des Aktienbesitzes pro Belegschaftsaktionär liegt normalerweise unter DM 1000,—, oft sogar unter DM 500,—. Lediglich der Anteil der Belegschaftsaktionäre an der Gesamtbelegschaft liegt häufiger über 20 % und manchmal sogar über 50 %. In der nachfolgenden Tabelle sind die Minimal- und Maximalwerte des deutschen Belegschaftsaktienbesitzes zusammengestellt, bezogen auf das Jahresende 1965. Bei allen nicht angeführten Gesellschaften liegen die entsprechenden Werte zwischen den Extremwerten der Tabelle[2]:

	Bayer	Mannesmann	Hoechst	Rosenthal	Bayer. Hypoth.
Zahl der Belegschaftsaktionäre	16000	7000	25000	3400	5000
Anteil an der Gesamtbelegschaft (%)	22,5	8,8	40	60	70
Nominalwert der Belegschaftsaktien insgesamt (Mill. DM)	35	1,9	8	0,34	0,5
Anteil am Grundkapital (%)	2,6	0,3	0,9	2,0	0,4
Kurswert des durchschnittl. Aktienbesitzes pro Belegschaftsaktionär (DM)	8500 a)	520	1670	340	460

a) Aufgrund dieses Wertes muß die Richtigkeit der Angaben der Farbenfabriken Bayer AG bezweifelt werden. Wahrscheinlich ist die Zahl der Belegschaftsaktionäre zu gering angesetzt.

[1] Vgl. dazu *Harden*, Josef: a.a.O., S. 1003 und 1050. — Ferner American Telephone and Telegraph Company (Hrsg.): Prospectus. New York 15. 4. 1966, S. 30 und 35.

[2] Aufgrund brieflicher Informationen der genannten Firmen. Ergänzende Daten sind dem vom Spezial-Archiv der Deutschen Wirtschaft herausgegebenen Saling-Aktienführer 1966, 59. Aufl. Darmstadt, Berlin, Essen, Haarlem, Wien November 1965, entnommen.

b) Die Wirksamkeit des geringfügigen Aktienbesitzes

Für die volle Verwirklichung aller Ziele der Belegschaftsaktie erscheint die durchschnittliche Quantität des deutschen Belegschaftsaktienbesitzes als zu geringfügig.

Wie sehr die Wirksamkeit der Belegschaftsaktie durch die geringe Quantität beeinträchtigt wird, zeigt sich bei den sachlichen Ziel-Schwerpunkten besonders deutlich: Zum Abbau der Herrschaftsgegensätze steht häufig nur ein Stimmanteil von weniger als 1 % für die Gesamtbelegschaft in der Hauptversammlung zur Verfügung. Zum Abbau der wirtschaftlichen Arbeitnehmer-Arbeitgeber-Gegensätze und für die eigenverantwortliche Alters- und Krisenvorsorge bzw. Verbesserung des Lebensstandards der Arbeitnehmer steht normalerweise nur eine Vermögenssubstanz in Höhe etwa eines Monatseinkommens und ein Vermögensertrag von vielleicht DM 40,— pro Jahr oder DM 3,30 pro Monat zur Verfügung[3]. Und zur Schaffung eines ökonomischen Anreizes zur Steigerung der Produktivität und Wirtschaftlichkeit und zur Heranziehung einer leistungsfähigen Stammbelegschaft müssen sogar Veränderungen dieser Größen bzw. die Aussicht auf Erlangung weiterer derartiger Beträge ausreichen, wobei dieser Anreiz noch auf einen Teil der Belegschaft beschränkt bleibt. Die Erhöhung des gegenwärtigen Eigenkapitals und der Liquidität des Unternehmens bewegt sich bestenfalls in der Größenordnung von 2 %. Und der Beitrag zur Erhöhung der volkswirtschaftlichen Kapitalbildung und zur Verringerung der Preisauftriebstendenzen kann unter günstigen Umständen einige Millionen zusätzliches Produktionskapital bzw. nachhaltig umgelenkte Kaufkraft ausmachen.

Wesentlich schwieriger läßt sich die Wirksamkeit der Belegschaftsaktie allerdings hinsichtlich der psychologischen Ziel-Schwerpunkte beurteilen, da psychologische Wirkungen nicht in so direkter Abhängigkeit vom auslösenden Sachverhalt stehen wie sachliche Wirkungen. Jedoch nimmt die Psychologie auch für Gefühlsvorgänge eine gewisse Abhängigkeit der Intensität von der Stärke des auslösenden Vorganges und sogar ein völliges Ausbleiben des Gefühls bei zu geringer Stärke des auslösenden Sachverhaltes an. So schreibt Michael Kesselring: „In sinngemäßer Anwendung lassen sich die Begriffe der Empfindungsschwelle, der Minimal- und Maximalempfindung, des Sensibilitätsumfangs auch auf die Erscheinung des Gefühls übertragen, so daß sich von Gefühlsschwelle, Gefühls-

---

[3] Vgl. dazu auch *Küng*, Emil: a.a.O., S. 136. — Das durchschnittliche Bruttomonatseinkommen eines Arbeiters bzw. Angestellten in der Industrie betrug im Januar 1965 DM 766,— bzw. 831,— (vgl. Statistisches Bundesamt (Hrsg.): Statistisches Jahrbuch für die Bundesrepublik Deutschland 1965, Stuttgart und Mainz 1965, S. 506 und 514). — Als Rendite ist ein Wert von 4 % angenommen worden. Dabei ist noch zu berücksichtigen, daß eventuelle Arbeitnehmerersparnisse zum Erwerb der Aktien mit herangezogen werden.

höhe und Gefühlsumfang (Skala der Gefühlsregungen) mit gutem Grunde sprechen läßt[4]." Die Bedeutung z. B. der Gefühlsschwelle wird besonders deutlich bei den psychischen Antrieben des Sorge- und Pflegebedürfnisses und der Objektbindung des Eigentümers aber auch beim Abbau der Bestrebungen zur Abschaffung des Privateigentums und Ausweitung der Staatsvorsorge. Darüber hinaus muß sich auch der geringe Anteil der Belegschaftsaktionäre an der Gesamtbelegschaft negativ auf die Verwirklichung der psychologischen Ziel-Schwerpunkte auswirken, zumindest soweit sie auf den einzelnen Arbeitnehmer abzielen, was lediglich die Vertrauenswerbung nicht tut.

c) Die Ursachen des geringfügigen Aktienbesitzes

Ein zweifellos sehr wesentlicher Teil der Ursachen des geringfügigen deutschen Aktienbesitzes ist sachlicher Natur und im Ausgabeumfang bzw. der Finanzierung der Belegschaftsaktie zu suchen. Jedoch lassen sich diese Ursachen — zumindest prinzipiell — sehr leicht beseitigen, so daß ihnen hier nicht so viel Aufmerksamkeit gewidmet zu werden braucht. Der insoweit wesentlich bedeutsamere Teil der Ursachen des geringfügigen Aktienbesitzes ist psychologischer Natur und besteht in einer Reihe von psychologischen Sachverhalten, die die Herausbildung und spätere Erhaltung eines ausreichenden Belegschaftsaktienbesitzes behindern:

(1) Sozialer Konflikt
(2) Fehlende Kenntnisse
(3) Fehlende Gewöhnung
(4) Hohe Konsumneigung
(5) Beschränkte Sparbereitschaft
(6) Uniformität des Gruppenverhaltens.

(1) Sozialer Konflikt

Als allgemeinste psychologische Ursache des geringfügigen Aktienbesitzes ist der schon erwähnte soziale Konflikt anzusehen, der in vielen Arbeitnehmern von vornherein ein Gefühl der Abneigung und des Mißtrauens gegen die Belegschaftsaktie erzeugt, und somit den Erwerb erschwert bzw. später auf eine baldmögliche Veräußerung hinwirkt.

Die Abneigung richtet sich vor allem gegen die Aktie als typisches Merkmal des Konfliktgegners, des Kapitalisten, Unternehmers bzw. Nichtarbeitnehmers. Eine Ansicht, die durch die gegenwärtige Verteilung

---

[4] *Kesselring*, Michael: Allgemeine Psychologie. 5. Aufl. Bad Heilbrunn Obb. 1963, S. 95.

des Aktienbesitzes und die marxistische Ideologie wirksam unterstützt wird. Aufgrund praktischer Erfahrungen schreibt Dirk Cattepoel: Die Aktie gilt bei den meisten Arbeitnehmern „... als ‚Kapitalismus', als ‚Spekulation', und man denkt dabei gleich an einen Mann, der sich auf Kosten der Arbeit anderer in krummer Weise bereichert"[5].

Hinzu kommt das allgemeine Mißtrauen gegen die Belegschaftsaktie als Maßnahme der Unternehmungsleitung. So ergab eine Umfrage des Instituts für Sozialforschung der Universität Frankfurt a. M. 1957 unter den Mannesmann-Arbeitnehmern als besonders verbreitete negative Ansichten über die Gründe der Belegschaftsaktienausgabe: „Ich denke, daß das Großkapital daran verdient, die können ja mit dem Geld wirtschaften, das ist ja eine Menge Geld ...[6]." „Es kommen ja schon eine ganze Reihe mit dem Wagen und da haben sich die da oben sicherlich gedacht, denen geben wir zuviel Geld, da machen wir das mit den Aktien[7]." „Wozu das ganze nun sein soll, das weiß ich wirklich nicht, ich habe das deutliche Gefühl, es handelt sich um Vorspiegelung falscher Tatsachen[8]." „Wenn die Arbeitgeber plötzlich so großzügig sind, dann muß doch irgendein Haken dahinterstecken, sonst müssen wir ja um jeden Pfennig kämpfen[9]."

Zur Quantifizierung dieses Mißtrauens kann auf die regelmäßigen Umfragen des Instituts für Demoskopie, Allensbach, in der Gesamtbevölkerung verwiesen werden: Im Dezember 1963 glaubten nur 29 % der Befragten, daß die Fabrikanten von sich aus versuchen, die Wünsche der Arbeitnehmer zu erfüllen, während 39 % der Ansicht waren, daß sie erst durch Gesetze dazu gezwungen werden müßten (32 % unentschieden). Immerhin waren aber 1950 noch 59 % der zweiten Meinung, so daß sich wenigstens im Zeitverlauf eine Mißtrauensminderung zeigt[10].

(2) Fehlende Kenntnisse

Die zweitwichtigste psychologische Ursache des geringfügigen Aktienbesitzes ist in fehlenden Kenntnissen über die grundlegenden Zusammenhänge in der Wirtschaft und über Wesen und Handhabung der Aktie zu suchen. Daraus resultiert ein Gefühl der Unsicherheit, das das schon

---

[5] *Cattepoel,* Dirk: a.a.O., S. 280.

[6] *Weltz,* Friedrich: Aufnahme der ersten Belegschaftsaktien der Mannesmann AG. Ergebnisse einer Befragung bezugsberechtigter Arbeiter und Angestellter zweier Werke. (Als Manuskript vervielfältigt.) Hrsg. Institut für Sozialforschung an der Johann Wolfgang Goethe-Universität, Frankfurt a. M. 1957, S. 34.

[7] Ebenda, S. 35.

[8] Ebenda, S. 37.

[9] *Weltz,* Friedrich: a.a.O., S. 37.

[10] Vgl. *Schmidtchen,* Gerhard: Die befragte Nation. 2. Aufl. Frankfurt a. M. und Hamburg 1965, S. 198.

durch den sozialen Konflikt vorhandene Mißtrauen gegen die Belegschaftsaktie verstärkt.

Über die fehlenden wirtschaftlichen Kenntnisse schreibt Arnold Gehlen sehr treffend: „Die ideologische Einstellung fast aller Menschen zur Politik macht ihnen die dortigen Großereignisse vermeintlich durchsichtig. Ebenso gibt es für die Masse der Menschen eine vermeintliche Durchsichtigkeit der oberen Zusammenhänge in der Natur. Man meint, daß da im wesentlichen alles bekannt ist, wenn man auf den Mond fahren kann. Aber die oberen Zusammenhänge der Wirtschaft sind nicht nur objektiv unbekannt — sie gelten ... als Geheimbesitz einer kleinen Zahl von Strategen[11]."

Über die Unkenntnis des Wesens und der Handhabung der Aktie gibt die schon erwähnte Befragung der Mannesmann-Arbeitnehmer Aufschluß: Häufig fand sich die Meinung, daß nur der Großaktionär nicht aber der Kleinaktionär im Konkursfall berücksichtigt wird[12]. Es zeigten sich Befürchtungen, daß der Arbeitnehmer-Aktionär zu einer bestimmten Haltung in Lohnauseinandersetzungen gezwungen werden könne[13]. Vielen Arbeitnehmern war die Abhängigkeit des Kurses von der Dividendenhöhe und auch der allgemeinen politischen Entwicklung unbekannt[14]. Und nicht selten war auch die Ansicht, die Aktien unterlägen der Geldentwertung[15].

Zur Quantifizierung der fehlenden Kenntnisse kann auf eine Umfrage der Forschungsstelle für empirische Sozialökonomik, Köln anläßlich der Privatisierungsaktionen des Bundes verwiesen werden[16] (siehe Tabelle, Seite 78).

Das Ergebnis zeigt, in welchem Maße bei Arbeitern und Angestellten die Furcht im Vordergrund steht, aufgrund fehlender Kenntnisse mit Aktienbesitz ‚hereinzufallen'. Darüber hinaus wird auch der Einfluß des sozialen Konflikts genauer quantifiziert.

(3) Fehlende Gewöhnung

Eine weitere eng mit den beiden ersten verknüpfte, jedoch nicht völlig mit ihnen gleichzusetzende Ursache des geringfügigen Aktienbesitzes liegt in der fehlenden Gewöhnung der Arbeitnehmer an abstrakte Eigentums-

---

11 *Gehlen*, Arnold: Soziologische Aspekte ..., S. 178—179.

12 Vgl. *Weltz*, Friedrich: a.a.O., S. 28.

13 Vgl. ebenda, S. 29.

14 Vgl. ebenda, S. 29.

15 Vgl. ebenda, S. 8.

16 Vgl. Forschungsstelle für empirische Sozialökonomik, Köln, Prof. Dr. G. Schmölders (Hrsg.): Sozialökonomische Analyse des Wertpapiersparens in der Bundesrepublik. Köln 1960 (als Manuskript vervielfältigt). Zitiert nach *Michel*, Hartmut: a.a.O., S. 159.

Frage: „Hier unterhalten sich drei Männer über Aktien. (Interviewer übergibt Bildblatt!) Welcher davon sagt das, was auch Sie darüber denken ...?"

	Arbeiter	Angestellte[a)]
„Aktien sind nur etwas für Leute mit dickem Geldbeutel. Unsereiner kann dabei bloß sein bißchen Geld verlieren"	20 %	7 %
„Aktien sind ja sicher eine gute Geldanlage, aber man muß schon etwas davon verstehen, damit man nicht hereinfällt"	44 %	57 %
„Aktien zu kaufen ist bestimmt eine gute Sache. Man hat dann einen Anteil an einem soliden Unternehmen, und der kann nicht so schnell entwertet werden"	10 %	17 %
Unentschiedene Haltung	26 %	19 %
	100 %	100 %

a) ohne leitende Angestellte.

formen. Aus ihr resultiert eine grundlegende Fremdheit gegenüber der Aktie, die dem Belegschaftsaktienerwerb auch dann noch im Wege steht, wenn schon gewisse Kenntnisse vorhanden sind, und später auf eine baldmögliche Veräußerung hinwirkt. Diesen Sachverhalt trifft Cattepoel genau, wenn er feststellt: „Sich selbst durch den Kauf von Aktien zum ‚Aktionär' zu machen, ist ... für die Mehrzahl ein unvorstellbarer Gedanke[17]." Die Befragung der Mannesmann-Arbeitnehmer ergab, daß das Sparen in Sachwerten, wie Haus, Grundstücken, Möbel, Wäsche als günstigste Geldanlage gesehen wird, weil man sie ja habe, sie also ihren Wert nicht verlieren könnten[18]. Und Schneider-Landmann schreibt aufgrund praktischer Erfahrungen, daß auch die *Erwerber* von Belegschaftsaktien „... die Aktien vorab als billige und dabei gute und sichere Geldanlage ansehen, sie haben zunächst nicht die Absicht, mit dem Aktienerwerb eine besondere Eigentumsgesinnung zum Ausdruck zu bringen. Das mag sich im Ablauf der Jahre ändern, wenn aus der Geldanlage ein echter Besitz geworden ist und man den Umgang damit gelernt hat[19]."

Schneider-Landmann deutet damit auch schon die Ursache dieses Hemmnisses an. Ausgehend von der „... Tatsache, daß wir alles, was wir tun und denken, einmal haben lernen müssen ..."[20], vertreten einige Wissenschaftler die Ansicht, daß die Beziehung des Menschen zum Eigentum nicht ‚instinktiv' oder ‚triebhaft', also angeboren ist, sondern das Ergebnis eines Lernprozesses sei, der sich am Erlebnis des Besitzes bzw.

[17] *Cattepoel,* Dirk: a.a.O., S. 280.

[18] Vgl. *Weltz,* Friedrich: a.a.O., S. 6.

[19] *Schneider-Landmann,* Hellmuth: a.a.O., S. 1206.

[20] *Koenig,* René: Soziologische Orientierungen. Vorträge und Aufsätze. Köln und Berlin 1965, S. 45 f.

des rechtlich geschützten Verfügens über das Eigentumsobjekt entwikkelt. Und daß sich daraus für die Eigentumspolitik die Notwendigkeit ergäbe, wie bei jedem Lernprozeß, eine gewisse Stufenfolge einzuhalten, beginnend mit den ‚leichten' Formen des konkreten Eigentums (an Sachgegenständen insbesondere Konsumgütern) und endend mit den ‚schweren' Formen des abstrakten Eigentums (an Buchforderungen und Wertpapieren)[21].

Diese z. B. bei Hartmut Michel anhand von Ethnologie, Psychiatrie und Tierethologie gestützte Hypothese[22], darf allerdings, insbesondere was die Einhaltung der Stufenfolge betrifft, nicht zu wörtlich genommen werden, zumal ihre empirische Belegung, wie auch Michel betont, noch aussteht. Einschränkend kann mit C. A. Andreae festgehalten werden: „Hier liegen sicher sehr ernst zu nehmende Gedankengänge vor — selbst, wenn die Entwicklungen in der menschlichen Wirklichkeit sich nicht immer so rational vollziehen[23]."

(4) Hohe Konsumneigung

Nicht zuletzt wird die Herausbildung eines wirksamen Aktienbesitzes auch durch die allgemeine und speziell beim Arbeitnehmer zu findende hohe Konsumneigung behindert, eine stark positive Einstellung zum Konsum, die den Aktienerwerb wirtschaftlich unmöglich erscheinen läßt bzw. auf eine baldmögliche Wiederveräußerung zu Konsumzwecken hinwirkt.

Allgemeinste Ursache der gegenwärtig ungewöhnlich hohen Konsumneigung insbesondere auch der Arbeitnehmer ist das menschliche Streben nach Anerkennung und die abendländischen Kulturnormen ‚Leistung' bzw. ‚Erfolg', die auf der Grundlage der Produktivitätssteigerungen des Industriealters dazu geführt haben, daß — wie Ernest Zahn es ausdrückt — „die Konsumgüter ... spezifische soziale Funktionen erhalten" haben[24]. Als Rangsymbole und somit als Mittel zur Erlangung der nötigen inneren Selbstachtung und äußeren Fremdachtung (Prestige). Zwar wurde auf ‚demonstrativen Konsum' erstmals von Thorstein Veblen[25] in der amerikanischen Oberklasse um die Jahrhundertwende hingewiesen, aber

---

[21] Vgl. dazu *Andreae*, Clemens August: Anmerkungen zu Thema „Eigentum und Eigentumspolitik". In: Eigentum und Eigentümer ..., a.a.O., S. 235. — Ferner *Michel*, Hartmut: a.a.O., S. 54, 78—81.

[22] Vgl. *Michel*, Hartmut: a.a.O., S. 33—39.

[23] *Andreae*, Clemens August: a.a.O., S. 235.

[24] *Zahn*, Ernest: Soziologie der Prosperität, Wirtschaft und Gesellschaft im Zeichen des Wohlstandes. 2., ungek. v. Autor überarb. Aufl. München 1964, S. 76.

[25] Vgl. *Veblen*, Thorstein: Theorie der feinen Leute, eine ökonomische Untersuchung der Institutionen. Köln und Berlin 1958, S. 79 ff. (Titel der Originalausgabe: The Theory of the Leisure Class, 1899).

dabei handelte es sich nicht wie im heutigen Ausmaß um das dominante Geltungsstreben der Gesellschaft. Wie Joseph Schumpeter feststellt, arbeitete „die Bourgeoisie ... in erster Linie, um zu investieren; und es war nicht so sehr ein Standard des Konsums als ein Standard der Akkumulation, für den die Bourgeoisie kämpfte und den sie auch gegen Regierungen ... zu verteidigen suchte“[26]. Mit Ernest Zahn kann ergänzt werden: „Der industrielle Arbeiter wurde das Opfer ... Nun ist der Ausgleich ganz anders zustande gekommen als Marx geglaubt und prophezeit hatte. Nicht eine revolutionäre Neuverteilung der Produktionsmittel, sondern eine Revolutionierung der Konsumverhältnisse durch den steigenden Lebensstandard war es, wodurch die Masse der Arbeiter und Angestellten zu neuem Besitz, sozialem Ansehen und Selbstbewußtsein gelangte[27].“ „Das Erstreben und Genießen der Zivilisationsgüter nahm jenen kompetativen Charakter an, der uns die Dynamik des modernen Lebens verständlich werden läßt. Der Motor, der unsere Wirtschaft neu vorantreibt, ... liegt in jenem existentiellen Aufstiegs- und Prestigebegehren, angemeldet mit dem Recht des Individuums, der Errungenschaften der Epoche teilhaftig zu werden[28].“

Neben diesen allgemeinen, psychologischen, kulturellen und wirtschaftlichen Ursachen sind im einzelnen noch weitere Gründe für die hohe Konsumneigung bestimmend[29]. Einerseits die Herausbildung bestimmter Konsumstandards in den breiteren Bevölkerungsschichten, die der einzelne zu erreichen bzw. zu halten versucht, um damit seine Zugehörig-

---

[26] *Schumpeter,* Joseph A.: Kapitalismus, Sozialismus und Demokratie. 1. Aufl. Bern 1946, S. 259—260. (Titel der Originalausgabe: Capitalism, Socialism and Democracy, New York 1942).

[27] *Zahn,* Ernest: a.a.O., S. 75/76.

[28] *Zahn,* Ernest: a.a.O., S. 77/78.

[29] Für ein tieferes Verständnis muß auf die Gesellschaftsanalyse David Riesmans verwiesen werden, derzufolge den Entwicklungsstufen der westlichen Gesellschaft folgende drei menschliche Charaktertypen zugeordnet sind: Dem Mittelalter entsprach der „traditionsgeleitete Mensch“, dessen Verhalten durch konkrete Institutionen und Werte bestimmt war. Die nachfolgende Periode der religiösen, politischen und wirtschaftlichen Umwälzungen schuf den „innen-geleiteten“ Menschen, dessen Verhalten von abstrakten Werten, Zielen und Prinzipien bestimmt war, zu denen insbesondere auch das Sparen gehörte, und der gleichsam durch einen *Kreiselkompaß* gesteuert wurde. Die Überfluß-Gesellschaft der Gegenwart bringt den Typ des „außengeleiteten“ Menschen mit sich, der sein Verhalten an den Erwartungen und Wünschen seiner Umwelt orientiert, also gleichsam von einem *Radargerät* gesteuert, den Überschuß an Konsumgütern und Freizeit verbraucht. (Vgl. dazu *Riesman,* David: Die einsame Masse. Darmstadt, Berlin-Frohnau und Neuwied am Rhein 1956, S. 27—76. (Titel der Originalausgabe: The Lonely Crowd). — Ferner *Kluth,* Heinrich: Die einsame Masse. In: Hamburger Jahrbuch für Wirtschafts- und Gesellschaftspolitik. Hrsg. H. D. Ortlieb, 3. Jg. 1958, S. 171—187. — Ferner *Gehlen,* Arnold: Die Seele im technischen Zeitalter. Sozialpsychologische Probleme in der industriellen Gesellschaft. Hamburg 1957, S. 41—42.)

keit zu einer bestimmten Bevölkerungsgruppe zu dokumentieren[30]. In diesem Zusammenhang kann z. B. auf Untersuchungen in den USA verwiesen werden, denenzufolge Ärzte, Rechtsanwälte und College-Professoren häufig einen Konsumstandard anstreben, der weit über ihrem Einkommen liegt[31]. Andererseits spielt die Werbung insofern eine erhebliche Rolle, als sie diese Sachverhalte für die Steigerung des Konsums nutzbar macht[32].

(5) Begrenzte Sparbereitschaft

Eine teilweise mit der Konsumneigung verknüpfte im übrigen aber spezifisch determinierte psychologische Ursache des geringfügigen Aktienbesitzes ist in der begrenzten Sparneigung der Arbeitnehmer zu suchen, einer teilweise negativen Grundeinstellung zum langfristigen Vermögenssparen, die den Aktienerwerb bzw. den langfristigen Aktienbesitz wenig sinnvoll erscheinen läßt.

So ergab eine im Herbst 1959 von der Forschungsstelle für empirische Sozialökonomik, Köln, durchgeführte Untersuchung des Verhaltens der Menschen zum Geld u. a., daß höhere Sparfähigkeit, z. B. in Doppelverdienerhaushalten, keineswegs immer eine größere Spartätigkeit bewirkt, die bei Normalhaushalten oft sehr rege ist[33]. „Das Sparen wird durch größere Sparfähigkeit ... erleichtert und durch geringere Sparfähigkeit ... erschwert. Aber ob gespart wird oder nicht, das richtet sich nach dem Sparwillen, der ebenso wie sein Fehlen wiederum in vielfältiger Weise motiviert sein kann. Diese Motive sind in den unteren Einkommensschichten offenbar häufiger im Bereich des Konsums als in der Kapitalbildung zu suchen[34].“ Nur rd. 15 % der untersuchten Haushalte sahen ihre Spartätigkeit eindeutig unter dem Aspekt der Vorsorge für Risikofälle und nur wenig mehr als 10 % verfügten über Sparbeträge von mehr als DM 1 000,—, etwa 50 % sogar über keinerlei Sparbeträge[35].

Diese Untersuchungsergebnisse dürfen zwar nur sehr vorsichtig für die Arbeitnehmerschaft verallgemeinert werden — die Untersuchung umfaßte nur Haushalte, deren Hauptverdiener ein Nettoeinkommen unter

---

[30] Vgl. *Boehme*, Heiner: Geldwertbewußtsein und Sparerverhalten. (Forschungsberichte des Landes Nordrhein-Westfalen, Nr. 878) Köln und Opladen 1960, S. 41.

[31] Vgl. *Duesenberry*, J. S.: Income, Saving and the Theory of Consumer Behavior. Cambridge/Mass. 1949. Zitiert nach *Boehme*, Heiner: a.a.O., S. 41.

[32] Vgl. *Packard*, Vance: Die geheimen Verführer. Düsseldorf 1958, S. 151 ff. (Titel der Originalausgabe: The Hidden Persuaders. New York 1957).

[33] Vgl. *Scherhorn*, G., *Strümpel*, B.: Sparfähigkeit und Spartätigkeit in den unteren Einkommensschichten. In: Bundesarbeitsblatt. 12. Jg. 1961, H. 1, S. 31—32.

[34] *Scherhorn*, G., *Strümpel*, B.: a.a.O., S. 32.

[35] Vgl. *Scherhorn*, G., *Strümpel*, B.: a.a.O., S. 31—32.

DM 600,— bezog und nicht nur Arbeitnehmerhaushalte, bezog nur das Kontensparen ein, und außerdem liegt sie einige Jahre zurück — aber der Bericht weist auch darauf hin, daß auch in höheren Einkommensstufen das langfristige Vermögenssparen nicht generell überwiegt[36].

Eine wesentliche Ursache für die begrenzte Sparbereitschaft insbesondere auch bei Arbeitnehmern ist — abgesehen von Sparfähigkeit und Konsumneigung — wahrscheinlich in der Entwicklung zum Wohlfahrtsstaat zu suchen. Die weitere Verbreitung der Belegschaftsaktie in den USA läßt sich auch darauf zurückführen, daß dort erst 1954 eine vergleichbare Sozialversicherung eingeführt worden ist[37]. Für einen hohen Einfluß der Kollektivsicherungen auf die Sparbereitschaft spricht auch eine allerdings schon 1955 durchgeführte Umfrage des Instituts für Demoskopie, Allensbach, über das Sprichwort: ‚Spare in der Zeit, so hast du in der Not'. Immerhin waren 33 % der Befragten der Ansicht, es habe heutzutage seinen Sinn verloren, wenn auch noch 57 % der gegenteiligen Meinung waren[38]. Eine weitere Ursache für die begrenzte Sparbereitschaft insbesondere auch der Arbeitnehmer ist in Erfahrungen mit den laufenden Preissteigerungen bzw. den Geldentwertungen von 1923 und 1948 zu suchen. So wurde im Dezember 1963 bei einer Umfrage über die am meisten gefürchteten Dinge ‚Inflation, Geldentwertung' am häufigsten genannt, und zwar vor ‚Weltuntergang', ‚Wirtschaftskrise', ‚Anwachsen der Zahl der Verbrechen' und ‚wachsender Radioaktivität der Luft'[39]. Bei einer Umfrage im Herbst 1964 zogen 85 % der Befragten feste Preise bei gleichbleibenden Löhnen gewissen Preissteigerungen bei stärker steigenden Löhnen vor[40]. Und auf die Frage, was man sich für einen verlegten 10-DM-Schein in 10 Jahren kaufen könne, antworteten im April 1962 nur je 4 % der Befragten mit ‚mehr' und ‚soviel wie heute', dagegen 69 % mit ‚weniger', und darunter waren rd. $^2/_3$ der Ansicht, es müsse ‚viel weniger' sein[41]. Diesem Ergebnis kommt um so höhere Bedeutung zu, als Heiner Boehme nachweist, daß weniger die Erinnerung an vergangene Geldentwertungen als die Zukunftserwartungen für den Geldwert das Sparverhalten beeinflussen[42].

(6) Uniformität des Gruppenverhaltens

Abschließend ist noch auf einen an den bisher genannten Ursachen des geringfügigen Aktienbesitzes anknüpfenden und diese evtl. verstärken-

---

[36] Vgl. *Scherhorn*, G., *Strümpel*, B.: a.a.O., S. 31.

[37] Vgl. *Hartman*, Robert S.: a.a.O., S. 300.

[38] Vgl. *Noelle*, E., *Neumann*, E. P. (Hrsg.): Jahrbuch der öffentlichen Meinung 1957. Allensbach am Bodensee 1957, S. 229.

[39] Vgl. *Noelle*, E., *Neumann*, E. P. (Hrsg.): Jahrbuch der öffentlichen Meinung 1958—1964. Allensbach am Bodensee 1965, S. 193.

[40] Vgl. *Schmidtchen*, Gerhard: a.a.O., S. 48.

den Effekt hinzuweisen, auf die Erscheinung, daß sich in sozialen Gruppen weitgehend einheitliche Standpunkte und Verhaltensweisen herausbilden[43]. Damit besteht die Gefahr, daß der einzelne Arbeitnehmer, selbst wenn er schon über ausreichende Kenntnisse verfügt, evtl. sogar an den Umgang mit abstrakten Eigentumsformen gewöhnt ist und dazu neigt, der Unternehmungsleitung zu vertrauen, und den Konsum zugunsten des Sparens einzuschränken, sich der vorherrschenden Meinung vor allem unter den Arbeitskollegen, evtl. auch unter Familienangehörigen und Freunden anschließt und den Aktienerwerb ablehnt bzw. die erworbenen Aktien sehr bald wieder veräußert[44].

Der Einfluß der Gruppe setzt im einzelnen besonders beim sozialen Konflikt und bei der Konsumneigung an. In welchem Maße die latent vorhandene Abneigung des Arbeitnehmers gegen den Arbeitgeber zur Aktionseinheit führt, ist aus Streiks hinlänglich bekannt. Allerdings ergab die Befragung der Mannesmann-Arbeitnehmer, daß trotz überwiegender Ablehnung keine Sanktionen gegen Aktienerwerber bestanden hätten[45]. Sehr bezeichnend ist jedoch die folgende Aussage: „Da waren eine ganze Menge, die dagegen waren. Es sagten viele, wer von den Aktien nimmt, der ist Prügel wert. Ich sage mir aber, wer für die Zukunft sorgt, der nimmt Aktien ...[46]." Und in welchem Maße der Konsumstandard die Konsumneigung mitbestimmt, ist oben schon erläutert worden. Zwar ergab die Befragung der Mannesmann-Arbeitnehmer keinen deutlichen Einfluß der Ehefrauen auf die Erwerbsentscheidung, jedoch wurde eine hohe Übereinstimmung zwischen den Eheleuten festgestellt[47].

Es darf nicht unerwähnt bleiben, daß sich der Einfluß der Gruppe, zumindest theoretisch, auch positiv auf den Aktienerwerb auswirken kann. So berichtet Heiner Boehme von einer Umfrage 1951 in den USA, die als wesentliche Ursache für den Anstieg der Popularität der Aktie gegenüber 1948 ergab, daß ‚Freunde und Kollegen während der letzten Jahre gut damit gefahren wären'[48].

[41] Vgl. *Noelle*, E., *Neumann*, E. P. (Hrsg.): Jahrbuch 1958—1964 ..., S. 414.

[42] Vgl. *Boehme*, Heiner: a.a.O., S. 89—99.

[43] Peter R. Hofstätter führt dieses Verhalten auf das Problem der Entscheidungsgewißheit zurück, darauf, daß das Individuum bei Sachverhalten, die seiner direkten Erfahrung nur schwer zugänglich sind, zwangsläufig auf die Bestätigung durch die Gruppe angewiesen ist, um an sich mögliche das Handeln lähmende Zweifel auszuschalten. Aus dem gleichen Grunde ist sodann auch die Mehrzahl der Gruppe sehr intolerant gegen evtl. Außenseiter, die durch ihr abweichendes Verhalten diese Zweifel aufrecht erhalten. (Vgl. *Hofstätter*, Peter R.: Gruppendynamik. Kritik der Massenpsychologie. Reinbeck bei Hamburg 1957, S. 71—76, 79 u. 80—85).

[44] Vgl. dazu auch *Michel*, Hartmut: a.a.O., S. 119.

[45] Vgl. *Weltz*, Friedrich: a.a.O., S. 49.

[46] Ebd., S. 49.

[47] Vgl. ebd., S. 51.

[48] Vgl. *Katona*, G., *Klein*, L. R.: Psychological Data in Business Cycle Re-

d) Folgerungen für die Erfolgsaussicht der Belegschaftsaktie

Die vorangegangenen Überlegungen haben gezeigt, daß die Wirksamkeit der Belegschaftsaktie bei der Verwirklichung aller ihrer Ziele ganz erheblich von der Quantität des Aktienbesitzes abhängt bzw. bei dem gegenwärtig in Deutschland noch geringen Aktienbesitz stark beeinträchtigt ist.

Allerdings bieten sich durch Berücksichtigung und Abbau der psychologischen Ursachen des geringfügigen Aktienbesitzes vielfache Möglichkeiten, den Aktienbesitz hinsichtlich des einzelnen Belegschaftsaktionärs und der gesamten Belegschaft ausreichend zu erhöhen. Geeignet erscheinen insbesondere einleitende Maßnahmen zur Milderung des sozialen Konflikts, umfassende Information und Aufklärung, die Berücksichtigung der hohen Konsumneigung und begrenzten Sparbereitschaft bei der Finanzierung der Belegschaftsaktie sowie die Behinderung bzw. Ausnutzung der Uniformität des Gruppenverhaltens bei der Aktienausgabe. Darüber hinaus muß jedoch eine enge Beschränkung des Aktienangebotes von seiten der Unternehmung vermieden werden.

Eine endgültige Minderung der Erfolgsaussicht der Belegschaftsaktie durch das Problem der Quantität des Aktienbesitzes kann also durch eine sinnvolle Gestaltung der Ausgabe der Belegschaftsaktien weitgehend vermieden werden.

2. Der Personenkreis der Aktienbesitzer

a) Allgemeines

Die Verwirklichung der Ziele der Belegschaftsaktie setzt neben einer ausreichenden Quantität des Aktienbesitzes auch voraus, daß der Aktienbesitz in die Hände eines geeigneten Personenkreises gelangt. Diese Voraussetzung wird ohne das Zutun der Unternehmung schon durch die natürliche Verteilungstendenz des Aktienbesitzes infragegestellt und insbesondere auch durch eine bewußte Beschränkung des Ausgabeumfanges auf langjährige Mitarbeiter.

b) Die natürliche Verteilungstendenz

Bei der Ausgabe von Belegschaftsaktien machen die Unternehmungen immer wieder die Erfahrung, daß mehr Arbeitnehmer mit höherem als

---

search. In: The American Journal of Economics and Sociology, Bd. 12 Nr. 1 1952/53, S. 17. Zitiert nach *Boehme*, Heiner: a.a.O., S. 41.

mit niedrigem Einkommen und bei gleichem Einkommen mehr Angestellte als Arbeiter Aktien erwerben. Ein Sachverhalt, der neben den ökonomischen Gegebenheiten auf eine unterschiedliche Ausprägung des sozialen Konflikts, der Kenntnisse und Gewöhnung sowie der Konsumneigung und Sparbereitschaft bei Arbeitern und Angestellten zurückzuführen ist. So berichtet Dirk Cattepoel von einer Unternehmung, in der bei einem Monatseinkommen von DM 400,— bzw. DM 600,— 34 % bzw. 47 % der Angestellten und nur 4 % bzw. 9 % der Arbeiter Aktien erwarb[49]. Die Mannesmann AG berichtet von ihrer zweiten Aktienausgabe 1957, daß 64,2 % der Angestellten und 17,7 % der Arbeiter des begünstigten Personenkreises Belegschaftsaktionäre wurden[50]. Und ähnliches berichten auch Hans Janberg[51], Matthias Schmitt[52] und andere.

Diese natürliche Verteilungstendenz hat zur Folge, daß sich der Belegschaftsaktienbesitz weitgehend auf Angestellte und gutverdienende Arbeiter beschränkt, also auf einen Personenkreis mit Leitungsfunktionen und höherem Einkommen.

Auf die Erreichung der ersten beiden ökonomischen Ziele der Belegschaftsaktie, die Produktivität und Wirtschaftlichkeit zu steigern und eine leistungsfähige Stammbelegschaft heranzuziehen, kann sich dieser Sachverhalt zwar positiv auswirken, da dieser Personenkreis den betrieblichen Leistungsprozeß in besonders starkem Maße bestimmt bzw. den wichtigsten Teil der Belegschaft bildet. Und für die Werbung um öffentliches Vertrauen hat der Sachverhalt keinen großen Einfluß. Ebenso braucht er nicht als nachteilig für die Verbesserung der wirtschaftlichen Existenzgrundlage der Arbeitnehmer angesehen zu werden, da sich die Unternehmungsleitung evtl. den für sie wichtigeren Arbeitnehmern caritativ besonders verpflichtet fühlt. Aber auf die Verwirklichung aller übrigen Ziele muß sich die natürliche Verteilungstendenz negativ auswirken.

So ist in dieser Gruppe der Arbeitnehmer der soziale Konflikt vergleichsweise geringer ausgeprägt, da sie über Leitungsfunktionen und höheres Einkommen verfügt, also die Arbeitnehmer-Arbeitgeber-Gegensätze nicht so stark ausgeprägt sind. Auch werden sich in dieser Gruppe relativ viele Arbeitnehmer finden, die auch selbständig Aktien erwerben würden, also nicht mehr im Hinblick auf die zukünftige Unternehmungsfinanzierung am Aktienmarkt an den Aktienbesitz gewöhnt zu werden brauchen. Und nicht zuletzt gehen von diesen Arbeitnehmern vergleichs-

---

[49] Vgl. *Cattepoel*, Dirk: a.a.O., S. 280.

[50] Vgl. Mannesmann Arbeiter-Aktie. In: Zeitschrift für das gesamte Kreditwesen. 11. Jg. 1958, H. 8, S. 5.

[51] Vgl. *Janberg*, Hans: Einige Betrachtungen . . ., S. 179.

[52] Vgl. *Schmitt*, Matthias: a.a.O., S. 308.

weise geringe Bestrebungen zur Abschaffung bzw. Aushöhlung des Privateigentums aus und unter ihnen werden relativ viele sowieso schon zur volkswirtschaftlichen Kapitalbildung bzw. Verringerung der Preisauftriebstendenzen beitragen.

c) Die Beschränkung auf langjährige Mitarbeiter

Häufig wird der Ausgabeumfang der Belegschaftsaktie von der Unternehmung auf langjährige Mitarbeiter beschränkt (personeller Ausgabeumfang). Damit ergibt sich eine absichtliche Beschränkung des Aktienbesitzes auf einen besonderen Teil der Belegschaft.

Diese Maßnahme kann und wird als besonders vorteilhaft für die Verwirklichung des sozialen Ziels angesehen, die wirtschaftliche Existenzgrundlage der Arbeitnehmer zu verbessern, das der Betrieb in diesem Fall besonders eng faßt, weil er sich gerade gegenüber langjährigen Mitarbeitern caritativ verpflichtet fühlt. Und auf die Verwirklichung der Ziele Verbesserung der Unternehmungsfinanzierung, Werbung um öffentliches Vertrauen und Leistung eines Beitrages zur Förderung des Wirtschaftswachstums wird diese Maßnahme keinen großen Einfluß haben, da langjährige Mitarbeiter sich gleichermaßen unter allen betrieblichen Arbeitnehmern, insbesondere unabhängig von Einkommen und Funktion befinden werden. Aber auf die Erreichung der übrigen Ziele muß sich diese Ausgabebeschränkung negativ auswirken.

So ist in dieser Gruppe der Belegschaft der soziale Konflikt nicht vorhanden, zumindest nicht im Hinblick auf die eigene Unternehmung. Ein starker psychischer Antrieb zur Steigerung der betrieblichen Produktivität und Wirtschaftlichkeit und zum Verbleiben in der Unternehmung ist sowieso schon gegeben und auf die übrige Belegschaft bzw. außenstehende Arbeitnehmer kann diese Beschränkung enttäuschend wirken. Und Bestrebungen zur Abschaffung bzw. Aushöhlung des Privateigentums an Produktionsmitteln sind von diesen Arbeitnehmern ebenfalls nicht zu erwarten. Es erübrigt sich also wie Emil Küng feststellt, „... gerade bei diesen Leuten ..., Betriebstreue und Seßhaftigkeit zu fördern, das Interesse am Betriebsgeschehen wachzurufen, eine Leistungsgemeinschaft herzustellen und die Harmonie zwischen Arbeit und Kapital ... zu realisieren“[53].

d) Folgerungen für die Erfolgsaussicht der Belegschaftsaktie

Die vorausgegangenen Überlegungen haben gezeigt, daß schon durch die natürliche Verteilungstendenz, insbesondere aber durch eine be-

[53] *Küng*, Emil: a.a.O., S. 136.

wußte Beschränkung des Ausgabeumfanges auf langjährige Mitarbeiter, der Aktienbesitz auf einen Personenkreis konzentriert werden kann, der für die Erreichung aller Ziele der Belegschaftsaktie, außer der Verbesserung der wirtschaftlichen Existenzgrundlage und der Werbung um öffentliches Vertrauen, relativ ungeeignet ist. Dieser Sachverhalt beeinträchtigt also die Erfolgsaussicht der meisten Ziele der Belegschaftsaktie, falls nicht geeignete Gegenmaßnahmen bei der Gestaltung der Aktienausgabe ergriffen werden.

Um eine optimale Verteilung des Aktienbesitzes in der Belegschaft zu erreichen, muß vor allem auf eine Beschränkung des personellen Ausgabeumfanges auf langjährige Mitarbeiter verzichtet werden. Der natürlichen Verteilungstendenz des Aktienbesitzes kann einerseits indirekt durch besonders sorgfältige Information und Werbung bei den Arbeitern entgegengewirkt werden, andererseits auch durch direkte Maßnahmen wie nach Einkommen differenzierter unternehmungsseitiger Finanzierung, unentgeltlicher Überlassung der Aktien oder unternehmungsseitiger Finanzierung durch zusätzliche Erfolgsbeteiligungen und Sonderzuwendungen.

Eine endgültige Minderung der Erfolgsaussicht der Belegschaftsaktie durch das Problem des Personenkreises der Aktienbesitzer kann also durch sinnvolle Gestaltung der Aktienausgabe vermieden werden.

III. Die speziellen Probleme

1. Die Ausprägung der Eigentumsfunktionen bei der Belegschaftsaktie

a) Allgemeines

Die sozialen Ziele der Belegschaftsaktie, den sozialen Konflikt abzubauen und die wirtschaftliche Existenzgrundlage der Arbeitnehmer zu verbessern, sollen durch ein Aktien-Miteigentum der Arbeitnehmer an der arbeitgebenden Unternehmung verwirklicht werden, im einzelnen durch die Herrschafts-, Sicherungs- und Prestigefunktion, die diese Eigentumsform für den Arbeitnehmer hat. Eine wesentliche Voraussetzung für die Verwirklichung dieser Ziele ist, daß diese Funktionen bei der Belegschaftsaktie stark genug ausgeprägt sind.

Nun hat schon die Untersuchung des Belegschaftsaktienbegriffes gezeigt, daß Aktionärseigentum kein Eigentum im engeren Sinn von Sacheigentum nach § 903 BGB ist, sondern nur im weiteren Sinn des Artikel 14 GG als Eigentum anzusehen ist. Hinzu kommt die spezifische Eigenart des betrieblichen Miteigentums, die Tatsache, daß die Aktionärseigentümer Arbeitnehmer der betreffenden Aktiengesellschaft sind und nur einen begrenzten Anteil am Aktienkapital besitzen. Damit ergibt sich die Notwendigkeit, die Ausprägung der Eigentumsfunktionen bei der Belegschaftsaktie genauer zu untersuchen.

b) Die Ausprägung der Herrschaftsfunktion

Die Herrschaftsgewalt, die der Eigentümer bei einer Eigentumsform über das Eigentumsobjekt ausübt, ist durch die Gesamtheit seiner Rechte bestimmt. Das Sacheigentum beinhaltet z. B. vier Grundbefugnisse: Das Recht zum Besitz, zum Gebrauch bzw. zur Nutzung, zur Verwaltung und zur Verfügung[54]. Das Aktionärseigentum beinhaltet dagegen: Kein Recht zum Besitz (abgesehen von einem evtl. Urkundenbesitz). Ein Gebrauchs- bzw. Nutzungsrecht im wesentlichen nur in Form eines anteiligen Anspruchs auf den Gesellschaftsgewinn (der Anspruch auf den Liquidationserlös und das Bezugsrecht sind nicht als Gebrauchs- oder Nutzungsrechte anzusehen). Ein Verwaltungsrecht ist nur in Form eines anteiligen Stimmrechts in der Hauptversammlung gegeben, neben dem Auskunftsrecht, Anfechtungsrecht u. a. m.[55]. Und ein Recht zur Verfügung existiert nur über die Gesamtheit oder auch einzelne dieser Rechte, z. B. Veräußerung und Belastung der Aktie oder Abtretung des Bezugsrechtes. Das Aktionärseigentum beinhaltet also vergleichsweise nur sehr geringe Rechte. Dieser vielfach diskutierte Sachverhalt[56], der Kurt Ballerstedt 1950 veranlaßte, von der Hauptversammlung als ‚abgesetztem König' zu sprechen[57], ist durch die Aktienrechtsreform zwar gemildert worden, liegt jedoch im Wesen der Rechtskonstruktion der Aktiengesellschaft: Sie ist selbst als juristische Person Eigentümer des Betriebsvermögens und übt ihre Rechte durch das Organ des Vorstandes aus, das nach § 76 Abs. 1 AktG die Gesellschaft unter eigener Verantwortung zu leiten hat und das vom Aufsichtsrat (also von den Aktionären indirekt) berufen und überwacht wird. Allerdings nehmen diese geringen Rechte des Aktionärseigentums mit steigendem Kapitalanteil infolge des in der Hauptversammlung geltenden Mehrheitsprinzips und des Organs des Auf-

---

[54] Vgl. *Geiger*, Willi: Die Eigentumsgarantie des Artikel 14 (GG). In: Eigentum und Eigentümer in unserer Gesellschaftsordnung. (Veröffentlichungen der Walter-Raymond-Stiftung, Bd. 1) Köln und Opladen 1960.

[55] Vgl. *Würdinger*, Hans: a.a.O., S. 39.

[56] Eine der ersten Analysen gibt Walter Rathenau, der diese Beschränkung als unumgängliche Notwendigkeit für die Steigerung des Sozialprodukts und die Garantie des öffentlichen Interesses am Großbetrieb sieht. (Vom Aktienwesen. Eine geschäftliche Betrachtung. 1. Aufl. Berlin 1918, S. 26—41 u. 56 ff.) — Vgl. dazu auch *Gutenberg*, Erich: Grundlagen der Betriebswirtschaftslehre, Bd. I. 2. Aufl. Berlin—Göttingen—Heidelberg 1955, S. 368—375. — Ferner *Koenigs*, Folkmar: Grundsatzfragen der betrieblichen Mitbestimmung. Hamburg 1954, S. 42.

[57] Vgl. *Ballerstedt*, Kurt: Das Eigentum in der wirtschaftsrechtlichen Entwicklung der Gegenwart. In: Der Arbeitgeber. 2/3. Jg. 1950/51, H. 24/1, S. 64.

sichtsrates überproportional zu. Die Herrschaftsfunktion des Aktionärseigentums ist also bei geringem Kapitalanteil unverhältnismäßig schwach und bei hohem Kapitalanteil unverhältnismäßig stark ausgeprägt.

Dieses für die Aktie allgemein abgeleitete Urteil bedarf hinsichtlich der Belegschaftsaktie als einer Form betrieblichen Miteigentums noch einer besonderen Erläuterung bzw. Ergänzung. Erstens handelt es sich bei den ausgegebenen Belegschaftsaktien um Miteigentum im Sinne von Mit-Eigentum neben dem Haupteigentum[58]. Also um ein Kleinaktionärseigentum mit einer gegenüber dem Großaktionärseigentum unverhältnismäßig schwachen Herrschaftsfunktion infolge geringen Kapitalanteils und/oder zusätzlicher Beschränkungen der Verwaltungsrechte. Zweitens handelt es sich um Miteigentum im Sinne von Arbeitnehmereigentum an der arbeitgebenden Unternehmung. Also darf der Belegschaftsaktionär in der Hauptversammlung noch „... weit weniger als ein Außenstehender ... wagen, Kritik zu üben und Anträge einzubringen, die denen der Verwaltungsgruppe widersprechen. Denn er ist ja gleichzeitig Angestellter der Firma und ... hätte unliebsame Konsequenzen ... an seinem Arbeitsplatz zu riskieren[59]."

c) Die Ausprägung der Sicherungsfunktion

Die ökonomische Sicherheit, die eine Eigentumsform dem Eigentümer bietet, ist durch die Verfügungsmöglichkeit über Vermögenssubstanz und Vermögenserträge bestimmt, hängt also neben den ökonomisch bedeutsamen Eigentumsrechten auch von der Beschaffenheit des Eigentumsobjektes ab. Hinsichtlich der Verfügungsmöglichkeit über Vermögenssubstanz kann festgestellt werden, daß der Aktionär wie z. B. der Hauseigentümer oder der Eigentümer eines Automobils sein Eigentumsobjekt belasten oder veräußern kann, zwar nicht die Gegenstände des Gesellschaftsvermögens, über die nur der Vorstand als Organ des eigentlichen Eigentümers verfügen kann, wohl aber seinen verkehrsfähig gemachten Gesellschaftsanteil. Es kann sogar festgestellt werden, daß die Aktie dem Sacheigentum durch variable Stückelung und hohe Verkehrsfähigkeit überlegen ist. Allerdings kann dieser Vorteil durch die bei der Aktie besonders kurzfristigen Schwankungen des Verkaufspreises ausgeglichen und sogar überkompensiert werden, falls die hohe Verkehrsfähigkeit nicht zu schnellem An- und Verkauf bzw. die kleine Stückelung nicht zur Streuung des Aktienbesitzes genutzt wird. Hinsichtlich der Verfügungsmöglichkeit über Vermögenserträge kann ähnliches festgestellt werden. Der Aktionär erzielt Dividenden, während der Eigentümer eines Hauses

---

[58] Vgl. *v. Nell-Breuning*, Oswald: Vermögensbildung ..., S. 517.

[59] *Küng*, Emil: a.a.O., S. 136.

oder Automobils Mieten oder Nutzungen aus seinem Eigentumsobjekt zieht. Der Unterschied besteht wiederum darin, daß die Dividenden kurzfristigen Schwankungen unterliegen können, dafür aber besonders universell verwendbar und freizügig sind. Hinzu kommt die hohe Verkehrsfähigkeit der Aktie, die einen Ausgleich der Ertragsschwankungen durch rechtzeitigen An- und Verkauf ermöglicht. Als Ergebnis kann also eine vergleichsweise normale bis starke Ausprägung der Sicherungsfunktion beim Aktionärseigentum festgestellt werden, die der Quantität des Aktienbesitzes proportional ist.

Dieses allgemein für die Aktie abgeleitete Urteil bedarf hinsichtlich der Belegschaftsaktie als einer Form betrieblichen Miteigentums noch besonderer Ergänzungen: Die Tatsache, daß es sich um ein Mit-Eigentum neben dem Haupteigentum handelt, hat wegen der proportionalen Ausprägung der Sicherungsfunktion keine besondere Bedeutung (neben dem allgemeinen Problem der Quantität des Aktienbesitzes). Wesentlich bedeutsamer ist die Tatsache, daß es sich um ein Arbeitnehmereigentum an der arbeitgebenden Unternehmung handelt, aus der eine zweifache Risikohäufung[60] resultiert, die die Sicherungsfunktion des Aktionärseigentums ganz wesentlich beeinträchtigt: Erstens erlauben die relativ geringen Ersparnisse des Arbeitnehmers keine wirksame Streuung des Aktienbesitzes, es tritt eine Häufung des Kapitalrisikos ein. Und zweitens ist der Arbeitnehmer in ‚seiner' Aktiengesellschaft beschäftigt, d. h. sein Arbeitsplatzrisiko fällt mit dem Kapitalrisiko zusammen. Damit besteht insbesondere die Gefahr, daß sich Wert und Ertrag eines großen Teils der Ersparnisse des Arbeitnehmers schon bei speziell schlechtem Geschäftsverlauf ‚seines' Unternehmens bzw. partieller Konjunkturabschwächung erheblich verringern, und daß gerade dann auch sein Arbeitsplatz gefährdet ist, er also im Falle der Arbeitslosigkeit nicht oder nicht voll auf seine Ersparnisse zurückgreifen kann. Er ist dann, wie Otto Brenner es überspitzt formulierte, „... so arm wie die, die all ihr Geld nicht gespart, sondern ausgegeben haben und ärmer als jene, die ihr Geld zur Sparkasse gebracht haben"[61]. Besonders nachteilig würde sich die Risikohäufung bei einer stärkeren allgemeinen Konjunktur-

---

[60] Die Risikohäufung ist der geläufigste Einwand gegen die Belegschaftsaktie bzw. das betriebliche Miteigentum und entsprechend oft in der Literatur erwähnt. (Vgl. dazu *Weber*, Adolf: Der Kampf zwischen Kapital und Arbeit. 6. Aufl. Tübingen 1954, S. 325. — Ferner *Schmölders*, Günter: a.a.O., S. 228. — Ferner *v. Nell-Breuning*, Oswald: Vermögensbildung ..., S. 515. — Ferner *v. Loesch*, Achim: a.a.O., S. 51. — Ferner *Mann*, Adolf: Das Miteigentum aus betrieblicher Sicht. In: Die Aussprache. 4. Jg. 1954, H. 6, S. 88. — Ferner *Ulbrich*, Horst: a.a.O., S. 103. — Ferner *Küng*, Emil: a.a.O., S. 137. — Ferner *Cattepoel*, Dirk: a.a.O., S. 281).

[61] *Brenner*, Otto: Referat auf der Bezirkskonferenz der Industriegewerkschaft Metall für die Bundesrepublik Deutschland in Hamburg 1957. Manuskript, S. 20. Zitiert nach *v. Loesch*, Achim: a.a.O., S. 51.

abschwächung oder bei Betriebsstillegung infolge Konkurses auswirken: Im ersten Fall wäre sowohl die Aussicht auf Wiedereinstellung wie auch die Rückgriffsmöglichkeit auf Ersparnisse gering. Und im zweiten Fall wäre zwar die Aussicht auf Wiedereinstellung größer, aber es droht der endgültige Verlust der Ersparnisse. Außerdem können beide Fälle kombiniert auftreten.

Allerdings werden diese Gefahren für die Arbeitnehmer ganz wesentlich dadurch gemildert, „... daß sie die Belegschaftsaktie zu einem Vorzugskurs erhalten, wodurch ein nicht unbeträchtlicher Kursrückgang der Belegschaftsaktie zunächst einmal ausgeglichen würde“[62]. Und außerdem dadurch, daß die Gefahr eines Konkurses „... allenfalls noch bei mittleren Firmen besteht. Bei Großunternehmen werden sich fast immer Wege finden, um einen Zusammenbruch zu vermeiden[63].“

d) Die Ausprägung der Prestigefunktion

Das Prestige, das eine Eigentumsform dem Eigentümer verschafft, ist durch ihren Achtungswert und ihre Demonstrationseignung bestimmt, hängt also von den psychologisch bedeutsamen Eigentumsrechten und der Beschaffenheit des Eigentumsobjektes ab. Der Achtungswert des Sacheigentums, z. B. an einem Grundstück, an einem Automobil oder an Kleidungsstücken kann an objektiven Maßstäben gemessen nicht höher oder niedriger eingeschätzt werden als der des Aktionärseigentums an einer angesehenen Großunternehmung. Die Wertschätzung einer Eigentumsform ist jedoch weniger durch objektive als durch subjektive Faktoren bestimmt, wie die materiellen Lebensbedingungen, Kenntnisse, Gewohnheiten und Traditionen der einzelnen sozialen Gruppen und Schichten. Für den durchschnittlichen Arbeitnehmer hat der Aktienbesitz, wie schon die Untersuchung der Ursachen des geringfügigen Aktienbesitzes gezeigt hat, einen weitaus geringeren Achtungswert als Sacheigentum. Und was die Demonstrationseignung betrifft, so ist sie beim Sacheigentum aus objektigen Gründen wesentlich höher als beim Aktionärseigentum. Beim Eigentum z. B. an einem Grundstück, Automobil oder an Kleidungsstücken ergibt sowohl die Objektbeschaffenheit wie der Rechtsinhalt des Sacheigentums, insbesondere das Recht zum Besitz, ein Optimum an Demonstrationsmöglichkeiten. Im Gegensatz dazu sind diese bei Aktien gering, „... da sie ja unsichtbar im Schrank oder bei der Bank aufbewahrt werden“[64]. Sie beschränken sich auf den Hauptversammlungs- und Bankbesuch. Als Ergebnis kann also zumindest für die Ge-

---

[62] *Janberg*, Hans: Einige Betrachtungen ..., S. 180.

[63] *Schmitt*, Matthias: a.a.O., S. 309.

[64] *Küng*, Emil: a.a.O., S. 136.

genwart und den Arbeitnehmer mit C. A. Andreae festgestellt werden, „... daß Aktienbesitz nicht — wie der Besitz an dauerhaften Konsumgütern — ein zusätzliches ‚psychic-income‘ bringt“[65], die Prestigefunktion ist beim Aktionärseigentum nur verhältnismäßig schwach ausgeprägt und lediglich bei Mehrheitsbesitz unverhältnismäßig stark ausgebildet.

Dieses allgemein für die Aktie abgeleitete Ergebnis bedarf hinsichtlich der Belegschaftsaktie als einer Miteigentumsform der Aktie keiner wesentlichen Ergänzung.

e) Folgerungen für die Erfolgsaussicht der Belegschaftsaktie

Die vorangegangene Untersuchung hat ergeben, daß die Eigentumsfunktionen bei der Belegschaftsaktie nur vergleichsweise schwach ausgeprägt sind:

(1) Die Herrschaftsfunktion ist schon beim Aktionärseigentum, abgesehen vom Mehrheitsbesitz, grundsätzlich nur schwach ausgebildet und wird beim betrieblichen Aktionärs-Miteigentum normalerweise noch erheblich weiter geschwächt.

(2) Die Sicherungsfunktion ist beim Aktionärseigentum grundsätzlich normal bis stark ausgeprägt, wird jedoch speziell beim betrieblichen Aktionärs-Miteigentum durch die Risikohäufung normalerweise erheblich abgeschwächt.

(3) Und die Prestigefunktion ist beim Aktionärseigentum grundsätzlich schwach ausgeprägt und ebenso beim betrieblichen Aktionärs-Miteigentum.

Da die beiden sozialen Ziele der Belegschaftsaktie, den sozialen Konflikt in der Unternehmung abzubauen und die wirtschaftliche Existenzgrundlage der Arbeitnehmer zu verbessern, mit Hilfe dieser Eigentumsfunktionen verwirklicht werden sollen, beeinträchtigt der Sachverhalt die Erfolgsaussicht dieser beiden Ziele erheblich. Darüber hinaus wird indirekt auch die Erfolgsaussicht der beiden ersten ökonomischen Ziele beeinflußt, da sie zumindest teilweise auf den erreichten sozialen Zielen aufbauen bzw. mit dem Sorge- und Pflegebedürfnis sowie der Objektbindung des Eigentümers an den Eigentumsfunktionen anknüpfen.

Diesem Sachverhalt durch eine sinnvolle Gestaltung der Aktienausgabe entgegenzuwirken, bestehen auch nur begrenzte Möglichkeiten, da das Problem vor allem durch relativ unabänderliche aktienrechtliche, ökonomische und soziologische Gegebenheiten verursacht wird:

---

[65] *Andreae*, Clemens August: a.a.O., S. 236.

(1) Zur Stärkung der Herrschaftsfunktion der Belegschaftsaktie kann auf die Ausgabe stimmrechtsloser Vorzugsaktien, die üblichen kollektiven Verwaltungsformen und eine zu starke Beschränkung des Ausgabeumfanges verzichtet werden. Und es kann durch eine gute Unterrichtung über die Möglichkeiten des Depotstimmrechtes der Banken eine volle Ausübung der normalen Verwaltungsrechte des Aktionärs erreicht werden, ohne daß der Belegschaftsaktionär eine Benachteiligung am Arbeitsplatz zu befürchten hat.

(2) Zur Stärkung der Sicherungsfunktion der Belegschaftsaktie ist aus arbeitsrechtlichen Gründen zwar keine planmäßige Bevorzugung der Belegschaftsaktionäre bei Kündigungen infolge schlechten Geschäftsverlaufes möglich, jedoch kann die Unternehmung die arbeitnehmerseitige Finanzierung der Belegschaftsaktie möglichst gering halten, die Aktien mit Vorzugsdividende bzw. einem bevorzugten Anspruch auf den Liquidationserlös ausstatten, auf die Gefahr der Risikohäufung also auf die notwendige Ergänzung durch andere Wertpapiere oder Sparformen hinweisen u. ä. m.

(3) Zur Stärkung der Prestigefunktion der Belegschaftsaktie ist schließlich eine Förderung des Hauptversammlungsbesuches, die Einführung individueller Verwaltungsformen, evtl. sogar die Aushändigung der Aktien-Urkunde denkbar.

Durch derartige Maßnahmen kann insbesondere die speziell durch die Eigenschaft der Belegschaftsaktie als betriebliches Miteigentum auftretende Schwächung der Eigentumsfunktionen abgebaut, also etwa die normale Ausprägung wie beim regulären Aktionärseigentum erreicht werden. Damit hat die Belegschaftsaktie wenigstens eine normal bis stark ausgeprägte Sicherungsfunktion. Eine endgültige Minderung der Erfolgsaussicht ist also mehr beim Abbau des sozialen Konflikts und weniger bei der Verbesserung der wirtschaftlichen Existenzgrundlage der Arbeitnehmer zu erwarten, die ausschließlich an die Sicherungsfunktion anknüpft.

2. Die Ursache des sozialen Konflikts

a) Allgemeines

Das soziale Ziel der Belegschaftsaktie, den sozialen Konflikt in der Unternehmung abzubauen, beinhaltet als Schwerpunkte den Abbau der Herrschaftsgegensätze und der wirtschaftlichen und gesellschaftlichen Gegensätze zwischen Arbeitgeber und Arbeitnehmer. Wie das Problem der Ausprägung der Eigentumsfunktionen bei der Belegschaftsaktie gezeigt hat, kann die Belegschaftsaktie im wesentlichen nur zum Abbau der ökonomischen Gegensätze beitragen. Voraussetzung für eine Verwirklichung des ersten sozialen Zieles ist also, daß die Ursache des sozialen Konflikts überwiegend in den wirtschaftlichen Gegensätzen zwischen Arbeitnehmer und Arbeitgeber liegt.

Dafür, daß diese Voraussetzung erfüllt ist, spricht vor allem die politisch so erfolgreich gewesene Marxsche Klassentheorie. Karl Marx geht davon aus, daß „die Produktionsweise des materiellen Lebens ... den sozialen, politischen und geistigen Lebensprozeß ..."[66] bedingt, also verschiedene ökonomische Existenzbedingungen zur Bildung von Gesellschaftsklassen führen[67]. Und er schließt daraus, daß die Spaltung der industriellen Gesellschaft „... in zwei große feindliche ... einander direkt gegenüberstehende Klassen"[68] und ihr erbitterter Kampf gegeneinander, wie alle vorangegangenen Klassenbildungen, durch die Produktionsverhältnisse bzw. Eigentumsverhältnisse an den Produktionsmitteln, „... was nur ein juristischer Ausdruck dafür ist ..."[69], verursacht wird.

Diese Marxsche Hypothese von der Bedingtheit des sozialen Konflikts durch den vor allem ökonomisch verstandenen Eigentumsgegensatz, auf dem letztlich die gesamte Miteigentumsidee basiert, wird von der Soziologie seit langem variiert, angezweifelt und in jüngster Zeit meist völlig abgelehnt. So ließ Elton Mayo schon um 1930 ökonomische Faktoren als wesentliche Ursache für betriebliche Konflikte außer acht[70]. Leopold von Wiese schrieb 1951, „... daß in den Worten Abhängigkeit und Selbständigkeit der Hauptinhalt aller sozialen Problematik eingeschlossen ist"[71]. Und Ralf Dahrendorf urteilte u. a. 1959 kategorisch: „Wir wissen heute, daß die Existenz betrieblicher Konflikte von den Eigentumsverhältnissen im Unternehmen prinzipiell unabhängig ist[72]."

Diese Erkenntnisse der zuständigen Fachwissenschaft sind in der Miteigentumsliteratur, insbesondere in der wirtschaftswissenschaftlichen, bisher mehr oder weniger übersehen worden[73].

---

[66] *Marx*, Karl: Zur Kritik der politischen Ökonomie. Hrsg. Kautsky, 3. Aufl. Stuttgart 1909, S. LV.

[67] Vgl. *Marx*, Karl: Der 18. Brumaire des Louis Bonaparte. Berlin 1946, S. 105.

[68] *Marx*, Karl und *Engels*, Friedrich: Manifest der Kommunistischen Partei. Berlin 1948, S. 7.

[69] *Marx*, Karl: Zur Kritik ..., S. LV.

[70] Vgl. *Mayo*, Elton: Probleme industrieller Arbeitsbedingungen. Frankfurt a. M. 1949. (Titel der Originalausgabe: The Social Problems of an Industrial Civilisation, 4. Aufl. Boston 1945).

[71] *v. Wiese*, Leopold: Schauweise und Verfahren der Beziehungslehre. In: Abhängigkeit und Selbständigkeit im sozialen Leben, Teil 1. Köln und Opladen 1951, S. 3.

[72] *Dahrendorf*, Ralf: Sozialstruktur des Betriebes — Betriebssoziologie. Wiesbaden 1959, S. 47.

[73] Vgl. dazu *Spindler*, Gert: Mitunternehmertum. Vom Klassenkampf zum

Soziologisch begründete Bedenken hinsichtlich der Eignung des betrieblichen Miteigentums zum Abbau des sozialen Konflikts, über das Problem der Ausprägung der Eigentumsfunktionen hinaus, finden sich im wesentlichen nur bei Horst Ulbrich[74], Hartmut Michel[75] und sehr begrenzt noch bei Walter Huppert[76] und Christoph Georgi[77], allerdings immer nur auf einzelne nachmarxistische Hypothesen gestützt. Da selbst unter den wesentlichen nachmarxistischen Deutungen des sozialen Konflikts erhebliche Unterschiede bestehen, wird eine umfassendere Untersuchung notwendig.

b) Die nachmarxistischen Hypothesen

(1) *Götz Briefs* hat sich in seinem 1934 erschienenen Buch ‚Betriebsführung und Betriebsleben in der Industrie' speziell mit der Sozialstruktur des Industriebetriebes befaßt. Er baut seine Analyse auf einem Vergleich mit der vorindustriellen Handwerksarbeit auf und findet als Konfliktursache einige — ähnlich auch bei Hegel[78] und Marx[79] erwähnte — Verfremdungserscheinungen. Erstens die Eigentumsverfremdung, die durch den hohen Kapitalbedarf des Industriebetriebes bedingte Loslösung des Arbeiters vom betrieblichen Eigentum (z. B. an seinen Werkzeugen) mit ihren Folgen: „Seine Arbeitsmittel sind für ihn nicht mehr eine psychologische und soziale Steigerung seiner Persönlichkeit[80]." „Da ... nun nicht mehr die Dinge, sondern Menschen ... zu ihm sprechen, ... vermutet er Freiheit und Willkür auch da, wo der eherne Zwang der

---

sozialen Ausgleich. Lüneburg 1951, S. 65—85. — Ferner *Pfister*, Bernhard: a.a.O., S. 90. — Ferner *Prinz*, Heinrich: a.a.O., S. 16 f. — Ferner *Schmitz*, Werner G.: a.a.O., S. 74 f. — Ferner *Bachmann*, Herbert: Kapitalbeteiligung der Arbeitnehmer. In: Gewerkschaftliche Monatshefte. 4. Jg. 1953, H. 4, S. 208 bis 215.

[74] Vgl. *Ulbrich*, Horst: a.a.O., S. 16—28 u. 97 ff.

[75] Vgl. *Michel*, Hartmut: a.a.O., S. 169 f.

[76] Vgl. *Huppert*, Walter: Betriebliches Miteigentum der Arbeitnehmer. Berlin—München 1954, S. 10 u. 49 f.

[77] Vgl. *Georgi*, Christoph: Kapitalbeteiligung der Arbeitnehmer. In: Gewerkschaftliche Monatshefte. 4. Jg. 1953, H. 9, S. 521 f.

[78] Vgl. *Lepsius*, Rainer M.: Industrie und Betrieb. In: Soziologie. Hrsg. Koenig, R.: Frankfurt a. M. 1958, S. 123.

[79] Nach Karl Marx führt der Zwang des Industriearbeiters, seine Arbeitskraft zu den von der Bourgeoisie gestellten Bedingungen abzugeben, zu einer dreifachen Entfremdung: Des Arbeiters vom Arbeitsprodukt und vom Arbeitsakt, dadurch von seinen höchsten menschlichen Gattungseigenschaften und damit letztlich auch von den anderen Menschen. (Vgl. *Marx*, Karl: Ökonomisch-philosophische Manuskripte aus dem Jahre 1844. In: Marx-Engels, historisch-kritische Gesamtausgabe. Hrsg. v. Adoratskij, Abt. I, Bd. III 1. Auflage Berlin 1932, S. 81—89).

[80] *Briefs*, Götz: Betriebsführung und Betriebsleben in der Industrie. Stuttgart 1934, S. 20.

Verhältnisse aus dem Mund des Vorgesetzten zu ihm spricht[81]." Zweitens die Arbeitsverfremdung, die durch Mechanisierung, Arbeitsteilung und straffe Organisation des Industriebetriebes bedingte Verringerung der Übersichtlichkeit des Produktionsprozesses, der schöpferischen Gestaltungsfreiheit des Arbeiters und seiner beruflichen Aufstiegschancen und ihre Folgen: Schwinden des Berufsstolzes (Ablegen der Berufskleidung) und Verringerung der Arbeitsfreude (Flucht in die Freizeit)[82]. Drittens die Verfremdung des Werkraumes, die durch den industriellen Großbetrieb bedingte Trennung von Arbeitsplatz und Wohnung sowie die extreme Zweckgestaltung und räumliche Verkleinerung des Arbeitsplatzes und ihre Folgen: Verletzung des natürlichen triebhaften Verlangens nach einem angemessenen und geräumigen Lebensraum[83]. Und viertens die Verfremdung der Betriebspersonen, die durch den Industriebetrieb bedingte Auswahl der Arbeiter weniger nach menschlicher als nach fachlicher Eignung und die Arbeit in immer größeren Gruppen und ihre Folgen: Verringerung der menschlichen Beziehungen und Kontakte im Betrieb[84].

(2) *Elton Mayo* faßt die Erfahrungen seiner empirischen Untersuchungen ab etwa 1928 in seinem Buch ‚The Social Problems of an Industrial Civilisation' zusammen, das folgende Hypothese über die Ursache aller Konflikte im betrieblichen und gesellschaftlichen Bereich enthält: Der wirtschaftliche und technische Fortschritt hat von der alten ‚etablierten Gesellschaft' mit festen Formen der ‚sozialen Zusammenarbeit' zu einer ‚anpassungsfähigen Gesellschaft' geführt[85]. Doch diese sinkt wegen des völligen Zurückbleibens entsprechender ‚gesellschaftlicher Geschicklichkeiten'[86] (z. B. das Festhalten an der Hordentheorie)[87] „... auf den Zustand der Stasis herab, ... des wirren Kampfes von Interessen- und Machtgruppen, der ... das Nahen des Unterganges ankündigt"[88]. Da menschliche Gesellschaften aber von Natur aus „... auf Zusammenarbeit abgestellte Systeme sind"[89], sind alle Konflikte zwischen Einzelnen, Gruppen, ja Völkern pathologischer Natur[90]. So hatten die mir bekannten Sozialisten ausnahmslos „... gesellschaftliche Mängel, — eine Kindheit ohne normale glückliche Bindung durch Arbeit und Spiel an andere Kinder"[91]. Daraus folgt die Möglichkeit, alle Konflikte durch Entwick-

[81] *Briefs*, Götz: a.a.O., S. 21.
[82] Vgl. ebd., S. 23 f. u. 35 ff.
[83] Vgl. ebd., S. 24 ff.
[84] Vgl. ebd., S. 26 ff.
[85] Vgl. *Mayo*, Elton: a.a.O., S. 33.
[86] Vgl. *Mayo*, Elton: a.a.O., S. 34—38 u. 63.
[87] Vgl. ebd., S. 73—94.
[88] Ebd., S. 28.
[89] Ebd., S. 32.
[90] Vgl. ebd., S. 38, 164, 167, 177.
[91] Ebd., S. 54.

lung und Anwendung ‚gesellschaftlicher Geschicklichkeiten' zu beheben[92].

(3) *James Burnham* befaßt sich in seinem 1941 erschienenen Buch ‚The Managerial Revolution' mit der strukturellen Entwicklung der Gesellschaften in den Industrieländern. Er stellt dabei folgende auch für die Ursache des sozialen Konflikts bedeutsame Hypothese auf: Der wesentliche Inhalt des Eigentumsrechts ist „... die Kontrolle über den Zugang zu den fraglichen Dingen und die bevorzugte Behandlung bei der Verteilung von deren Produkten"[93]. Die herrschende Klasse ist „... diejenige Gruppe, die bezüglich der wichtigsten Produktionsmittel diese Rechte allein oder doch in höherem Maße als die übrige Gesellschaft ausübt"[94]. Die Gegenwart zeigt zwei Entwicklungen: Die Kapitalisten geben die Kontrolle über den Zugang zu den Produktionsmittel immer mehr an Manager ab und beschränken sich auf die Bevorzugung bei der Produktverteilung[95]. Und der Staat (verkörpert durch Manager) dehnt seinen Einfluß in der Wirtschaft immer weiter zuungunsten der Kapitalisten aus[96]. Damit sind die Manager auf dem Wege, die herrschende Klasse zu werden. Die Bevorzugung bei der Produktverteilung werden sie erlangen, indem der Staat juristischer Eigentümer der Produktionsmittel wird. Das Ergebnis ist eine neue ausbeuterische Klassengesellschaft[97].

(4) *Helmut Schelsky* hat in mehreren um 1955 erschienenen Aufsätzen die Entwicklung der Sozialstruktur der Gesellschaft untersucht und dabei folgende auch hinsichtlich der Ursache des sozialen Konflikts wichtige Hypothese aufgestellt: In der Gegenwart zeichnen sich folgende Entwicklungen ab: Vereinfachung des Auf- und Abstiegs Einzelner, Gruppen und ganzer Schichten der Gesellschaft[98]. Nivellierung der Einkommen und damit Schaffung einer nivellierten Mittelstandsgesellschaft mit Verbrauchs- und Freizeitorientierung[99]. Anpassung des Menschen an die industriellen Arbeitsformen[100]. Damit sind die Marxschen „... Klassengegensätze weitgehend nivelliert und industrielle Mittelschichten zu den strukturtragenden Kräften unserer Gesellschaft gemacht"[101]. Es bleiben lediglich die „... Spannung und der Gegensatz des Einzelnen oder des unmittelbaren ‚Wir' gegenüber dem anonymen System jeder Art von

[92] Vgl. *Mayo*, Elton: a.a.O., S. 173—175.

[93] *Burnham*, James: Das Regime der Manager. Stuttgart 1948. S. 114.

[94] Ebd., S. 115.

[95] Vgl. ebd., S. 116 u. 122 ff.

[96] Vgl. *Burnham*, James, a.a.O., S. 128 ff.

[97] Vgl. ebd., S. 154.

[98] Vgl. *Schelsky*, Helmut: Gesellschaftlicher Wandel. In: Offene Welt. 4. Jg. 1956, H. 41, S. 62—64.

[99] Vgl. ebd., S. 65.

[100] Vgl. *Schelsky*, Helmut: Industrie- und Betriebssoziologie. In: Soziologie. Hrsg. A. Gehlen u. H. Schelsky, Düsseldorf—Köln 1955, S. 157—163.

[101] Ebd., S. 163.

Bürokratie, von der man abhängt und von der man sich dirigiert, ja ausgebeutet fühlt“[102].

(5) *Ralf Dahrendorf* hat in seinem 1957 erschienenen Buch ‚Soziale Klassen und Klassenkonflikt in der industriellen Gesellschaft‘ eine über Marx hinausgehende Klassentheorie aufgestellt. Er kommt dabei zu folgendem Ergebnis: Einige Entwicklungen in der industriellen Gesellschaft der Gegenwart widersprechen der Marxschen Theorie, wie die ‚Trennung von Eigentum und Kontrolle‘ in der Aktiengesellschaft, die Bildung des vom Proletariat unabhängigen ‚neuen Mittelstandes‘ der Angestellten und Beamten, die Erhöhung der ‚sozialen Mobilität‘ zwischen den Schichten, die Erhöhung der rechtlichen und materiellen Gleichheit der Menschen durch Sozialversicherung und progressive Einkommensteuer, und die Institutionalisierung des Klassengegensatzes durch Anerkennung und rechtliche Normung des Arbeitskampfes[103]. Gleichgeblieben seit Marx ist u. a. vor allem die Spaltung der Gesellschaft in „... die Mächtigen und die Ohnmächtigen, die Herrschenden und die Beherrschten“[104] auf gesellschaftlicher und vor allem auf betrieblicher Ebene[105]. „Eine Klassentheorie auf der Grundlage einer Aufteilung der Gesellschaft in Eigentümer und Nichteigentümer von Produktionsmitteln verliert schon dann ihren analytischen Wert, wenn rechtliches Eigentum und faktische Kontrolle getrennt werden[106].“ Außerdem ist die Marxsche These von der „... Identität zwischen den Kapitalisten ... der Industrie und den Ministern des Staates ...“ und dem „... Ausschluß der industriellen Arbeiter von den politischen Spitzenpositionen ...“[107] unhaltbar. Also ist nicht das Eigentum an den Produktionsmitteln, sondern allgemein „die Herrschafts- oder Autoritätsstruktur sowohl ganzer Gesellschaften als auch einzelner institutioneller Bereiche innerhalb von Gesellschaften (z. B. der Industrie) ... Bestimmungsgrund von Klassenbildung und Klassenkonflikt“[108]. „Die Kontrolle über Produktionsmittel ist nur ein Sonderfall der Herrschaft, ihre Verknüpfung mit juristischem Privateigentum ein prinzipiell zufälliges Phänomen der industrialisierenden Gesellschaften Europas[109].“

(6) *Heinrich Popitz* stellt aufgrund seiner empirischen Untersuchung des Gesellschaftsbildes des Arbeiters[110] 1958 in seinem Aufsatz ‚Zum Be-

---

[102] *Schelsky,* Helmut: Gesellschaftlicher Wandel ..., S. 67.
[103] Vgl. *Dahrendorf,* Ralf: Soziale Klassen ... S. 41—72.
[104] Ebd., S. 76.
[105] Vgl. ebd., S. 76 f.
[106] Ebd., S. 137—138.
[107] Ebd., S. 146.
[108] Ebd., S. 138.
[109] Ebd., S. 138.
[110] Vgl. *Popitz,* H., *Bahrdt,* H. P., *Jüres,* E. A., *Kesting,* H.: Das Gesellschaftsbild des Arbeiters. Soziologische Untersuchungen in der Hüttenindustrie. Tübingen 1957.

griff der Klassengesellschaft' eine für die Ursache des sozialen Konflikts im betrieblichen wie gesamtgesellschaftlichen Bereich bedeutsame Hypothese auf: Der Arbeiter sieht auch heute die Gesellschaft als Dichotomie von ,Unten' (womit er sich kollektiv meint) und ,Oben' (,die Anderen', ,das Kapital', ,die hohen Herren'), ganz gleich zu welchem Typus des Marxisten oder Nichtmarxisten er zählt, Zwischenschichten klammert er aus[111]. Dieser letztlich auch von Marx betonte bipolare Klassengegensatz zwischen Industriearbeiterschaft und den ,Anderen' besteht also auch heute noch, trotz aller von Geiger und Schelsky betonten Nivellierungs- und Umschichtungsvorgänge, sofern man auf die unzulässige Umdeutung mit Begriffen wie ,falsches Bewußtsein' verzichtet[112]. „Hinter der von Marx konstruierten Dichotomie der bürgerlich-proletarischen Klassengesellschaft, die, wie er glaubte, auf dem Gegensatz von Besitz und Nichtbesitz an den Produktionsmitteln beruht, verbirgt sich eine weitere, m. E. grundlegendere gesellschaftliche Dichotomie, orientiert an dem Gegensatz von körperlicher und nicht körperlicher Arbeit"[113], der den Gegensatz zwischen niedriger, ausführender und hoher, planender Tätigkeit und den Gegensatz zwischen Befehl und Gehorsam einschließt[114].

(7) *Wolfgang Kellner* untersucht in seinem 1961 erschienenen Buch ,Der moderne soziale Konflikt' speziell die hier vorliegende Frage nach der Konfliktursache auf der Ebene der einzelnen Unternehmung. Er kommt dabei zu folgendem Ergebnis: Größere Arbeitskämpfe traten schon in Handwerksbetrieben auf, erstmalig als die Zünfte die Möglichkeit, Meister zu werden, auf Söhne und Schwiegersöhne von Meistern beschränkten[115]. Die Produktivgenossenschaften haben versagt, vor allem, „... weil die finanzielle Beteiligung ... nicht notwendig mit dem Gefühl der Selbständigkeit ... verknüpft ist"[116]. In sozialisierten und staatlichen Betrieben treten die gleichen Arbeitskonflikte wie in privaten Betrieben auf[117]. Die Mitbestimmung ist kein voller Erfolg, und zwar weil sie nicht die Mitbestimmung am einzelnen Arbeitsplatz betrifft[118]. Daraus folgt, daß nicht der Eigentumsgegensatz an den Produktionsmitteln sondern der „Gegensatz von Selbständigkeit und Abhängigkeit"[119] im Betrieb die Ursache des sozialen Konflikts ist. Alle bisherigen Lö-

---

[111] Vgl. *Popitz*, Heinrich: Zum Begriff der Klassengesellschaft. In: Hamburger Jahrbuch für Wirtschafts- und Gesellschaftspolitik. Hrsg. H. D. Ortlieb, 3. Jg. 1958, S. 93—94.

[112] Vgl. ebd., S. 94—96.

[113] Ebd., S. 97.

[114] Vgl. ebd., S. 98.

[115] Vgl. *Kellner*, Wolfgang: a.a.O., S. 31.

[116] Ebd., S. 48.

[117] Vgl. ebd., S. 36—38.

[118] Vgl. ebd., S. 49—61.

[119] Ebd., S. 32.

sungsversuche insbesondere der Marxismus beruhen auf einer Umdeutung der soziologischen in eine ökonomische Problematik; nur die größtmögliche Delegation von Entscheidungsbefugnis und Verantwortung vom Vorgesetzten auf den Untergebenen vermag den sozialen Konflikt zu lösen[120].

c) *Die Überwindung der Marxschen Hypothese*

(1) *Die Übereinstimmung der nachmarxistischen Hypothesen:* Auf den ersten Blick zeigen sich vor allem Unterschiede. So gehen Schelsky, Burnham und Dahrendorf mehr von der Gesamtgesellschaft aus, dagegen Briefs, Mayo, Popitz und Kellner mehr vom Betrieb. Briefs und Popitz beziehen den sozialen Konflikt speziell auf die Arbeiter, die anderen nicht. Briefs und Mayo suchen die Konfliktursache mehr auf der Arbeitnehmerseite und finden sie daher im psychologischen Innenbereich der einen Seite, während die übrigen Arbeitnehmer- und Arbeitgeberseite betrachten und daher einen objektiven Gegensatz im Außenbereich beider Seiten finden. Burnham, Dahrendorf und Popitz formulieren ihre Hypothese als Klassentheorie, die übrigen nicht. Trotz dieser Unterschiede stimmen sie aber darin überein, daß sie die Ursache des sozialen Konflikts im Gegensatz zu Marx nicht in ökonomischen Sachverhalten sehen. Nach Briefs und Mayo ist sie in psychologischen Verfremdungserscheinungen bzw. Anpassungsschwierigkeiten an die industrielle Arbeitswelt zu suchen. Burnham würde sie — so darf man ergänzen — primär in einem an der Produktionsmittelkontrolle orientierten Herrschaftsgegensatz sehen. Schelsky führt die verbleibenden Reste des sozialen Konflikts auf den Gegensatz zu bürokratischen Kräften zurück. Und Dahrendorf, Kellner und Popitz sehen die Ursache in dem Gegensatz Herrschaft—Ohnmacht, Selbständigkeit—Abhängigkeit und geistiger Arbeit—körperlicher Arbeit bzw. Befehl—Gehorsam. Über den Wahrheitsgehalt der Marxschen Hypothese entscheidet jedoch nicht die Übereinstimmung der Antithesen, sondern die Übereinstimmung mit der zu erklärenden Wirklichkeit.

(2) *Die Verifikation der Marxschen Hypothese:* Der soziale Konflikt der vorindustriellen Zeit beschränkte sich auf einige örtliche und sporadische aber doch umfangreiche Streiks der Gesellen der zünftischen Handwerksbetriebe im 13. und 14. Jahrhundert. Sie richteten sich bezeichnenderweise gegen die Beschränkung der Aufstiegsmöglichkeiten auf Söhne und Schwiegersöhne von Meistern (siehe Kellner). Da zu dieser Zeit die Gesellen eigenes Werkzeug hatten bzw. es sich beschaffen konnten und vielfach im Haushalt des Meisters lebten, reicht die Marxsche Hypothese

---

[120] Vgl. *Kellner,* Wolfgang: a.a.O., S. 33 f. und 251.

zur Erklärung nicht aus. Im sozialen Konflikt der frühindustriellen Zeit, wie Marx ihn beobachtete, standen sich besitzende Betriebseigentümer und materiell verelendete Arbeiter gegenüber, deren Lebensbedingungen zweifellos auf die Eigentumsverhältnisse im Zusammenhang mit der liberalen Gesetzgebung zurückgeführt werden müssen. Da staatliche Produktionsbetriebe selten waren und Arbeitskonflikte in staatlichen Verwaltungsbetrieben nicht auftraten, reicht die Marxsche Hypothese zur Erklärung des frühindustriellen sozialen Konflikts aus. Ein gewisser Widerspruch liegt nur in der Tatsache, daß die vielfach empfohlenen Produktivgenossenschaften versagten (siehe Kellner). Der soziale Konflikt der hochindustriellen Zeit des 20. Jahrhunderts ist vor allem durch folgende Entwicklungen gekennzeichnet: Erstens das (gemilderte) Weiterbestehen des sozialen Konflikts trotz weitgehender Hebung des Lebensstandards der Arbeitnehmer. Zweitens das Auftreten von Arbeitskonflikten auch in staatlichen Verwaltungsbetrieben (siehe Kellner) und Produktionsbetrieben, in Aktiengesellschaften (siehe Burnham und Dahrendorf) und auch in ‚volkseigenen Betrieben'[121], obwohl hier die Arbeitgeberfunktion von wirtschaftlich nicht wesentlich besser gestellten, eigentumslosen Funktionären ausgeübt wird, die zumindest in Staatsbetrieben und Publikumsaktiengesellschaften nicht einmal mehr von wohlhabenden Eigentümern gestützt sind. Drittens das Entstehen einer breiten Angestelltenschicht, die trotz gleicher ökonomischer Lebensbedingungen sich nicht mit den Arbeitern solidarisch fühlt, sondern in viel geringerer Opposition zu den Arbeitgebern steht (vgl. Schelsky, Dahrendorf, Popitz, Kellner). Und viertens der Nachweis, daß sich betriebliche Konflikte durch soziologische bzw. psychologische Maßnahmen mildern und beseitigen lassen, ohne die ökonomischen Verhältnisse zu ändern. Zur Erklärung aller dieser Erscheinungen reicht die Marxsche Hypothese nicht aus. Für die Überwindung einer Hypothese ist jedoch außer begründeten Zweifeln an ihrer Richtigkeit auch eine neue Hypothese erforderlich, die sowohl die von der ersten erklärten wie die von ihr nicht erklärten Erscheinungen widerspruchslos zu erklären vermag.

(3) *Die Verifikation der nachmarxistischen Hypothesen:* Briefs, Mayo und Burnham können den vorindustriellen Konflikt nicht voll erklären, weil damals keine ‚Verfremdung', keine ‚anpassungsfähige Gesellschaft' und keine ausgeprägte ‚Produktionsmittelkontrolle' bestand. Beim frühindustriellen sozialen Konflikt kann Mayo kaum den gesamten Konflikt mit psychologischer Fehlanpassung erklären, die ökonomische Bedingtheit ist zu offensichtlich. Und beim hochindustriellen Konflikt gerät die

---

[121] Es kann hier auf den Streik der ostberliner Bauarbeiter am 17. Juni 1953 verwiesen werden. Und auf die Wiederentdeckung der Soziologie in den Ostblockstaaten. (Vgl. dazu *Ludz*, Peter G.: Die SED entdeckt das Betriebsklima. In: Handelsblatt vom 1. 12. 1965).

Briefsche These von der Verfremdung der Betriebspersonen in Widerspruch zum Nachweis der ‚informellen Gruppen'[122] und die These von der Arbeitsverfremdung in Widerspruch zu den Aussagen von Arbeitern, ihre Maschinen interessant zu finden, evtl. Bandarbeit vorzuziehen und mit ihrer Arbeit weitgehend zufrieden zu sein[123]. Burnhams Hypothese versagt bei der Erklärung des sozialen Konflikts in staatlichen Verwaltungsbetrieben, weil die Produktionsmittel im üblichen Sinne fehlen. Schelskys Hypothese ist wegen ihrer Beschränkung auf den hochindustriellen Konflikt unzureichend. Und Popitz' Hypothese erklärt den Konflikt zwischen Angestellten und Arbeitgebern nicht bzw. klammert ihn aus. Die Hypothesen Dahrendorfs und Kellners erklären dagegen alle Erscheinungen des sozialen Konflikts gleichermaßen widerspruchslos: Die Streiks der Zunftgesellen, die Kämpfe der verelendeten Arbeiterschaft (deren Intensität zweifellos durch die allzu starken ökonomischen Gegensätze bestimmt ist) und das Versagen der Produktivgenossenschaften lassen sich genauso gut durch den Gegensatz von Herrschaft und Ohnmacht bzw. Selbständigkeit und Abhängigkeit erklären wie das Weiterbestehen des sozialen Konflikts trotz gehobenen Lebensstandards, die Abstufung des Konflikts zwischen ökonomisch gleichgestellten Arbeitern und Angestellten, das Bestehen des sozialen Konflikts in staatlichen Verwaltungs- und Produktionsbetrieben, in Aktiengesellschaften und ‚volkseigenen Betrieben' und auch die Erfolge soziologischer und psychologischer Maßnahmen bei betrieblichen Konflikten. Wenn berücksichtigt wird, daß insbesondere auch Schelsky und Popitz im Ansatz ähnliche Erklärungen bringen, so kann als Ergebnis eine volle Überwindung der Marxschen Hypothese durch folgende Gegenhypothese festgestellt werden: Allgemeinste Ursache des sozialen Konflikts auf Unternehmungsebene ist die betriebliche Herrschaftsstruktur unabhängig von ihrer Basis oder Legitimation durch Zunftbestimmungen, Eigentumsrechte, Amtsbefugnisse u. a. m. Ökonomische, arbeitstechnische, gesellschaftliche und sonstige Faktoren haben — in gewissen Grenzen — nur untergeordnete Bedeutung.

d) Folgerungen für die Erfolgsaussicht der Belegschaftsaktie

Die vorangegangene Untersuchung hat ergeben, daß die letzte Ursache des sozialen Konflikts in dem Herrschaftsgegensatz zwischen Arbeitnehmer und Arbeitgeber (bzw. dessen Vertretern) liegt und die ökonomischen bzw. gesellschaftlichen Gegensätze nur von untergeordneter Bedeutung sind. Daraus folgt, daß ein Miteigentum der Arbeitnehmer an

---

[122] Vgl. *Mayo,* Elton: a.a.O., S. 112—115.

[123] Vgl. *Dahrendorf,* Ralf: Industrie- und Betriebssoziologie . . ., S. 115—117.

der arbeitgebenden Unternehmung nur insoweit ein wirksames Mittel zum Abbau des sozialen Konflikts ist, als es die Herrschaftsgegensätze in der Unternehmung abbaut.

Nun hat die Untersuchung der Ausprägung der Eigentumsfunktionen bei der Belegschaftsaktie ergeben, daß die Herrschaftsfunktion allgemein beim betrieblichen Miteigentum und speziell beim Aktionärs-Miteigentum nur sehr schwach entwickelt ist. Hinzu kommt, daß sie direkt nur auf die Gesamtverwaltung der Unternehmung gerichtet ist, also höchstens indirekt die Herrschaftsgegensätze in der Unternehmung berührt. Zur Milderung der spezifischen Unter- und Einordnungsverpflichtung des Arbeitnehmers am Arbeitsplatz reicht die Herrschaftsfunktion der Belegschaftsaktie nicht aus. Die Herrschaftsbefugnisse des Belegschaftsaktionärs ändern nichts an seiner Arbeitnehmereigenschaft.

Die Erfolgsaussicht der Belegschaftsaktie hinsichtlich eines Abbaus des sozialen Konflikts kann also nur an geringe psychologische Wirkungen anknüpfen:

(1) Die schwache Herrschaftsfunktion der Belegschaftsaktie könnte einen gewissen Ausgleich für die Unterordnungsverpflichtung am Arbeitsplatz bilden.

(2) Die relativ starke wirtschaftliche Sicherungsfunktion der Belegschaftsaktie könnte das Verständnis für die Notwendigkeit der Unterordnung im industriellen Großbetrieb stärken.

(3) Die latent vorhandene Kenntnis der Marxschen Hypothese könnte zu der Überzeugung führen, der soziale Konflikt werde mit der Belegschaftsaktie abgebaut. (Klassenbewußte Marxisten werden die Belegschaftsaktie dagegen als taktische Manöver ablehnen.)

Große Wirksamkeit kann jedoch von diesen psychologischen Effekten nicht erwartet werden, weil ihnen die sachlichen Gegebenheiten entgegenstehen.

3. Die Bestimmungsfaktoren von Dividende und Substanzwert der Aktie

a) Allgemeines

Das ökonomische Ziel der Belegschaftsaktie, die Produktivität und Wirtschaftlichkeit der Unternehmung zu steigern, beinhaltet u. a. die Schaffung eines ökonomischen Anreizes für die Arbeitnehmer zur Leistungssteigerung, sparsameren Betriebsmittelverwendung und Beschränkung ihrer wirtschaftlichen Forderungen, und zwar durch die Auswirkungen eines solchen Verhaltens auf Dividende und Substanzwert ihrer Belegschaftsaktien. (Erster Schwerpunkt des Zieles.)

Voraussetzung für die volle Verwirklichung dieses Teilzieles ist, daß der kausale Zusammenhang zwischen dem entsprechenden Verhalten der Arbeitnehmer und der Höhe von Dividende bzw. Substanzwert der Aktien so eng und ausschließlich ist, daß eine Verhaltensänderung der Arbeitnehmer regelmäßig zu einer entsprechenden Änderung der Aktiendividende bzw. des Substanzwertes führt und diese nicht unabhängig vom Arbeitnehmerverhalten eintreten kann.

Das ist jedoch keineswegs der Fall. Vielmehr wird die Höhe der Dividende und des Substanzwertes von so vielen und wichtigen anderen Faktoren mitbestimmt „..., daß namentlich in Großunternehmungen das Band zwischen Leistung und Belohnung für den einzelnen ... zu locker sein wird, als daß davon ein ins Gewicht fallender Anreiz zu vermehrter und verbesserter Arbeitsleistung ausginge“[124].

b) Die Bestimmungsfaktoren des tatsächlichen Rohgewinns

Schon der tatsächliche Rohgewinn (vor Steuer und unabhängig von der Rechnungslegung) hängt neben den vom Arbeitnehmer beeinflußbaren Bestimmungsfaktoren von mehreren ähnlich bedeutsamen vom Arbeitnehmer nicht zu beeinflussenden Faktoren ab, wie Produktionsverfahren und Produktionsausrüstung, Lage an Beschaffungs- und Absatzmärkten, staatlicher Wirtschafts- und Gesellschaftspolitik und Qualität des Managements, um nur die wichtigsten zu nennen[125].

c) Die zusätzlichen Bestimmungsfaktoren der Dividende

Die Höhe des ausgeschütteten Aktienertrages und der Substanzwertänderung der Aktie wird außerdem entscheidend von der Bilanz- und Steuerpolitik des Vorstandes bzw. Aufsichtsrates bestimmt und von den Gewinnverwendungsbeschlüssen der Aktionärsmehrheit in der Hauptversammlung. Allerdings ist der Spielraum der Bilanzpolitik durch das neue Aktiengesetz merklich eingeschränkt worden: „Nunmehr ist die willkürliche Bildung stiller Rücklagen verboten[126].“ Und vom „... Jahresüberschuß können Vorstand und Aufsichtsrat ohne besondere Satzungsermächtigung höchstens die Hälfte in die freien Rücklagen einstellen (§§ 58 Abs. 2, 151 Abs. 4 Satz 2 AktG 1965)“[127]. Doch ist der Spielraum des Gewinnverwendungsbeschlusses der Hauptversammlung

---

[124] *Küng*, Emil: a.a.O., S. 139.

[125] Vgl. *Spiegelhalter*, Franz: Gewinnbeteiligung — Illusionen und Möglichkeiten. München u. Düsseldorf 1951, S. 16.

[126] *Gessler*, E.: Das neue Aktienrecht ..., S. 679.

[127] Ebd., S. 679.

erweitert worden, die nun über die Verwendung der zweiten Hälfte des Jahresüberschusses frei beschließt, also auch die freien Rücklagen erhöhen kann (§ 58 Abs. 3 AktG), wobei zu berücksichtigen ist, daß die Belegschaftsaktionäre normalerweise keinen entscheidenden Einfluß in der Hauptversammlung haben.

d) Die zusätzlichen Bestimmungsfaktoren des Aktienkurses

Hinzu kommt noch, daß der Marktwert der Aktie, wenn auch teilweise zu Unrecht, als wichtigster Anhaltspunkt für den Substanzwert der Aktie angesehen wird, was sicherlich ganz besonders für Belegschaftsaktionäre gilt. Und dieser hängt zumindest auf kurze und mittlere Sicht maßgeblich von markttechnischen Gegebenheiten und vor allem von den Zukunftserwartungen hinsichtlich Ertrags- und Substanzwertentwicklung der Aktie ab.

e) Folgerungen für die Erfolgsaussicht der Belegschaftsaktie

Die vorangegangenen Überlegungen zeigen, daß der kausale Zusammenhang zwischen dem Verhalten der Arbeitnehmer und der Höhe der Dividende bzw. des Substanzwertes der Belegschaftsaktie nicht eng genug ist, um einen wirksamen ökonomischen Anreiz zur Leistungssteigerung, sparsameren Mittelverwendung und Beschränkung ihrer wirtschaftlichen Forderungen für die Arbeitnehmer zu schaffen.

Damit wird die Erfolgsaussicht der Belegschaftsaktie, die Produktivität und Wirtschaftlichkeit der Unternehmung zu steigern, erheblich beeinträchtigt.

Allerdings lassen sich bei der Gestaltung der Aktienausgabe einige Gegenmaßnahmen ergreifen, wie die Verwendung einer Erfolgsbeteiligung in Form der Leistungsbeteiligung zur Finanzierung der Belegschaftsaktie, die Einführung einer leistungsabhängigen Vorzugsdividende bzw. einer entsprechenden Prämie zusätzlich zur Dividende oder die Verknüpfung nachfolgender Belegschaftsaktienausgaben mit der Bedingung einer Leistungssteigerung u. ä. m. Die endgültige Minderung der Erfolgsaussicht kann also u. U. noch in Grenzen gehalten werden.

4. Die Bedingungen einer Eigenkapital- und Liquiditätserhöhung

a) Allgemeines

Einer der zwei Schwerpunkte des ökonomischen Ziels, die Unternehmungsfinanzierung zu verbessern, beinhaltet die Erhöhung des gegenwärtigen Eigenkapitals und der Liquidität der Unternehmung als direkte finanztechnische Wirkung der Aktienausgabe.

Diese Wirkung tritt jedoch nicht zwangsläufig ein, sondern hängt sehr wesentlich von der gewählten Finanzierung und Ausgabetechnik ab, sowie auch von der Ausgangssituation der Unternehmung, nämlich dem Vorhandensein oder Fehlen geeigneter Aktien im Entscheidungszeitpunkt. (Beispielsweise ist es liquiditätsmäßig bedeutsam, ob schon vorhandene Aktien aus Gesellschaftsbeständen ausgegeben werden oder aber noch Barmittel zur Beschaffung aufgewendet werden müssen.) Je nach diesen Umständen treten für die Unternehmung durch den Beschluß bzw. die Durchführung einer Belegschaftsaktienausgabe ganz verschiedene Wirkungen auf Eigenkapital und Liquidität auf.

Um die genauen Bedingungen für eine Eigenkapital- und Liquiditätserhöhung festzustellen, müssen also die diesbezüglichen Wirkungen der arbeitnehmer-, unternehmungs- und aktionärsseitigen Finanzierung jeweils bei den verschiedenen Ausgabetechniken untersucht werden, wobei gegebenenfalls auch nach Vorhandensein oder Fehlen geeigneter Aktien unterschieden werden muß[128].

Zur näheren Kennzeichnung der Liquidität, die hier — wie allgemein üblich — als Relation zwischen den liquiden Mitteln und Verbindlichkeiten einer Unternehmung verstanden wird, werden dabei in Anlehnung an Guido Fischer liquide Mittel ersten Grades (sofort verfügbare Mittel), zweiten Grades (unter gewissen Verlusten leicht realisierbare Mittel) und dritten Grades (schwer realisierbare Mittel) unterschieden sowie Verbindlichkeiten ersten Grades (bis 30 Tage Ziel), zweiten Grades (zwischen 30 und 90 Tage Ziel) und dritten Grades (über 90 Tage Ziel)[129].

b) Die Wirkungen der arbeitnehmerseitigen Finanzierung

(1) Bezugsrechtseinräumung bei effektiver Kapitalerhöhung

Bei einer Aktienausgabe durch Einräumung eines Bezugsrechts anläßlich einer effektiven Kapitalerhöhung bewirkt die arbeitnehmerseitige Finanzierung, bilanziell betrachtet, letztlich immer einerseits eine Vermehrung der Barmittel oder kurz- bis mittelfristigen Forderungen und andererseits eine entsprechende Erhöhung des Grundkapitals und der gesetzlichen Rücklagen.

Beim Eigenkapital bewirkt die arbeitnehmerseitige Finanzierung also in vollem Umfang eine Erhöhung.

---

[128] Zur Finanzierung und Ausgabetechnik der Belegschaftsaktie siehe Seite 31 ff. u. 25 ff.

[129] Vgl. *Fischer*, Guido: Allgemeine Betriebswirtschaftslehre (Die Betriebsführung, Bd. 1), 9. Aufl. Heidelberg 1964. S. 325 f.

Liquiditätsmäßig tritt in vollem Umfang eine Erhöhung der liquiden Mittel 1. und evtl. auch 2. Grades ein, also eine sehr erhebliche Liquiditätserhöhung.

(2) Veräußerung aus Gesellschaftsbeständen

Bei einer Aktienausgabe durch Veräußerung aus Gesellschaftsbeständen hat die arbeitnehmerseitige Finanzierung dagegen je nach der Ausgangssituation der Unternehmung bezüglich der Aktienbeschaffung und der Art der Beschaffungsmethode unterschiedliche Wirkungen:

(a) Kann die Unternehmung auf vorhandene Bestände zurückgreifen, so wird, bilanziell gesehen, einerseits letztlich wieder eine Vermehrung der Barmittel bzw. der kurz- bis mittelfristigen Forderungen bewirkt, andererseits nun aber ein Abbau der Bestände an eigenen Aktien.

Im Hinblick auf das Eigenkapital gleichen sich hier also die Wirkungen der arbeitnehmerseitigen Finanzierung aus, so daß keine Veränderung eintritt.

Liquiditätsmäßig liegt dagegen ein weitgehender Ersatz liquider Mittel 2. Grades durch liquide Mittel 1. Grades vor, also eine erhebliche Liquiditätserhöhung.

(Beides gilt jedoch nur, wenn der effektive Abgabekurs nicht über dem Buchwert der Aktien liegt, was hier evtl. eintreten kann. In diesem Fall resultieren etwas günstigere Wirkungen.)

(b) Erwirbt die Unternehmung die notwendigen Aktien erst noch am freien Markt, so besteht der Unterschied zum vorangehenden Fall darin, daß anstelle der Aktienbestände letztlich Barmittel verloren gehen.

Beim Eigenkapital treten also wie im vorangehenden Fall keine Veränderungen ein.

Liquiditätsmäßig entfällt dagegen die oben eintretende Erhöhung und es kann sogar zu geringfügigen Liquiditätsverlusten kommen: Liegen Aktienkauf am freien Markt und Aktienverkauf an die Belegschaft zeitlich sehr dicht zusammen, so sind die Einzahlungen der Belegschaftsangehörigen als durchlaufende Posten praktisch liquiditätsneutral. Liegen diese beiden Zeitpunkte dagegen weiter auseinander, so tritt durch Ankauf und Bezahlung der Aktien durch die Unternehmung zunächst ein Liquiditätsverlust auf, der später durch die Einzahlungen der Belegschaftsangehörigen zumindest teilweise wieder rückgängig gemacht wird.

(c) Kann die Unternehmung auf vorhandene Verwertungsaktien zurückgreifen, so tritt, bilanziell gesehen, wieder wie oben einerseits eine Vermehrung der Barmittel bzw. der kurz- bis mittelfristigen Forderungen ein und andererseits ein Abfluß von Barmitteln. Abweichend vom vorangehenden Fall kann hier jedoch ein Teil dieser Barmittel vom Verkäufer zurückvergütet werden, nämlich soweit dieser einen Mehrerlös erzielt, und dieser Mehrerlös muß in die gesetzliche Rücklage eingestellt werden[130]. Beim Eigenkapital bewirkt die arbeitnehmerseitige Finanzierung also, nur wenn ein Mehrerlös vorhanden ist, eine begrenzte Erhöhung.

Liquiditätsmäßig liegt ein Zuwachs liquider Mittel 1. und evtl. auch 2. Grades vor, dem ein gleichgroßer oder geringerer Verlust liquider Mittel 1. Ordnung gegenübersteht, je nach dem ob ein Mehrerlös erzielt wird oder nicht. Insgesamt resultiert also u. U. eine begrenzte Liquiditätserhöhung.

(d) Schafft die Unternehmung die Verwertungsaktien dagegen erst durch eine effektive Kapitalerhöhung, erwirbt sie dann vom Erstzeichner zurück und veräußert sie danach aus Gesellschaftsbeständen, um die Vorteile des steuerlichen Kapitalerhöhungsgesetzes zu erlangen, so liegen insgesamt gesehen die gleichen Wirkungen wie bei einer Aktienausgabe durch Bezugsrechtseinräumung vor. Der Erstzeichner der Aktien führt bei der Kapitalerhöhung den Zeichnungspreis und beim Rückkauf durch die Gesellschaft auch noch einen möglicherweise darüberhinausgehenden Mehrerlös als Einlage an die Unternehmung ab, so daß bilanziell durch diese *beiden* Maßnahmen passivseitig eine Erhöhung des Grundkapitals und der gesetzlichen Rücklagen in Höhe des Rückkaufpreises eintritt und aktivseitig eine entsprechende Erhöhung der Bestände an eigenen Aktien (die evtl. Barmittelzu- und -abflüsse haben sich bis hierher ausgeglichen). Durch die nachfolgende Veräußerung der Aktien an die Arbeitnehmer werden dann die Bestände an eigenen Aktien durch Barmittel oder kurz- bis mittelfristige Forderungen ersetzt.

Beim Eigenkapital wird also letztlich das Grundkapital bzw. die gesetzliche Rücklage erhöht und insofern in vollem Umfang eine Erhöhung erreicht.

Liquiditätsmäßig tritt letztlich in vollem Umfang eine Erhöhung der liquiden Mittel 1. und evtl. auch 2. Grades ein, also eine sehr erhebliche Liquiditätserhöhung.

---

[130] Wie auf Seiten 29 und 37 ausgeführt, sind Verwertungsaktien Aktien, die ein Zeichner zu einem günstigen Kurs mit der Auflage gezeichnet hat, sie nach Weisung der Unternehmung zu veräußern und den dabei erzielten Mehrerlös (über den früheren Zeichnungskurs hinaus) an die Unternehmung abzuführen, die ihrerseits nach § 150 Abs. 2 Ziff. 2 AktG verpflichtet ist, den Mehrerlös in die gesetzliche Rücklage einzustellen. Die daraus resultierende Steuerfreiheit für den Mehrerlös ist für diese Maßnahme von besonderer Bedeutung.

(3) Vermittlung eines Aktienkaufes

Bei einer Aktienausgabe durch Vermittlung eines Aktienkaufes hat die arbeitnehmerseitige Finanzierung ähnliche Wirkungen wie bei einer Aktienausgabe durch Veräußerung aus Gesellschaftsbeständen:

(a) Kann der Aktienverkäufer die Aktien eigenen vorhandenen Beständen entnehmen oder beschafft er sie erst noch am freien Markt, so hat das keinerlei finanztechnische Auswirkungen auf die Unternehmung, da die Unternehmung nur Vermittler ist und auch von der evtl. Beschaffung am freien Markt nicht berührt wird.

(b) Verwendet der Aktienverkäufer dagegen schon vorhandene Verwertungsaktien, die ihm der Erstzeichner auf Weisung der Unternehmung zu günstigen Bedingungen überläßt, so fließt der Unternehmung ein evtl. Mehrerlös zu, der in die gesetzliche Rücklage einzustellen ist.

Beim Eigenkapital bewirkt die arbeitnehmerseitige Finanzierung also, nur wenn ein Mehrerlös vorhanden ist, eine begrenzte Erhöhung.

Liquiditätsmäßig tritt, lediglich soweit ein Mehrerlös erzielt wird, eine Vermehrung der liquiden Mittel 1. und evtl. auch 2. Grades ein. Es kann hier also u. U. eine begrenzte Liquiditätserhöhung erreicht werden.

(c) Verwendet der Aktienverkäufer dagegen Verwertungsaktien, die erst noch durch eine effektive Kapitalerhöhung geschaffen werden, so fließt der Unternehmung neben dem evtl. Mehrerlös auch noch der Zeichnungspreis zu, es liegen hier also wieder die Wirkungen einer Aktienausgabe durch Bezugsrechtseinräumung bei einer effektiven Kapitalerhöhung vor.

Beim Eigenkapital wird also auch hier durch die arbeitnehmerseitige Finanzierung in vollem Umfang eine Erhöhung bewirkt.

Liquiditätsmäßig tritt in vollem Umfang eine Erhöhung der liquiden Mittel 1. und evtl. auch 2. Grades ein, so daß auch hier eine sehr erhebliche Liquiditätserhöhung erreicht wird.

c) Die Wirkungen der unternehmungsseitigen Finanzierung

(1) Bezugsrechtseinräumung bei effektiver Kapitalerhöhung

Bei einer Aktienausgabe durch Einräumung eines Bezugsrechts anläßlich einer effektiven Kapitalerhöhung bewirkt die unternehmungsseitige Finanzierung der Belegschaftsaktie, bilanziell gesehen, im wesentlichen nur eine Verminderung des laufenden Rohgewinns (vor Steuer) unter entsprechender Erhöhung des Grundkapitals bzw. der gesetzlichen Rücklagen (evtl. Änderungen auf der Aktivseite der Bilanz gleichen sich kurzfristig aus)[131]. Das bedeutet theoretisch eine Umwandlung potentieller freier Rücklagen, potentieller Dividendenverbindlichkeiten und potentieller Erfolgsteuerverbindlichkeiten in Grundkapital und gesetzliche Rücklagen. Praktisch scheidet jedoch die Umwandlung potentieller Dividendenverbindlichkeiten aus, bei ‚Einlagen zu Lasten der Rücklagenbildung' bedingungsgemäß und bei zusätzlichen Erfolgsbeteiligungen oder Sonderzuwendungen infolge der Politik stabiler Dividenden. Die Erhöhung des Grundkapitals bzw. der gesetzlichen Rücklagen geht also normalerweise zu rd. 43 % zu Lasten potentieller freier Rücklagen und zu rd. 57 % zu Lasten potentieller Steuerverbindlichkeiten.

Beim Eigenkapital bewirkt die unternehmungsseitige Finanzierung also nur in begrenztem Umfang — normalerweise zu rd. 57 % — eine Erhöhung.

Liquiditätsmäßig wird ebenfalls in begrenztem Umfang — normalerweise zu rd. 57 % — ein Abbau von Verbindlichkeiten 3. Grades bewirkt, was zumindest als geringfügige Liquiditätserhöhung zu werten ist.

(2) Veräußerung aus Gesellschaftsbeständen

Bei dieser Ausgabemethode hat auch die unternehmungsseitige Finanzierung, wie schon die arbeitnehmerseitige Finanzierung, je nach Zeitpunkt und Art der Beschaffung der Aktien unterschiedliche Wirkungen[132]:

(a) Kann die Unternehmung auf vorhandene Bestände zurückgreifen, so tritt, bilanziell gesehen, letztlich eine ersatzlose Minderung der Wertpapierbestände auf der Aktivseite ein und auf der Passivseite eine Minderung des Rohgewinns (vor Steuer), d. h. praktisch potentieller Steuerverbindlichkeiten und freier Rücklagen.

Beim Eigenkapital verhindert die unternehmungsseitige Finanzierung also in begrenztem Umfang — normalerweise zu rd. 43 % — eine potentielle Erhöhung, was als begrenzter Eigenkapitalverlust gewertet werden kann.

Liquiditätsmäßig tritt zu 100 % ein Verlust liquider Mittel 2. Grades ein und zu rd. 57 % normalerweise gleichzeitig ein Abbau von Verbindlichkeiten 3. Grades, insgesamt also ein geringfügiger Liquiditätsverlust.

---

[131] Diese Wirkungen treten nur bei Gewährung zusätzlicher Erfolgsbeteiligungen oder Sonderzuwendungen sowie bei „Einlagen zu Lasten der Rücklagenbildung“ ein. Die Gewährung von Vorzugskursen ist bei dieser Ausgabetechnik nicht möglich und die Gewährung kleinerer Vergünstigungen hat grundsätzlich keine derartigen Wirkungen.

[132] Hier treten diese Wirkungen nur bei Gewährung zusätzlicher Erfolgsbeteiligungen oder Sonderzuwendungen sowie Vorzugskursen ein. Die Gewährung von „Einlagen zu Lasten der Rücklagenbildung“ ist bei dieser Ausgabetechnik nicht möglich, und kleinere Vergünstigungen haben grundsätzlich keine derartigen Wirkungen.

(b) Erwirbt die Unternehmung die notwendigen Aktien erst noch am Markt, so tritt bilanziell gesehen, letztlich neben der Rohgewinnminderung eine ersatzlose Minderung der Barmittel ein.

Beim Eigenkapital hat die unternehmungsseitige Finanzierung hier also die gleichen Wirkungen wie im vorangehenden Fall, d. h. einen begrenzten Eigenkapitalverlust.

Liquiditätsmäßig unterscheidet sich dieser Fall vom vorangehenden nur insofern, als anstatt liquider Mittel 2. Grades liquide Mittel 1. Grades verlorengehen, so daß hier ein etwas höherer Liquiditätsverlust eintritt.

(c) Kann die Unternehmung auf vorhandene Verwertungsaktien zurückgreifen, so bewirkt die unternehmungsseitige Finanzierung, bilanziell gesehen, ebenfalls eine Minderung des Rohgewinns einerseits und einen Barmittelverlust andererseits. Außerdem ist nun aber noch ein evtl. Mehrerlös zu berücksichtigen, der den endgültigen Barmittelabfluß mindern und in die gesetzliche Rücklage eingestellt würde.

Beim Eigenkapital verhindert die unternehmungsseitige Finanzierung also einerseits wieder in begrenztem Umfang eine potentielle Erhöhung, andererseits kann sie nun aber außerdem auch Eigenkapitalerhöhungen bewirken, wenn ein Mehrerlös erzielt wird. Insgesamt können also in Abhängigkeit von der Höhe eines evtl. Mehrerlöses begrenzte Verluste aber auch geringfügige Erhöhungen resultieren.

Liquiditätsmäßig bewirkt die unternehmungsseitige Finanzierung einerseits einen von der Höhe des evtl. Mehrerlöses bestimmten Verlust liquider Mittel 1. Grades und andererseits einen gewissen Abbau von Verbindlichkeiten 3. Grades, so daß je nach den Umständen begrenzte Liquiditätsverluste aber auch geringfügige Erhöhungen resultieren können.

(d) Schafft die Unternehmung die Verwertungsaktien dagegen erst noch durch eine effektive Kapitalerhöhung, so tritt, bilanziell gesehen, letztlich nur eine Umwandlung von Rohgewinn in Grundkapital und gesetzliche Rücklagen ein, wie bei der Aktienausgabe durch Bezugsrechtseinräumung (Seite 109 f.).

Beim Eigenkapital tritt also, wie bei der Aktienausgabe durch Bezugsrechtseinräumung, in begrenztem Umfang eine Erhöhung ein.

Liquiditätsmäßig wird entsprechend in begrenztem Umfang ein Abbau von Verbindlichkeiten 3. Grades bewirkt, also eine geringfügige Liquiditätserhöhung.

(3) Vermittlung eines Aktienkaufes

Bei einer Aktienausgabe durch Vermittlung eines Aktienkaufes hat auch die unternehmungsseitige Finanzierung, wie schon die arbeitnehmerseitige Finanzierung, ähnliche Wirkungen wie bei der Aktienausgabe aus Gesellschaftsbeständen[133]:

(a) Kann der Aktienverkäufer die Aktien eigenen vorhandenen Beständen entnehmen oder beschafft er sie erst noch am freien Markt, so hat die unternehmungsseitige Finanzierung in der Unternehmungsbilanz lediglich einen Barmittelverlust aktivseitig und eine entsprechende Minderung des Rohgewinns auf der Passivseite zur Folge.

Beim Eigenkapital verhindert die unternehmungsseitige Finanzierung also wieder in begrenztem Umfange — normalerweise zu rd. 43 % — eine potentielle Erhöhung, was als begrenzter Eigenkapitalverlust gewertet werden kann.

Liquiditätsmäßig tritt zu 100 % ein Verlust liquider Mittel 1. Grades ein und zu rd. 57 % normalerweise ein Abbau von Verbindlichkeiten 3. Grades, insgesamt also ein begrenzter Liquiditätsverlust.

(b) Verwendet der Aktienverkäufer dagegen schon vorhandene Verwertungsaktien, die ihm der Erstzeichner auf Weisung der Unternehmung zu günstigen Bedingungen überläßt, so hat die unternehmungsseitige Finanzierung in der Unternehmungsbilanz ebenfalls einen Barmittelverlust auf der Aktiv- und eine entsprechende Rohgewinnminderung auf der Passivseite zur Folge. Außerdem ist nun aber noch ein evtl. Mehrerlös zu berücksichtigen, der den endgültigen Barmittelverlust mindern und in die gesetzliche Rücklage eingestellt würde. Es treten also die gleichen Wirkungen auf wie bei der Veräußerung aus Gesellschaftsbeständen (Seite 111).

Beim Eigenkapital können hier also wieder, in Abhängigkeit von der Höhe eines evtl. Mehrerlöses, begrenzte Verluste aber auch geringfügige Erhöhungen resultieren.

Liquiditätsmäßig können entsprechend begrenzte Liquiditätsverluste aber auch geringfügige Erhöhungen eintreten.

(c) Verwendet der Aktienverkäufer dagegen Verwertungsaktien, die erst noch durch eine effektive Kapitalerhöhung geschaffen werden, so fließen der Unternehmung letztlich die aufgewendeten Mittel im Zeichnungspreis und einem evtl. Mehrerlös wieder zu. Es tritt also nur eine Umwandlung von Rohgewinn in Grundkapital und gesetzliche Rücklagen ein, wie bei der Aktienausgabe durch Bezugsrechtseinräumung (Seite 109 f.).

---

[133] Diese Wirkungen treten nur bei Gewährung zusätzlicher Erfolgsbeiligungen oder Sonderzuwendungen sowie bei Vorzugskursen ein. Die Gewährung von „Einlagen zu Lasten der Rücklagenbildung“ ist bei dieser Ausgabetechnik nicht möglich, und kleinere Vergünstigungen haben grundsätzlich keine derartigen Wirkungen.

Beim Eigenkapital tritt also wieder in begrenztem Umfang eine Erhöhung ein.

Liquiditätsmäßig wird wieder in begrenztem Umfang ein Abbau von Verbindlichkeiten 3. Grades bewirkt, also eine geringfügige Liquiditätserhöhung.

d) Die Wirkungen der aktionärsseitigen Finanzierung

Die aktionärsseitige Finanzierung der Belegschaftsaktie berührt die Unternehmungsbilanz nicht. Direkte Wirkungen auf Eigenkapital und Liquidität sind also nicht zu erwarten.

e) Folgerungen für die Erfolgsaussicht der Belegschaftsaktie

Die vorangegangene Untersuchung hat folgendes Ergebnis gebracht:

(1) Nur die arbeitnehmerseitige Finanzierung kann in vollem Umfang eine Erhöhung des Eigenkapitals und der Liquidität der Unternehmung bewirken. In begrenztem Umfang kann diese Wirkung auch bei der unternehmungsseitigen Finanzierung, nicht jedoch bei der aktionärsseitigen Finanzierung eintreten.

(2) In dem unter (1) genannten Umfang tritt eine gleichzeitige Eigenkapital- und Liquiditätserhöhung jedoch nur ein, wenn außerdem eine der drei folgenden Ausgabemethoden verwendet wird:

(a) Bezugsrechtseinräumung bei einer effektiven Kapitalerhöhung,

(b) Veräußerung aus Gesellschaftsbeständen unter Rückgriff auf noch speziell geschaffene Verwertungsaktien,

(c) Vermittlung eines Aktienkaufes unter Rückgriff auf noch speziell geschaffene Verwertungsaktien.

In einem geringerem als unter (1) genannten Umfange kann die gleichzeitige Eigenkapital- und Liquiditätserhöhung auch noch bei den anderen Ausgabemethoden erreicht werden, die vorhandene Verwertungsaktien verwenden, allerdings nur soweit ein ausreichend hoher Mehrerlös an die Unternehmung abgeführt wird.

In ebenfalls geringerem als dem unter (1) genannten Umfang kann eine ausschließliche Liquiditätserhöhung auch noch bei einer Aktienausgabe durch Veräußerung aus Gesellschaftsbeständen unter Verwendung vorhandener Bestände erreicht werden, allerdings nur soweit eine arbeitnehmerseitige Finanzierung vorliegt.

Da es sich bei der Eigenkapital- und Liquiditätserhöhung um einen von zwei Schwerpunkten des ökonomischen Ziels der Verbesserung der

Unternehmungsfinanzierung handelt, kommt der Erfüllung dieser Bedingungen für die Erfolgsaussicht dieses Ziels erhebliche Bedeutung zu.

Allerdings sind sie durch eine entsprechende Gestaltung der Finanzierung und der Ausgabetechnik der Belegschaftsaktie ohne weiteres zu erfüllen, so daß eine endgültige Minderung der Erfolgsaussicht vermieden werden kann.

5. Die Benachteiligung der regulären Aktionäre

a) Allgemeines

Das ökonomische Ziel der Belegschaftsaktie, die Unternehmungsfinanzierung zu verbessern, beinhaltet u. a. die Verbesserung der zukünftigen Finanzierungsmöglichkeiten der Unternehmung am Aktienmarkt durch die indirekt mit der Aktienausgabe bewirkte Gewöhnung der Arbeitnehmer an Aktienerwerb und -besitz. (Zweiter Schwerpunkt des Zieles.)

Voraussetzung für die volle Verwirklichung dieses Teilzieles ist jedoch neben der Wirksamkeit des Gewöhnungseffektes bei den Belegschaftsaktionären, daß die Finanzierungsmöglichkeiten bei den regulären Aktionären unverändert bleiben. Das ist jedoch nicht ohne weiteres zu erwarten, da mit der Ausgabe von Belegschaftsaktien normalerweise eine mehr oder minder starke Benachteiligung der regulären Aktionäre in doppelter Hinsicht verbunden ist:

(1) Eine Verringerung des Substanz- und Ertragswertes der Aktie.

(2) Eine Verringerung des Einflusses auf die Unternehmungsführung.

Soweit diese Benachteiligung einen unzumutbaren Umfang annimmt, besteht die Gefahr, daß die vorhandenen regulären Aktionäre ihre Aktien veräußern bzw. nicht noch weitere Aktien dieser Unternehmung erwerben wollen und potentielle reguläre Aktionäre ebenfalls vom Kauf dieser Aktien abgehalten werden. Damit würde die angestrebte Verbesserung der zukünftigen Finanzierungsmöglichkeiten am Aktienmarkt in zweifacher Hinsicht in Frage gestellt. Erstens würde die negative Kursentwicklung die Gewinnung von Arbeitnehmeraktionären behindern und zweitens der Verlust tatsächlicher und potentieller regulärer Aktionäre jede Gewinnung von Arbeitnehmeraktionären kompensieren und überkompensieren. Es ergibt sich also die Notwendigkeit, im folgenden Ursachen und Umfang dieser Benachteiligung der regulären Aktionäre näher zu untersuchen.

b) Die Verringerung des Substanz- und Ertragswertes der Aktie

Die normalerweise erfolgende unternehmungs- und aktionärsseitige Finanzierung der Belegschaftsaktie bewirkt eine Verringerung des Substanz- und Ertragswertes der vorhandenen Aktien der Unternehmung[134]. Eine ähnliche Wirkung geht außerdem von einer Ausstattung der Belegschaftsaktien mit Vorzugsdividende bzw. einem Vorzug bei der Verteilung des Liquidationserlöses aus.

Die unternehmungsseitige Finanzierung der Belegschaftsaktie geht normalerweise zu Lasten potentieller Steuerverbindlichkeiten und Rücklagen, mindert also zumindest teilweise das auf die einzelne Aktie entfallende Eigenkapital und somit auch ihre zukünftigen Erträge. Soweit als Finanzierungsart nicht ‚Einlagen zu Lasten der Rücklagenbildung' verwendet werden, ist darüber hinaus in Ausnahmefällen auch eine Verringerung der Dividende also der gegenwärtigen Erträge der Aktie denkbar. Und bei der aktionärsseitigen Finanzierung verzichtet der Aktionär, wie im ersten Teil der Arbeit erläutert, auf einen Teil seiner Rechte am Eigenkapital der Unternehmung, speziell an gesetzlichen und freien Rücklagen und am vorhandenen Gewinn, und somit auch auf gegenwärtige und zukünftige Erträge.

Die Ausstattung der Belegschaftsaktie mit einer Vorzugsdividende bedeutet, soweit die Belegschaftsaktienausgabe die Produktivität und Wirtschaftlichkeit der Unternehmung nicht entsprechend verbessert, einen endgültigen Verzicht des regulären Aktionärs auf Teile seines Gewinnanteils. Und in ähnlicher Weise bedeutet eine bevorzugte Befriedigung der Belegschaftsaktionäre aus dem Liquidationserlös der Unternehmung zumindest in Krisenzeiten für den regulären Aktionär einen potentiellen Verzicht auf Teile des auf ihn entfallenden Eigenkapitals.

Bei der Frage, inwieweit diese Benachteiligung zumutbar ist oder nicht, muß vor allem berücksichtigt werden, daß es grundsätzlich normal ist, wenn die Aktionäre als Eigentümer einer Unternehmung durch die betriebliche Sozialpolitik gewisse Nachteile im Verhältnis zum vorherigen Zustand erleiden. Soweit die betriebliche Sozialpolitik mit der Ausgabe von Belegschaftsaktien ökonomische Ziele verfolgt und erreicht oder soziale und politische Ziele als Mittel zur Verwirklichung ökonomischer Ziele, liegt nur ein vorübergehender Nachteil im Hinblick auf die Sicherung der Unternehmung und die Erhöhung der zukünftigen Gewinne vor. Und soweit die betriebliche Sozialpolitik soziale und politische Ziele als Selbstzweck verfolgt, wird die Benachteiligung heute wohl überwiegend als normale Folge der gesellschaftspolitischen Entwicklung angesehen werden[135]. Im allgemeinen wird also die mit der Belegschafts-

[134] Vgl. *Janberg*, Hans: Einige Betrachtungen ..., S. 180.

[135] Dem liegt natürlich die normative Frage nach der Berechtigung einer betrieblichen Sozialpolitik mit wenigstens teilweise selbständigen sozialen und politischen Zielen zugrunde, die nicht eindeutig in einem Sinne entschieden werden kann. Es kann hier nur auf die vielen und starken Entwicklungstendenzen in Richtung auf eine derartige betriebliche Sozialpolitik verwiesen werden. (Siehe dazu S. 56 ff.)

aktienausgabe verbundene Verringerung des Substanz- und Ertragswertes der Aktie als zumutbar angesehen werden. Ein völliger Verzicht auf eine unternehmungs- oder aktionärsseitige Finanzierung bzw. eine gewisse Bevorrechtigung der Belegschaftsaktie kann also normalerweise nicht unbedingt gefordert werden.

Die Frage der Zumutbarkeit stellt sich also vor allem im Hinblick auf eventuelle quantitative Unterschiede bei den verbleibenden Gestaltungsmöglichkeiten: Erstens ob die unternehmungsseitige oder die aktionärsseitige Finanzierung, zweitens ob ‚Einlagen zu Lasten der Rücklagenbildung' oder eine der anderen unternehmungsseitigen Finanzierungsarten und drittens ob die Ausgestaltung der Belegschaftsaktie mit Sonderrechten oder eine großzügigere unternehmungs- oder aktionärsseitige Finanzierung die geringere Benachteiligung hervorruft.

Zu der ersten Alternative zwischen unternehmungs- und aktionärsseitiger Finanzierung der Belegschaftsaktie ist zu sagen, daß erstere im Gegensatz zu letzterer zu einem großen Teil (meist zu 57 %) durch den Erfolgssteuerverzicht des Fiskus getragen wird, also die kleinere Benachteiligung hervorruft. Somit ist also die aktionärsseitige Finanzierung unbedingt als unzumutbar anzusehen[136]. Auch die Tatsache, daß der dafür notwendige Bezugsrechtsverzicht immer einer 3/4 Mehrheit der Hauptversammlung bedarf, bedeutet meist nicht, daß die Aktionäre mit überwältigender Mehrheit wenigstens subjektiv eine andere Ansicht haben. Bei einer knappen 3/4 Mehrheit und z. B. 75 % Anwesenheit in der Hauptversammlung können immer noch bis zu 43 % der Aktionäre diese Finanzierung ablehnen. Und da vor allem die — genauer rechnenden — Kleinaktionäre die Hauptversammlung nicht besuchen bzw. sich nur unvollkommen vertreten lassen, ist diese Möglichkeit durchaus real.

Zu der zweiten sich auf die Art der unternehmungsseitigen Finanzierung beziehenden Alternative ist zu sagen, daß die Gewährung von ‚Einlagen zu Lasten der Rücklagenbildung' im Gegensatz zu den anderen unternehmungsseitigen Finanzierungsarten für die Aktionäre eine gewisse Sicherheit mit sich bringt, daß die Belegschaftsaktienausgabe nicht die potentielle Dividende mindert. Wegen der heute üblichen und in vieler Hinsicht auch notwendigen Politik relativ stabiler Dividenden kommt diesem Sachverhalt jedoch praktisch normalerweise keine Bedeutung zu: Der Vorstand wird eine Belegschaftsaktienausgabe niemals durchführen, wenn dadurch eine Dividendensenkung erforderlich würde. Und ebensowenig ist zu erwarten, daß die Hauptversammlung aufgrund des neuen Aktiengesetzes zukünftig grundsätzlich auf der Ausschüttung des halben Jahresüberschusses gemäß § 58 und § 174 AktG bestehen wird. Unter

---

[136] Vgl. dazu *Dempewolf*, Günter: a.a.O., S. 121 ff. — Ferner *Woeste*, Karlfriedrich: a.a.O., S. 1316. — Ferner *Schmitz*, Werner G.: a.a.O., S. 65 f.

diesen Umständen sind abgesehen von Ausnahmefällen alle unternehmungsseitigen Finanzierungsarten gleichermaßen als zumutbare Benachteiligung der regulären Aktionäre anzusehen, ‚Einlagen zu Lasten der Rücklagenbildung' hätten allenfalls einen gewissen propagandistischen Vorteil.

Und zu der dritten Alternative zwischen Ausstattung der Belegschaftsaktie mit Sonderrechten und einer großzügigeren unternehmungsseitigen (bzw. aktionärsseitigen) Finanzierung ist zu sagen, daß die Höhe der Benachteiligung ganz von den Größenordnungen abhängt. Soweit jedoch eine großzügige unternehmungsseitige (oder aktionärsseitige) Finanzierung schon vorliegt und Vorzugsaktien nicht auch von den regulären Aktionären erworben werden können, ist die Ausgabe von Vorzugsaktien an die Belegschaft als unzumutbare Benachteiligung der regulären Aktionäre anzusehen.

c) Die Verringerung des Einflusses auf die Unternehmungsfühung

Die normalerweise erfolgende Ausgabe von stimmberechtigten Belegschaftsaktien bewirkt eine Verringerung des auf die regulären Aktionäre entfallenden Stimmanteils in der Hauptversammlung, und damit entsteht zumindest theoretisch die Gefahr, daß die Belegschaftsaktionäre Sondervorteile für die Arbeitnehmer erwirken, daß die Gewerkschaften Einfluß auf die Unternehmungsführung nehmen und daß infolge von Panikverkäufen in Krisenzeiten eine unerwünschte Überfremdung der Unternehmung eintritt[137]. Gewisse Unterschiede in Umfang und Wirkung der Einflußverringerung der regulären Aktionäre ergeben sich dabei lediglich durch die Gestaltung der Ausgabetechnik und der Verwaltung der Belegschaftsaktie.

Während bei einer Aktienausgabe durch Veräußerung aus Gesellschaftsbeständen bzw. Vermittlung eines Aktienkaufes mit Beschaffung am freien Markt oder Rückgriff auf vorhandene Verwertungsaktien nur die Stimmrechte der die Aktien verkaufenden Aktionäre an die Belegschaftsaktionäre übergehen[138], werden bei einer Aktienausgabe durch Einräumung eines Bezugsrechts bei einer effektiven Kapitalerhöhung oder einer der anderen Ausgabemethoden unter Rückgriff auf speziell geschaffene Verwertungsaktien neue Stimmrechte für die Belegschaftsaktionäre geschaffen. Im ersten Fall wird also der Einfluß der (nicht ver-

[137] Vgl. dazu *Cattepoel*, Dirk: a.a.O., S. 281. — Ferner *Woeste*, Karlfriedrich: a.a.O., S. 1316. — Ferner *Schmitz*, Werner G.: a.a.O., S. 73.

[138] Das gilt bezüglich Verwertungsaktien nicht, wenn diese vom Zeichner für Rechnung der Unternehmung übernommen worden sind. In diesem Fall stehen ihm nach § 56 Abs. 1 AktG keine Rechte aus den Aktien zu. (Vgl. dazu auch *v. Godin*, R., *Wilhelmi*, H.: a.a.O., S. 165).

kaufenden) regulären Aktionäre nicht berührt, im zweiten Fall dagegen anteilig gemindert.

Und bei Einführung einer kollektiven Verwaltung ist es im Gegensatz zur individuellen Verwaltung möglich, die Stimmrechte durch einen sachverständigen Beirat ausüben zu lassen und den Verkauf der Belegschaftsaktien am freien Markt zu vermeiden, so daß zumindest die mit dem Einflußverlust verbundenen Gefahren vermindert werden.

Bei der Frage, inwieweit diese Benachteiligung zumutbar ist oder nicht, muß wiederum berücksichtigt werden, daß es grundsätzlich normal ist, wenn die Aktionäre bzw. Eigentümer einer Unternehmung durch die betriebliche Sozialpolitik auch einen gewissen Einflußverlust erleiden. Es wäre inkonsequent, wollte eine Unternehmung eine wirksame soziale und politische Eigentumspolitik auch im Hinblick auf die ökonomische Unternehmungspolitik betreiben und dabei die Herrschaftsfunktion des Eigentums ausschließen. Grundsätzlich muß also die mit der Belegschaftsaktienausgabe verbundene Verringerung des Einflusses der regulären Aktionäre auf die Unternehmungsführung als zumutbar angesehen werden, die ausschließliche Ausgabe von stimmrechtslosen Aktien an die Belegschaft kann also normalerweise nicht gefordert werden.

Die Frage nach der Zumutbarkeit der Benachteiligung stellt sich also insbesondere im Hinblick auf evtl. quantitative Unterschiede bei den verbleibenden Gestaltungsmöglichkeiten. Insbesondere ob bei Einführung einer kollektiven oder individuellen Verwaltung bzw. bei der einen oder anderen Ausgabetechnik die geringere Benachteiligung hervorgerufen wird.

Zu der Alternative zwischen kollektiver und individueller Verwaltung ist zu sagen, daß sich bei kollektiver Verwaltung zumindest die sich aus dem Einflußverlust ergebenden möglichen Gefahren verringern lassen. Ob allerdings die Belegschaftsaktie dann noch ihre ohnehin schwach entwickelte Herrschaftsfunktion erfüllen kann, ist zweifelhaft. Daher kann der Einflußverlust der regulären Aktionäre bei individueller Verwaltung eher als bei kollektiver Verwaltung einen unzumutbaren Umfang annehmen. Für eine tatsächliche Unzumutbarkeit müßten jedoch reale Gefahren vorliegen, was z. B. bei instabilen Mehrheitsverhältnissen der Fall ist.

Und zu der Alternative zwischen einer Aktienausgabe durch Veräußerung aus Gesellschaftsbeständen bzw. Vermittlung eines Aktienkaufes mit Beschaffung am freien Markt oder Rückgriff auf vorhandene Verwertungsaktien einerseits und einer Aktienausgabe durch Einräumung eines Bezugsrechts bei einer effektiven Kapitalerhöhung oder einer der anderen Ausgabemethoden unter Rückgriff auf speziell geschaffene Verwertungsaktien andererseits ist zu sagen, daß die zweite Ausgabemethode in besonderen Fällen, z. B. wiederum bei instabilen Mehrheitsverhältnissen, einzelne Aktionäre stärker als andere benachteiligen kann, z. B. durch Verlust einer Mehrheit oder Sperrminorität. Insofern kann der Einflußverlust bei dieser Ausgabemethode leichter einen unzumutbaren Umfang annehmen. Allerdings ist die Wahrscheinlichkeit der Durchführung dieser Ausgabemethode dann sehr gering, weil dazu eine $^3/_4$ Mehrheit für den Kapitalerhöhungsbeschluß notwendig ist und vor allem Großaktionäre betroffen wären, die der Hauptversammlung nicht fern bleiben.

d) Folgerungen für die Erfolgsaussicht der Belegschaftsaktie

Die vorangegangenen Überlegungen haben gezeigt, daß die Ausgabe von Belegschaftsaktien normalerweise eine Benachteiligung der regulären Aktionäre mit sich bringt, die insbesondere in folgenden Fällen als unzumutbar anzusehen ist:

(1) Bei aktionärsseitiger Finanzierung der Belegschaftsaktie, selbst wenn sich eine $^3/_4$ Mehrheit für den Ausschluß des Bezugsrechtes in der Hauptverwaltung findet.

(2) Evtl. auch bei einer anderen unternehmungsseitigen Finanzierung der Belegschaftsaktie als durch ‚Einlagen zu Lasten der Rücklagenbildung', falls grundsätzlich der halbe Jahresüberschuß ausgeschüttet wird.

(3) Bei Ausstattung der Belegschaftsaktie mit Vorzugsdividende und/oder einem Vorzug bei der Verteilung des Liquidationserlöses zumindest bei Vorliegen einer großzügigen unternehmungsseitigen (bzw. aktionärsseitigen) Finanzierung, es sei denn die regulären Aktionäre können die gleichen Aktien erwerben.

(4) Bei Ausgabe stimmberechtigter Belegschaftsaktien durch Einräumung eines Bezugsrechts bei einer effektiven Kapitalerhöhung oder durch eine der anderen Ausgabemethoden unter Rückgriff auf speziell geschaffene Verwertungsaktien und/oder individueller Verwaltung, soweit in allen diesen Fällen instabile Mehrheitsverhältnisse in der Hauptversammlung vorliegen.

In diesen Fällen ist mit einem Verlust tatsächlicher und potentieller regulärer Aktionäre und wegen des damit verbundenen Kursverlustes auch mit einer erschwerten Gewöhnung der Arbeitnehmer an die Aktie zu rechnen. Da damit die beabsichtigte Verbesserung der zukünftigen Finanzierungsmöglichkeiten am Aktienmarkt in Frage gestellt wird, beeinträchtigt dieser Sachverhalt die Erfolgsaussicht der Belegschaftsaktie hinsichtlich einer Verbesserung der Unternehmungsfinanzierung ganz erheblich.

Allerdings läßt sich diese Benachteiligung durch eine entsprechende Gestaltung der Belegschaftsaktienausgabe meistens in zumutbaren Grenzen halten. Und durch eine eingehende Unterrichtung der regulären Aktionäre über die Ziele und die normalen Folgen einer Belegschaftsaktienausgabe können vielfach falsche subjektive Vorstellungen über die Zumutbarkeit der Benachteiligung korrigiert werden. So daß eine endgültige Minderung der Erfolgsaussicht weitgehend vermieden werden kann.

6. Die Einstellung der Gewerkschaften zur Belegschaftsaktie

a) Allgemeines

Das ökonomische Ziel der Belegschaftsaktie, um öffentliches Vertrauen für die Unternehmung zu werben, beinhaltet u. a. auch die Vertrauenswerbung bei den Gewerkschaften (Zweiter Schwerpunkt des Zieles).

Voraussetzung für die Verwirklichung dieses Teilzieles ist, eine neutrale bis wohlwollende Einstellung der Gewerkschaften zur Belegschaftsaktie. Im Gegensatz zur übrigen Öffentlichkeit, haben die Gewerkschaften in Europa — anders als in den USA — in ihrer Mehrheit eine negative Grundhaltung zur Belegschaftsaktie wie auch zu anderen Formen des betrieblichen Miteigentums[139]. Im folgenden muß daher die Einstellung der wichtigsten deutschen Gewerkschaftsorganisationen, des Deutschen Gewerkschaftsbundes, der Deutschen Angestellten-Gewerkschaft und des Christlichen Gewerkschafts-Bundes Deutschlands näher untersucht werden.

b) Die Einstellung des Deutschen Gewerkschaftsbundes

Der Deutsche Gewerkschaftsbund, als Zusammenschluß von 16 Einzelgewerkschaften mit insgesamt rd. 6,4 Mill. Mitgliedern die weitaus bedeutendste Gewerkschaftsorganisation, hat bisher jede offizielle Stellungnahme zum betrieblichen Miteigentum vermieden. Eine Vielzahl von Äußerungen und Veröffentlichungen von Gewerkschaftsfunktionären und der Gewerkschaft nahestehenden Autoren läßt jedoch eine grundsätzlich ablehnende Haltung erkennen.

1953 veröffentlichte Herbert Bachmann, Gewerkschaftssekretär des Landesbezirkes Bayern des DGB, Vorschläge für eine betriebliche Kapitalbeteiligung der Arbeitnehmer, erläutert am Beispiel einer Aktienbeteiligung[140]. Dieser Artikel — schon von der Redaktion der Gewerkschaft-

---

[139] Vgl. *Schmitz*, Werner G.: a.a.O., S. 81—82.

[140] Vgl. *Bachmann*, Herbert: a.a.O., S. 208—215.

lichen Monatshefte in einer Vorbemerkung als Diskussionsbeitrag gekennzeichnet — löste eine Welle von Entgegnungen aus, die jede weitere Diskussion verhinderten. Als Beispiel für die Argumente kann vor allem Christoph Georgi angeführt werden, der in seiner Entgegnung schrieb: Bachmann und alle anderen Befürworter des Miteigentums greifen aus der Vielzahl der die Situation der Arbeitnehmer kennzeichnenden „... Elemente ein einziges heraus: das Eigentum an den Produktionsmitteln. Es erscheint ihnen als eine Art archimedischer Punkt, von dem aus die soziale Problematik lösbar und die Herstellung gerechter Proportionen möglich erscheint. Es kann nicht deutlich genug darauf hingewiesen werden, daß dieses Unterfangen im Hinblick auf das angestrebte Ziel nicht unzulänglich, sondern weitgehend untauglich ist“[141]. Als Begründung weist Georgi auf die Schwächung der Funktionen des Eigentums hin, darauf, daß die Lage der Arbeitnehmer auch mit durch Arbeitsteilung und Technisierung bedingt ist, und darauf, daß eine betriebliche Kapitalbeteiligung nicht für alle Arbeitnehmer zu verwirklichen ist[142]. Der entscheidende Einwand ist jedoch, daß „das auf die Arbeitnehmer übertragene, aus privaten Eigentumsrechten an den gesellschaftlichen Produktionsmitteln herrührende, individuelle Profitinteresse ... notwendigerweise das entscheidende Element aller gewerkschaftlichen Arbeit zerstören ...“ muß, die Solidarität[143]. „Diese Solidarität der Interessen und des Handelns aber stellt das Fundament dar, auf dem allein alle bisherigen sozialen Fortschritte der Arbeitnehmerschaft möglich waren[144].“ „Kapitalistisches Profitstreben ist ein Spaltpilz in dieser Ordnung. Ihm sollte durch gewagte Experimente keinerlei Nährboden geschaffen werden[145].“

In ähnlicher Weise hat sich 1957 auch Otto Brenner, Vorsitzender der Industriegewerkschaft Metall, geäußert: „Bisher haben wir alle Verbesserungen den Arbeitgebern in zähen Kleinkämpfen abringen müssen. Die einzige Waffe, die wir dabei ... hatten, war die Solidarität der Arbeitnehmer. Es ist daher eine unserer wichtigsten Fragen, zu klären, ob das betriebliche Miteigentum die Solidarität der Arbeitnehmer fördert oder schädigt oder sogar zerstört[146].“ „Durch das betriebliche Miteigentum muß zwangsläufig ein häßlicher Betriebsegoismus ... entstehen, und die Solidarität der Arbeitnehmer geht gänzlich in die Binsen. Bedenken wir auch, daß Betriebsbindung ein erklärtes Ziel der Miteigentumspro-

---

[141] *Georgi*, Christoph: a.a.O., S. 521.

[142] Vgl. ebd., S. 522.

[143] Ebd., S. 523.

[144] Ebd., S. 523.

[145] Ebd., S. 523.

[146] *Brenner*, Otto: Sozialer Fortschritt oder Miteigentum. In: Sozialer Fortschritt. 6. Jg. 1957, H. 8/9, S. 182.

paganda ist und folglich die Freizügigkeit der Arbeiter und Angestellten beschränkt ...[147]." „Ein Arbeitnehmer, der im Jahr etwa 6 000,— DM als Lohn oder Gehalt und vielleicht 150,— DM oder sogar 300,— DM als ‚Miteigentümer' bezieht, hat seine soziale Stellung ganz und gar nicht verändert[148]." „Deshalb ist die gewerkschaftliche Betonung des Solidaritätsgedankens kein Selbstzweck ...[149]"

Speziell zur Belegschaftsaktie hat sich 1959 Kurt Hirche aus gewerkschaftlicher Sicht geäußert. Er verneint ebenfalls die Möglichkeit eines gesellschaftspolitischen Wandels durch Belegschaftsaktien und weist auf die Risikohäufung, die Verstärkung der Betriebsbindung, die Bevorzugung der Arbeitnehmer von Großbetrieben und den Widerspruch zwischen Aktionärs- und Arbeitnehmerinteresse hin[150]. Außerdem befaßt er sich auch mit der Haltung des Betriebsrates zur Belegschaftsaktie: „Grundsätzlich dürfte es ... richtig sein, wenn der Betriebsrat die Belegschaftsangehörigen vor Einführung von Belegschaftsaktien eingehend über das Für und Wider aufklärt und sich, falls die Unternehmensleitung die Einführung der Aktien betreibt, mit ihr über die bestmögliche Ausstattung unterhält. Sobald die Belegschaftsaktien aber einmal eingeführt sind, hat in der Regel seine Tätigkeit aufzuhören. Das ergibt sich schon daraus, daß er Arbeitnehmerinteressen zu vertreten hat und nicht Aktionärsinteressen, ... Es ist ihm als Betriebsrat also nicht möglich, den Arbeitskollegen irgendeinen Rat zu geben, ob sie Belegschaftsaktien kaufen, behalten oder wieder verkaufen sollen ... Ferner kann es nicht Aufgabe des Betriebsrates sein, die Belegschaftsaktien zu verwalten und die Vertretung der Belegschaftsaktionäre in den Hauptversammlungen des Unternehmens zu übernehmen[151]."

Daß für die negative Einstellung des Deutschen Gewerkschaftsbundes zum betrieblichen Miteigentum letztlich weniger die Zweifel an der wirtschaftlichen und gesellschaftlichen Wirksamkeit als der sozial begründete machtpolitische Aspekt der Solidarität der Arbeitnehmer ausschlaggebend ist, wurde recht deutlich daran, daß er 1961 einen Vorschlag für die Bildung eines überbetrieblichen Miteigentums auf gesamtgesellschaftlicher Ebene machte: Aus einem gewissen Anteil am Vermögenszuwachs der Unternehmungen soll ein Sozialfonds gebildet werden, an dem alle Arbeitnehmer einen frei verfügbaren Anteil erhalten und dessen Zinsen

---

[147] *Brenner*, Otto: a.a.O., S. 182.

[148] Ebd., S. 182.

[149] Ebd., S. 182.

[150] Vgl. *Hirche*, Kurt: Die Lockung der Belegschaftsaktie. In: Gewerkschaftliche Monatshefte. 10. Jg. 1959, H. 4, S. 216.

[151] *Hirche*, Kurt: Die Lockung ..., S. 215.

z. T. zur Förderung von Wissenschaft und Erziehung verwendet werden sollen (sog. Sozialfonds-Plan)[152].

Noch deutlicher wurde die unterschiedliche Einstellung des Deutschen Gewerkschaftsbundes zum betrieblichen und überbetrieblichen Miteigentum durch den 1964 veröffentlichten Plan des Vorsitzenden der Industrie-Gewerkschaft Bau-Steine-Erden, Georg Leber, für ein überbetriebliches Miteigentum der Arbeitnehmer in der Bauwirtschaft: Die Bauunternehmungen sollen aufgrund eines Tarifvertrages jährlich für jeden Arbeitnehmer 1,5 % der Lohnsumme an einem gemeinsam von Gewerkschafts- und Arbeitgebervertretern verwalteten Fonds abführen, der entsprechende Zertifikate an die Arbeitnehmer ausgibt, die sie bei Erwerbsunfähigkeit oder Erreichen der Altersgrenze einlösen können. Die Zahlungen der Unternehmungen erfolgen in bar oder werden in Darlehensforderungen bzw. Beteiligungen des Fonds umgewandelt (sog. Leber-Plan)[153].

An der negativen Einstellung des Deutschen Gewerkschaftsbundes zum betrieblichen Miteigentum und speziell zur Belegschaftsaktie hat sich indes bis heute nichts geändert: Auf eine entsprechende Anfrage teilte der DGB 1966 mit, daß seine Einwände gegen die Belegschaftsaktie durch das ‚Debakel der VEBA-Privatisierung' noch einmal bestätigt worden seien und daß man in der Erweiterung der qualifizierten Mitbestimmung einen besseren Weg zum Abbau des sozialen Konflikts sähe[154]. Und die Industrie-Gewerkschaft Metall antwortete auf die Frage, ob sie bei der Ausgabe von Belegschaftsaktien mitwirken würde, daß die von Otto Brenner 1957 geäußerten Bedenken nach wie vor Gültigkeit hätten und daß man sich zwar nicht gegen die Ausgabe von Belegschaftsaktien stellen aber nicht daran durch tarifvertragliche Regelungen mitwirken werde[155].

c) Die Einstellung der Deutschen Angestellten-Gewerkschaft

Die Deutsche Angestellten-Gewerkschaft, mit rd. 0,4 Mill. Mitgliedern die größte Gewerkschaft außerhalb des DGB, aber doch nur von der Größenordnung einer mittleren Industriegewerkschaft des DGB, hat sich

---

[152] Vgl. DGB zur Frage der Vermögensverteilung. In: Gewerkschaftliche Monatshefte. 12. Jg. 1961, H. 2, S. 110.

[153] Vgl. *Leber*, Georg: Vermögensbildung in Arbeitnehmerhand. Ein Programm und sein Echo. (Sammlung „res novae", Bd. 33), Frankfurt a. M. 1964, S. 9—11 und 155.

[154] Nach zwei Schreiben des Bundesvorstandes des Deutschen Gewerkschaftsbundes vom 2. 3. 1966 und 29. 3. 1966.

[155] Nach einem Schreiben des Vorstandes der Industrie-Gewerkschaft Metall vom 1. 3. 1966.

schon seit 1955 für die Bildung von betrieblichem und überbetrieblichem Miteigentum eingesetzt und steht somit der Ausgabe von Belegschaftsaktien sehr wohlwollend gegenüber.

Als erste deutsche Gewerkschaft veröffentlichte die Deutsche Angestellten-Gewerkschaft 1955 Miteigentums-Vorschläge, die ein Rahmengesetz für ein betriebliches Miteigentum für alle Betriebe der gewerblichen Wirtschaft ab etwa 20 Beschäftigten enthielten und als Ergänzung die Einführung eines überbetrieblichen Miteigentums auf Branchenebene für alle anderen Betriebe empfahl. Das Rahmengesetz für ein betriebliches Miteigentum sieht eine Gewinnbeteiligung der Arbeitnehmer vor, die in unveräußerlichen, gewinnberechtigten, verbrieften Anteilen ausgezahlt wird, auf die der aus dem Betrieb ausscheidende Arbeitnehmer eine Abfindung erhält. Die Anteile werden durch eine in jedem Betrieb zu bildende Spezialgenossenschaft der Arbeitnehmer gemeinsam verwaltet. Bei Aktiengesellschaften sollen diese Anteile z. B. in vinkulierten Namensaktien ausgegeben werden und eine Stimmberechtigung insoweit ausgeschlossen bleiben, als entsprechende Arbeitnehmeraufsichtsräte vorhanden sind. In diesem Zusammenhang wurde auch die Änderung der §§ 65 und 169 des alten Aktiengesetzes vorgeschlagen, die später bei der kleinen und großen Aktienrechtsreform in ähnlicher Weise verwirklicht wurde[156].

Im Januar 1965 erneuerte die Deutsche Angestellten-Gewerkschaft diese Miteigentums-Vorschläge, allerdings im Hinblick auf die inzwischen verwirklichten Gesetze in Form eines Tarifvertragsvorschlages: Die Tarifpartner sollen unter Ausnutzung der Vergünstigungen des Vermögensbildungsgesetzes zusätzliche vermögenswirksame Leistungen für ein betriebliches oder überbetriebliches Miteigentum der Arbeitnehmer vereinbaren. Der betriebliche Miteigentumsanteil soll Beteiligungs- oder Darlehensform erhalten. Die Beteiligung soll bei Personalgesellschaften den Charakter eines Kommanditanteils und bei Kapitalgesellschaften die Form eines GmbH-Anteils bzw. einer gegebenenfalls stimmrechtslosen Aktie haben. Und für evtl. Darlehen soll der Bund Ausfallsbürgschaften übernehmen. Beim überbetrieblichen Miteigentum ist an branchenorientierte Fonds gedacht, von denen die Arbeitnehmer Miteigentumsbriefe erhalten, in die vom Arbeitgeber beim Fonds erworbene Marken eingeklebt werden[157].

---

[156] Vgl. zu diesem Absatz Deutsche Angestellten-Gewerkschaft (Hrsg.): Miteigentum 1955 . . ., S. 15, 19—22 u. 24—25.

[157] Vgl. Deutsche Angestellten-Gewerkschaft (Hrsg.): Miteigentum. DAG-Plan zur Vermögensbildung der Arbeitnehmer. Hamburg 1965, S. 21—23.

d) *Die Einstellung des Christlichen Gewerkschafts-Bundes Deutschlands*

Der Christliche Gewerkschaftsbund, mit rd. 0,2 Mill. Mitgliedern die zweitgrößte Gewerkschaftsorganisation außerhalb des Deutschen Gewerkschaftsbundes, aber nur etwa von der Größenordnung der kleineren Einzelgewerkschaften im DGB, hat sich ebenfalls seit seiner Gründung 1959 für jegliche Miteigentumsbildung der Arbeitnehmer eingesetzt und steht somit wie die Deutsche Angestellten-Gewerkschaft der Ausgabe von Belegschaftsaktien sehr wohlwollend gegenüber.

Auf einem außerordentlichen Bundeskongreß 1964 in Bonn verabschiedete der Christliche Gewerkschaftsbund ausführliche Leitsätze für seine Gewerkschaftsarbeit, in denen es zur Frage der Eigentumsbildung heißt: „Die christlichen Gewerkschaften betrachten es als eine ihrer Hauptaufgaben, breiten Schichten der Arbeitnehmerschaft die Eigentumsbildung zu ermöglichen. Eigentum führt zu größerer Selbständigkeit, Freiheit und Verantwortung des Menschen und wirkt dem sozialistischen Versorgungsstaat entgegen[158]." „Die Sparfähigkeit und die Sparwilligkeit der Arbeitnehmer sind zu verbessern. Prämiensparen, steuerliche Förderung des Eigenheimerwerbes und der zusätzlichen Altersvorsorge, Belegschaftsaktien und sozial gestaffelte Volksaktien ... sind ein Anfang und ein Weg[159]." „Darüber hinaus ist es erforderlich, der Arbeitnehmerschaft vermögenswirksame Leistungen zusätzlich zum Konsumlohn zukommen zu lassen. Das Gesetz zur Förderung der Vermögensbildung der Arbeitnehmer muß verbessert und praktikabler gestaltet werden, insbesondere ist die Möglichkeit von tarifvertraglichen Vereinbarungen ... zuzulassen[160]."

Die Leitsätze des Christlichen Gewerkschaftsbundes erwähnen also unter anderem auch die Ausgabe von Belegschaftsaktien als einen ‚Anfang und einen Weg' und würden auch tarifvertragliche Regelungen z. B. im Rahmen des Vermögensbildungsgesetzes begrüßen (wie es das 2. Vermögensbildungsgesetz inzwischen vorsieht).

e) *Folgerungen für die Erfolgsaussicht der Belegschaftsaktie*

Die vorangegangene Untersuchung hat ergeben, daß nur die relativ kleinen Gewerkschaftsorganisationen der Deutschen Angestellten-Gewerkschaft und des Christlichen Gewerkschafts-Bundes Deutschlands mit

---

158 Christlicher Gewerkschafts-Bund Deutschlands (Hrsg.): Weg und Ziel. Die Leitsätze des Christlichen Gewerkschaftsbundes Deutschlands (CGB). Oberhausen u. Düsseldorf 1964, S. 38.

159 Ebd., S. 38.

160 Christlicher Gewerkschafts-Bund Deutschlands (Hrsg.): a.a.O., S. 39.

insgesamt etwa 0,6 Mill. Mitgliedern der Ausgabe von Belegschaftsaktien wohlwollend gegenüber stehen, während die weitaus stärkste deutsche Gewerkschaftsorganisation, der Deutsche Gewerkschaftsbund, mit rd. 6,4 Mill. Mitgliedern eine auch heute noch grundsätzlich ablehnende Haltung einnimmt.

Da das ökonomische Ziel der Belegschaftsaktie, um öffentliches Vertrauen für die Unternehmung zu werben, insbesondere auch die Gewerkschaften mit einschließt, bzw. diese in hohem Maße die öffentliche Meinung mit bestimmen, gefährdet dieser Sachverhalt die Erfolgsaussicht dieses Ziels der Belegschaftsaktie erheblich.

Durch eine weitestmögliche Berücksichtigung der Einwände des Deutschen Gewerkschaftsbundes gegen die Belegschaftsaktie bei der Gestaltung der Ausgabebedingungen kann jedoch nur eine spezielle Stellungnahme gegen die geplante Aktienausgabe vermieden werden. Daher muß in gewissem Umfange mit einer endgültigen Minderung der Erfolgsaussicht gerechnet werden.

7. Die Beeinträchtigung der Wirtschafts- und Gesellschaftsstruktur

a) Allgemeines

Die politischen Ziele der Belegschaftsaktie, einen Beitrag zur Stabilisierung der Gesellschaftsordnung und Sicherung des Wirtschaftswachstums zu leisten, können nur dann voll verwirklicht werden, wenn die gewünschten positiven Wirkungen hinsichtlich Eigentumsordnung bzw. Staatsvorsorge und Kapitalbildung bzw. Preisstabilität nicht mit entsprechenden negativen Wirkungen verbunden sind.

Diesbezügliche Bedenken ergeben sich vor allem aus der Tatsache, daß mit der Ausgabe von Belegschaftsaktien u. a. auch Wettbewerbsvorteile angestrebt werden und daß diese Wettbewerbsvorteile auf einen kleinen Kreis von Unternehmungen beschränkt bleiben, also wirtschafts- und gesellschaftsstrukturelle Veränderungen bewirkt werden können, die unter Umständen unerwünscht sind[161].

Wie die Zielsetzung der Belegschaftsaktie zeigt, werden Wettbewerbsvorteile insbesondere bei der Personal- und Kapitalbeschaffung angestrebt. Durch eine verstärkte Heranziehung von Arbeitskräften aus anderen Betrieben und eine festere Bindung der Belegschaft an die Unternehmung[162] soll eine leistungsfähige Stammbelegschaft herangezogen

---

[161] Vgl. dazu *Janberg,* Hans: Einige Betrachtungen ..., S. 180. — Ferner *v. Loesch,* Achim: a.a.O., S. 43 ff.

[162] Die vielfach vorgebrachten volkswirtschaftlichen Bedenken wegen einer institutionellen Einschränkung der Freizügigkeit der Arbeitnehmer durch

werden. Und durch den Zufluß arbeitnehmerseitiger Mittel bzw. Bewahrung unternehmungsseitiger Mittel vor dem Abfluß an den Fiskus sowie die Gewöhnung der Arbeitnehmer an den selbständigen Aktienerwerb soll die Unternehmungsfinanzierung verbessert werden. Und wie die bisher behandelten Probleme gezeigt haben, ist die Verwirklichung dieser Ziele nicht grundsätzlich gefährdet.

Diese mit der Belegschaftsaktienausgabe verbundenen Vorteile können sich nur die gewinnstarken Aktiengesellschaften verschaffen. Alle übrigen privaten und öffentlichen Betriebe sind entsprechend benachteiligt[163]. Allerdings muß berücksichtigt werden, daß die gewinnstarken größeren Privatunternehmungen in der Rechtsform der GmbH, der KG und evtl. auch der OHG entsprechende Miteigentumsformen, eine Erfolgsbeteiligung oder aber Leistungen nach dem Vermögensbildungsgesetz einführen können und daß öffentlichen Betrieben sowieso einige besondere Wege der Personal- und Kapitalbeschaffung offen stehen, also die Wettbewerbsvorteile der gewinnstarken Aktiengesellschaft sich zumindest nicht voll auswirken können. Es sind also vor allem gewinnschwache und kleine Unternehmungen, die durch die Ausgabe von Belegschaftsaktien zugunsten der gewinnstarken Aktiengesellschaft benachteiligt und zumindest tendenziell in ihrer Existenz bedroht werden, was in verschiedener Hinsicht als Nachteil für die Wirtschafts- und Gesellschaftsstruktur angesehen werden kann.

b) Die Beeinträchtigung der Wirtschaftsstruktur

Die Benachteiligung gewinnschwacher und kleiner Unternehmungen bei der Personal- und Kapitalbeschaffung zugunsten der gewinnstarken Aktiengesellschaften kann zwar nicht generell als nachteilig für die Wirtschaftsstruktur angesehen werden, sie bewirkt u. a. auch die Verdrängung volkswirtschaftlich unerwünschter, weil unrentabler, Grenzbetriebe, sie bringt jedoch zumindest zwei negativ zu beurteilende Tendenzen mit sich.

Erstens befinden sich unter den benachteiligten Unternehmungen auch viele von der staatlichen Wirtschaftspolitik im Hinblick auf eine ausge-

---

Verfügungsbeschränkungen, die bei Ausscheiden aus der Unternehmung die Rückgabe der Aktie bzw. des erlangten Vorteils beinhalten, sind heute meist gegenstandslos, da derartige Verfügungsbeschränkungen sehr selten sind. Es verbleiben aber die bei der Zielsetzung erläuterten ökonomischen und psychologischen Anreize.

[163] Vgl. dazu *Schmitz*, Werner G.: a.a.O., S. 70. — Ferner *Markmann*, Heinz: Die Stellung der Gewerkschaften zur Ertragsbeteiligung. In: Internationale Tagung der Sozialakademie Dortmund. Hrsg. H. Duvernell, Berlin 1965, S. 101. — Ferner *Küng*, Emil: a.a.O., S. 137—138.

wogene Wirtschaftsstruktur besonders geschützte Unternehmungen, wie gegenwärtig z. B. Landwirtschafts- und Handwerksbetriebe.

Und zweitens wird die begünstigte Unternehmung häufig nur deshalb Belegschaftsaktien ausgeben können, weil sie eine monopolistische oder oligopolistische Marktstellung hat, ihre günstige Erfolgslage also weniger durch Differentialgewinne, aufgrund einer kostengünstigen betrieblichen Faktorkombination, als durch Monopolgewinne bedingt ist[164]. Soweit eine solche Unternehmung anderen Unternehmungen Produktionsfaktoren entzieht und evtl. ihre Marktstellung noch weiter verbessert, verschlechtert sich tendenziell die volkswirtschaftliche Faktorkombination, da sie ihre Marktgewinne nur durch ein Abweichen von der optimalen betrieblichen Faktorkombination erreichen kann, „... ein Ergebnis, das bereits seit Cournot Allgemeingut der Theorie ist"[165]. Durch Einbeziehung des dynamischen Aspektes wird dieses Ergebnis allerdings wieder eingeschränkt: Soweit die monopolistische oder oligopolistische Marktstellung durch die von Joseph Schumpeter beschriebene ‚Durchsetzung neuer Kombinationen'[166] bedingt ist, liegt keine bzw. nur eine vorübergehende Abweichung von der optimalen betrieblichen Faktorkombination vor.

Die staatliche Wirtschaftspolitik scheint diesen nachteiligen Tendenzen zwar keine erhebliche Bedeutung zuzumessen, da sie Belegschaftsaktien begünstigt, und sicherlich sind diese Nachteile der Belegschaftsaktie auch begrenzt, grundsätzlich müssen sie jedoch berücksichtigt werden.

c) Die Beeinträchtigung der Gesellschaftsstruktur

Die Benachteiligung gewinnschwacher und kleinerer Unternehmungen bei der Personal- und Kapitalbeschaffung zugunsten der gewinnstarken Aktiengesellschaft kann zwar ebenfalls nicht generell als nachteilig für die Gesellschaftsstruktur angesehen werden, aber auch sie bringt zumindest zwei negativ zu beurteilende Veränderungstendenzen mit sich.

Erstens befinden sich unter den benachteiligten Unternehmungen viele sog. Mittelstandsbetriebe, die von der staatlichen Gesellschaftspolitik als besonders schutzbedürftig angesehen werden.

---

[164] Vgl. zu diesem Absatz auch *Schmitz,* Werner G.: a.a.O., S. 62—63. — Ferner *Bayer,* Hans: Gewinnbeteiligung. Internationale Erfahrungen, wirtschaftstheoretische Untersuchungen, wirtschaftspolitische Erkenntnisse. Wien 1952, S. 97—103. — Ferner *v. Loesch,* Achim: a.a.O., S. 25—26.

[165] *v. Stackelberg,* Heinrich: Grundlagen einer reinen Kostentheorie. Wien 1932, S. 91.

[166] Vgl. *Schumpeter,* Joseph: Theorie der wirtschaftlichen Entwicklung. Eine Untersuchung über Unternehmergewinn, Kapital, Kredit, Zins und den Konjunkturzyklus. 5. Aufl. Berlin 1952, S. 209—239.

Und zweitens verstärkt die Begünstigung der Arbeitnehmer der gewinnstarken Aktiengesellschaft durch Belegschaftsaktien die schon vorhandenen wirtschaftlichen Unterschiede zwischen den Arbeitnehmern der gewinnstarken Großunternehmungen und der übrigen Betriebe, was die Schichtungstendenzen unter den Arbeitnehmern verstärkt. Daran knüpfen insbesondere die Gewerkschaften — wie schon erwähnt — Befürchtungen hinsichtlich der Solidarität der Arbeitnehmer in ihrem Bemühen um bessere Arbeits- und Lebensbedingungen[167].

Welches Gewicht diesen beiden nachteiligen Tendenzen beizumessen ist, ist eine Frage der Gesellschaftspolitik. Die Förderung der Belegschaftsaktie spricht dafür, daß man ihnen staatlicherseits ebensowenig wie den negativen wirtschaftsstrukturellen Tendenzen größere Bedeutung beimißt. Grundsätzlich müssen jedoch auch sie bei der Beurteilung der Belegschaftsaktie berücksichtigt werden.

d) Folgerungen für die Erfolgsaussicht der Belegschaftsaktie

Die vorangegangenen Überlegungen haben gezeigt, daß die Ausgabe von Belegschaftsaktien zumindest tendenziell gewisse unerwünschte Wirkungen auf die Wirtschafts- und Gesellschaftsstruktur haben kann. Dieser Sachverhalt berührt indirekt die Erfolgsaussicht der politischen Ziele der Belegschaftsaktie, insofern als der mit ihr bezweckte Beitrag zur Stabilisierung der Gesellschaftsordnung und Sicherung des Wirtschaftswachstums durch negative Nebenwirkungen zumindest teilweise entwertet wird.

Da diese unerwünschten Wirkungen zwar begrenzt sind, aber durch eine entsprechende Gestaltung der Aktienausgabe auch nicht vermieden werden können, ohne die Erfolgsaussicht der ökonomischen Ziele zu gefährden, muß hinsichtlich der politischen Ziele endgültig mit einer gewissen Minderung der Erfolgsaussicht gerechnet werden. (Allerdings ist dabei schon der Verzicht auf jegliche institutionelle Einschränkung der Freizügigkeit der Arbeitnehmer durch besondere Verfügungsbeschränkungen bei der Belegschaftsaktie vorausgesetzt.)

[167] Vgl. dazu *v. Loesch*, Achim: a.a.O., S. 47 ff. — Ferner *Markmann*, Heinz: a.a.O., S. 97—98.

D. Die Gestaltung der Ausgabe der Belegschaftsaktie

I. Allgemeines

Nachdem in den vorangegangenen Kapiteln die Ziele der Belegschaftsaktie und die Probleme untersucht worden sind, die ihre Verwirklichung behindern, ergibt sich nun die Frage, wie die Ausgabe von Belegschaftsaktien optimal zu gestalten ist.

Aus dem ökonomisch-sozial-politischen Leitbild der Unternehmung, das Martin Lohmann mit ‚Überleben bei Wachstums- und Fortschrittssicherung' kennzeichnete[1], folgt als grundlegendes Gestaltungsprinzip aller unternehmungspolitischen Maßnahmen das sog. rationale oder ökonomische Prinzip. Im weitesten Sinne verstanden, also bezogen auf die allgemeine Unternehmungspolitik, fordert es einen maximalen Erfolg bei einem minimalen Einsatz von Mitteln[2]. „Um die in dieser Formulierung doppelte Unbestimmtheit zu vermeiden, kann sein Inhalt auch durch die Forderung ausgedrückt werden, mit gegebenen Mitteln ein Maximum des Gewünschten oder ein Gewünschtes mit einem Minimum von Mitteln zu erreichen[3]." In Anwendung auf die einzelnen unternehmungspolitischen Teilpolitiken erhält das rationale Prinzip jeweils einen spezifischen Inhalt. So werden z. B. im Rahmen der Einkaufs-, Finanz-, Personal-, Produktions- und Vertriebspolitik exakt quantifizierbare Erfolgs- und Einsatzgrößen gegenübergestellt, wie Erträge und Aufwände bzw. Leistungen und Kosten. Im Rahmen der betrieblichen Sozialpolitik können dagegen nur die Einsatzgrößen exakt quantifiziert werden, als Erfolgsgrößen müssen unexakte Maßstäbe dienen.

Für die Gestaltung der Belegschaftsaktienausgabe ergeben sich somit die folgenden zwei Forderungen:

(1) Maximierung des Erfolges, d. h. weitestmöglicher Abbau der Probleme der Belegschaftsaktie,
   (a) der generellen Probleme und
   (b) der speziellen Probleme.

---

[1] Vgl. *Lohmann*, Martin: a.a.O., S. 210 u. 216.

[2] Vgl. *Illetschko*, Leopold L.: Unternehmenstheorie. Elemente rationaler Betriebslenkung. Wien 1964, S. 213.

[3] Ebd., S. 213.

(2) Minimierung des Mitteleinsatzes, d. h. weitestmögliche Einschränkung des durch die Belegschaftsaktienausgabe der Unternehmung verursachten Aufwandes, insbesondere
(a) des Finanzierungsaufwandes und
(b) des Arbeits- und Materialaufwands.

Insofern sind die Probleme und der verursachte Aufwand im folgenden die entscheidenden Kriterien für die Gestaltung der Belegschaftsaktienausgabe.

II. Die Vorbereitung der Aktienausgabe

1. Die Milderung des sozialen Konflikts

Die Vorbereitung der Aktienausgabe ist vor allem auf den Abbau der generellen Probleme der Belegschaftsaktie gerichtet. Dabei muß die Milderung des sozialen Konflikts, unbeschadet der Tatsache, daß sich auch die Zielsetzung der Belegschaftsaktie darauf richtet, an erster Stelle stehen, da in ihm eine sehr wichtige und allenfalls langfristig zu beeinflussende Ursache des geringfügigen Aktienbesitzes und seiner ungünstigen natürlichen Verteilungstendenz gesehen werden muß[4]. Für diese Aufgabe bieten sich eine begrenzte Anzahl von Maßnahmen an, die meist auch hinsichtlich des verursachten Arbeits- und Materialaufwands vertretbar erscheinen, zumal sie im allgemeinen Interesse der Unternehmung liegen.

Als erstes ist an Maßnahmen zur Milderung der Konflikt*ursache* zu denken, also an Maßnahmen, die eine Veränderung der betrieblichen Herrschaftsstruktur insbesondere am einzelnen Arbeitsplatz bezwecken. Dazu schlägt Wolfgang Kellner die weitestmögliche Delegation von Entscheidungsbefugnis und Verantwortung auf die Untergebenen vor, so daß sich die Personalführung, soweit eben möglich, ihrer Befehle und Anordnungen enthalten kann[5]. Auf gleicher Ebene liegt die Mitwirkung der Arbeitnehmer bei der Arbeitsplatzgestaltung, die Intensivierung des betrieblichen Vorschlagswesens und nicht zuletzt auch die Verbesserung der Aufstiegsmöglichkeiten für tüchtige Arbeitnehmer. In welchem Maße gerade die Aufstiegschancen auf die Intensität des sozialen Konflikts wirken, läßt sich an einer Umfrage ablesen, die das Institut für Demoskopie Allensbach 1962 unter Arbeitern zwischen 16 und 60 Jahren durchführte[6]:

---

[4] Siehe dazu Seite 75 ff.

[5] Vgl. *Kellner*, Wolfgang: a.a.O., S. 251.

[6] Vgl. *Schmidtchen*, Gerhard: a.a.O., S. 203.

Frage: „Wenn Sie von Unternehmern, von Fabrikanten hören — denken Sie, das sind tüchtige Leute oder Leute, die bloß aus der Arbeit anderer ihren Profit ziehen?"

Arbeiter, die die Aufstiegschancen folgendermaßen beurteilen:

	gut	mittel	schlecht
tüchtige Leute	46 %	35 %	18 %
ziehen Profit	19 %	28 %	40 %
unentschieden	35 %	37 %	42 %
	100 %	100 %	100 %

Obwohl diese Maßnahmen an der Ursache des sozialen Konflikts ansetzen, muß ihre Wirksamkeit letztlich doch begrenzt bleiben, da die betriebliche Herrschaftsstruktur in letzter Konsequenz nicht zu beseitigen ist. Dazu bemerkt Ralf Dahrendorf sehr treffend, daß in der Industrie im Gegensatz zur Politik die Rollen ‚Regierung' und ‚Opposition' unverändert festliegen, ein Rollentausch durch Wahlen oder ähnliches also ausgeschlossen ist[7].

Aus diesem Grunde muß ergänzend auf Maßnahmen zurückgegriffen werden, die lediglich eine Milderung der Konflikt*wirkungen* bezwecken. Ralf Dahrendorf schlägt in diesem Zusammenhang vor, darauf hinzuwirken, daß Arbeitnehmer und Arbeitgeber Ursache, Sinn und Notwendigkeit des sozialen Konflikts erkennen und anerkennen und im Rahmen bestimmter Spielregeln ihre Auseinandersetzungen durch friedliche Verhandlungen regeln[8]. Im Rahmen dieses Konzepts bietet sich eine Vielzahl von Maßnahmen an: Die Förderung von Aussprachen auf mittlerer und unterer Ebene zur Klärung versteckter Unruheherde. Die Verbesserung der Information, sowohl der Untergebenen als auch der Vorgesetzten. Und vor allem die Intensivierung der Zusammenarbeit mit dem Betriebsrat und die volle Ausschöpfung der Regelungen des Betriebsverfassungsgesetzes.

Nun läßt sich eine derartige Umorientierung der gesamten Personalpolitik schon aus organisatorischen Gründen nur sehr langsam erreichen. Aber wie die Betriebssoziologie nachweist, wirken sich schon recht kleine Veränderungen erheblich aus, wenn sie als Zeichen nachhaltiger und ernsthafter Bemühungen verstanden werden können[9]. Um so wichtiger erscheint es, daß alle Maßnahmen bei der Gestaltung der Aktienausgabe in enger Zusammenarbeit mit dem Betriebsrat erfolgen. Das gilt in ganz

[7] Vgl. *Dahrendorf*, Ralf: Industrie- und Betriebssoziologie ..., S. 105.

[8] Vgl. *Dahrendorf*, Ralf: Industrie- und Betriebssoziologie ..., S. 103.

[9] So wies beispielsweise Elton Mayo schon bei seinen ersten Untersuchungen nach, daß allein die Tatsache ernsthafter Bemühungen der Unternehmung um eine Verbesserung der Arbeitsbedingungen eine überraschende Leistungssteigerung erbringen kann. (Vgl. *Mayo*, Elton: a.a.O., S. 105—106 u. 95 ff.).

besonderem Maße für die Durchführung der Aktienausgabe, also bei den Entscheidungen über Aktienart, Ausgabeumfang, Ausgabetechnik, Finanzierung, Verfügungsmöglichkeit und Verwaltung der Belegschaftsaktie. Zwar zählt die Ausgabe von Belegschaftsaktien nicht zu den sozialen Angelegenheiten, in denen der Betriebsrat ein erzwingbares Mitbestimmungsrecht nach § 56 BVG hat, aber sie ist zu den Sozialleistungen zu rechnen, für die das Betriebsverfassungsgesetz in § 57 eine freiwillige Mitbestimmung durch Abschluß freiwilliger Betriebsvereinbarungen vorsieht[10]. Hier ist also der Fall gegeben, daß es weitgehend im Belieben des Arbeitgebers steht, wieweit er das allgemeine Gebot des § 49 Abs. 1 BVG zur vertrauensvollen Zusammenarbeit befolgt, d. h. ob er den Betriebsrat lediglich von der Maßnahme unterrichtet oder ihn unter voller Mitbestimmung an der Gestaltung der Aktienausgabe mitarbeiten läßt. Damit wird diese Frage für den Arbeitnehmer zu einem Kriterium für die Lauterkeit der Absicht der Unternehmungsleitung, den sozialen Konflikt zu mildern. Die hohe Bedeutung, die darüber hinaus speziell der Einstellung des Betriebsrates zur Belegschaftsaktienausgabe zukommt, zeigte sich bei der Befragung der Mannesmann Arbeitnehmer, die schon der Tatsache erhebliches Gewicht beimaßen, daß „... der Betriebsrat zwar den Bezugsberechtigten nicht zuriet, aber das Angebot auch nicht negativ beurteilte“[11].

2. Die Gewöhnung an abstrakte Eigentumsformen

Neben der Milderung des sozialen Konflikts kommt auch der Gewöhnung der Arbeitnehmer an abstrakte Eigentumsformen im Hinblick auf die generellen Probleme der Belegschaftsaktie eine erhebliche Bedeutung zu.

Hier bietet sich eine Maßnahme an, die der Unternehmung zwar kurzfristig zusätzlichen Aufwand verursacht, von der jedoch langfristig sogar erhebliche Einsparungen zu erwarten sind, und zwar die Umstellung auf bargeldlose Lohn- und Gehaltszahlung[12]. Zwar ist in vielen Unternehmungen diese Umstellung schon recht weit fortgeschritten, meist sind aber gerade die Arbeiter nicht oder nur freiwillig mit einbezogen worden[13]. Die Einführung einer obligatorischen bargeldlosen Lohn- und Ge-

---

[10] Vgl. *Fitting,* K., *Kraegeloh, Auffarth,* F.: Betriebsverfassungsgesetz nebst Wahlordnung, Handkommentar für die Praxis. 6. neubearb. Aufl. Berlin u. Frankfurt a. M., S. 454 ff. u. 460 ff.

[11] *Weltz,* Friedrich: a.a.O., S. 48.

[12] Vgl. *Hasenack,* Wilhelm: Monatliche und bargeldlose Lohnzahlung. In: Betriebswirtschaftliche Forschung und Praxis. 16. Jg. 1964, H. 3, S. 131 u. 133.

[13] Vgl. der Freitag kein Zahltag mehr. In: Frankfurter Allgemeine Zeitung, 27./28. November 1964.

haltszahlung würde also gerade die Arbeitnehmer, deren Umgang mit Eigentum sich bisher weitgehend auf konkrete Eigentumsformen[14] beschränkt, einen wichtigen Schritt in Richtung auf das abstrakte Aktionärseigentum weiterbringen[15]. Sie müßten sich an ein nicht mehr jederzeit greifbares Eigentumsobjekt gewöhnen, lernten den Umgang mit Scheck und Überweisung und schafften sich die evtl. nötige Verbindung zur Verwaltung der Belegschaftsaktien. Allerdings hat der Betriebsrat bei dieser Maßnahme ein erzwingbares Mitbestimmungsrecht gemäß § 56 Abs. 1 BVG[16]. Nach Wilhelm Hasenack haben sich aber die häufig vorhandenen „... ursprünglichen Widerstände eines Teils der Arbeiter gegen die monatliche und bargeldlose Lohnzahlung ... später oft als doch praktisch überwindbar erwiesen“[17].

Außerdem ist noch an eine wesentlich weiter gehende Maßnahme zu denken, an den Einbau der Belegschaftsaktienausgabe in ein umfassenderes Sparprogramm für die Arbeitnehmer. Es könnte neben dem Erwerb von Belegschaftsaktien wahlweise oder in einem festen Verhältnis den Erwerb von Obligationen oder die Begründung von Darlehensforderungen, also gläubigerrechtliche Kapitalbeteiligungen vorsehen oder sogar Beihilfen zum Konten- und Bausparen, sowie zum Erwerb von Staatspapieren[18]. Im Rahmen eines derartigen Sparprogramms würde der Arbeitnehmer schrittweise an den Aktienerwerb herangeführt und in gewissen Grenzen auch vor der Risikohäufung bewahrt. Allerdings verschärft diese Maßnahme tendenziell das Problem der Quantität des Aktienbesitzes, obwohl das Ausmaß dabei von der Gestaltung abhinge.

3. Die Vermittlung der fehlenden Kenntnisse

Eine weitere Gruppe von Maßnahmen im Rahmen der vorbereitenden Bemühungen zum Abbau der generellen Probleme der Belegschaftsaktie wird auf die Vermittlung der fehlenden Kenntnisse über die grundlegenden Zusammenhänge in der Wirtschaft sowie über Wesen und Handhabung der Aktie gerichtet sein müssen.

---

[14] Der Eigentumsbegriff ist hier im weiteren Sinne des Verfassungsrechts verwendet.

[15] Vgl. *Michel*, Hartmut: a.a.O., S. 127.

[16] Vgl. *Hasenack*, Wilhelm: Monatliche bargeldlose ..., S. 134.

[17] Ebd., S. 135.

[18] So hat sich z. B. die amerikanische Firma United States Steel Corporation in einem „Sparplan“ verpflichtet, für jeden Dollar, den die Angestellten in gewissen Grenzen von ihrem Gehalt in Staatspapieren oder Aktien der Firma anlegen, 50 Cents in eigenen Aktien zuzuschießen. (Vgl. *Harden*, Josef: a.a.O., S. 1050).

Als erstes sind noch vor Ankündigung der Aktienausgabe Maßnahmen zur Vermittlung allgemeiner Wirtschaftskenntnisse erforderlich[19]. Dem Arbeitnehmer muß bewußt werden, daß die Rechtsform der Aktiengesellschaft durch den Kapitalbedarf des Großbetriebes bedingt ist, daß die Gesamtheit der Aktionäre ‚Eigentümer' der Unternehmung ist, daß der Vorstand normalerweise von den Aktionären in ähnlicher Weise angestellt wird wie die Arbeitnehmer und genau wie diese nach dem Leistungsprinzip arbeitet, daß die Aktie eine fungible Beteiligungsform ist und somit jedermann sehr einfach durch Kauf einer Aktie Aktionär werden und durch ihren Verkauf seine Einlage zurückziehen kann, daß man sich zum An- und Verkauf und zur Verwaltung der Aktien meist der Kreditinstitute bedient und wie diese die Arbeit abwickeln. Um den dadurch verursachten Arbeits- und Materialaufwand gering zu halten, werden sich die Maßnahmen weitgehend auf die Ausnutzung vorhandener Gelegenheiten zur wiederholten, beiläufigen Darlegung dieser Zusammenhänge beschränken müssen, beispielsweise bei Betriebsversammlungen. Ganz besonders geeignet erscheint auch die verstärkte Berücksichtigung wirtschaftlicher Beiträge in der Betriebszeitschrift, da diese vom Arbeitnehmer vor allem auch zu Haus sorgfältig und wiederholt gelesen werden kann. Wie sich bei der Durchsicht von Betriebszeitschriften immer wieder zeigt, dominieren (in der Industrie) bei weitem technische Artikel, und allgemein bildende wirtschaftliche Artikel fehlen ganz[20]. Zwar läßt sich als Erklärung auf die Kompliziertheit vieler wirtschaftlicher Sachverhalte und das fehlende Interesse der Arbeitnehmer verweisen, jedoch sind diese Schwierigkeiten nicht unüberwindbar. Die Werbung der Sparkassen und Bausparkassen bietet viele Beispiele dafür, daß auch die Darstellung abstrakter wirtschaftlicher Sachverhalte ähnlich verständlich und interessant gestaltet werden kann, wie die von Natur aus häufig konkreten technischen Sachverhalte. Und gerade in der Gegenwart ist auch beim durchschnittlichen Arbeitnehmer ein verstärktes Interesse an wirtschaftlichen Fragen festzustellen, wahrscheinlich weil die Einkommenssteigerungen letztlich entsprechende Notwendigkeiten mit sich bringen. Vielleicht darf es in dieser Hinsicht als kennzeichnendes Merkmal gewertet werden, daß das Fernsehen Versuche mit Wirtschaftssendungen unternimmt, z. B. die Sendung der ARD ‚Der Markt — Wirtschaft für jedermann' am Samstag, und daß sich die Illustrierten jetzt häufiger mit wirtschaftlichen Fragen befassen[21].

---

[19] Siehe dazu Seite 76 ff.

[20] Beispielsweise fand sich bei der Durchsicht von 5 Heften der Betriebszeitschrift der Adam Opel AG („Opel Post") des Jahrgangs 1965 und von 4 Heften der Betriebszeitschrift der Preußag AG („Die Schicht") der Jahrgänge 1965/1966 nicht ein allgemein bildender wirtschaftlicher Artikel.

[21] Vgl. dazu beispielsweise Merkator: Mach mehr aus Deinem Geld. Teil 5, Aktien sind solider als ihr Ruf. In Stern. 17. Jg. 1964, H. 46, S. 128 f. — Ferner

Als nächstes ist im Zusammenhang mit und nach der Ankündigung der Aktienausgabe eine ausführliche und wiederholte Unterrichtung der Arbeitnehmer über die Ziele und die Durchführung der Aktienausgabe zu fordern. Dazu kommen Anschläge am ‚schwarzen Brett‘, Handzettel, Plakate, Rundbriefe, Artikel in der Betriebszeitschrift u. ä. m. in Betracht. Wesentlich ist in diesem Zusammenhang aber weniger die Form als der Inhalt der Unterrichtung. Friedrich Weltz mißt besonders der wahrheitsgemäßen Unterrichtung über die Ziele der Belegschaftsaktie hohe Bedeutung bei[22]. Die Befragung der Mannesmann-Arbeitnehmer hat gezeigt, zu welch grotesken Vermutungen es bei den Arbeitnehmern kommt, wenn hierüber nicht sehr klare und einleuchtende Ausführungen der Unternehmungsleitung vorliegen[23]. Auch die einseitige Betonung der sozialen Ziele, evtl. sogar aus einer ehrlichen caritativ-patriarchalischen Grundhaltung heraus, muß sich negativ auf das Verständnis der Maßnahme für die Arbeitnehmer auswirken. Götz Briefs hat schon 1934 darauf hingewiesen, daß die patriarchalische Haltung im Industriezeitalter an fehlender Systemkongruenz scheitern muß, obwohl darin eine tiefe Tragik läge, der Arbeiter verlange mit Nachdruck mit dem Arbeitgeber auf gleichem Fuße zu verhandeln[24]. Nur eine partnerschaftliche Grundhaltung und Motivierung der Belegschaftsaktienausgabe, unter deutlichem Hinweis auch auf die ökonomischen und politischen Vorteile, die sich die Unternehmung erhofft, kann das Mißtrauen der Arbeitnehmer überwinden helfen. Das bedeutet insbesondere auch, daß als Grundgedanke die umfassende Beteiligung des Arbeitnehmers an der Unternehmung zu beiderseitigem Vorteil betont und auf die Erwähnung von Dankbarkeit und Treue verzichtet wird. Soll also die Belegschaftsaktienausgabe nicht von vornherein unglaubwürdig erscheinen oder tatsächlich nur als Chance zur ‚Verbesserung der wirtschaftlichen Existenzgrundlage‘ also vor allem zur Realisierung eines Kursvorteils von den Arbeitnehmern verstanden werden, so ist eine offene Darlegung aller Ziele der Belegschaftsaktie unumgänglich. Einer der wenigen Ansätze zu einer solchen Haltung findet sich z. B. in einem Schreiben der Farbenfabriken Bayer an ihre Belegschaft: „Die Farbenfabriken Bayer Aktiengesellschaft ... bietet Ihnen an, durch den Erwerb von Aktien der Gesellschaft zu einer Form von Eigentum zu kommen, die sich in den langen Jahren der Geschichte der Gesellschaft als verhältnismäßig wertbeständig erwiesen hat. Sie möchte gleichzeitig auf diese Weise ihre Mitarbeiter als Miteigentümer gewinnen. Miteigentümer sein bedeutet, daß der Werks-

---

Blum, Paul: Zwangsvollstreckung für den lieben Gott? In: Neue Illustrierte. 20. Jg. 1965, H. 51, S. 51.

[22] Vgl. *Weltz,* Friedrich: a.a.O., S. 59.

[23] Siehe dazu Seite 76 f.

[24] Vgl. *Briefs,* Götz: a.a.O., S. 112—114.

angehörige nicht nur durch seine tägliche Arbeit zum gemeinsamen Erfolg und zur Sicherung seines Arbeitsplatzes beiträgt, sondern durch seinen Aktienbesitz wie alle anderen Aktionäre am Geschick seines Unternehmens ein wirklich eigenes Interesse hat, dieses Geschick mitbestimmt und die Erfolge seines Unternehmens als Mehrung seines persönlichen Eigentums verzeichnen kann[25]."

Darüber hinaus ist auch noch an die Schaffung von Beratungsstellen zu denken, die dem Arbeitnehmer nach der wahrscheinlich mehr schriftlich erfolgten Unterrichtung auf alle seine Fragen mündliche, persönliche Auskünfte und Ratschläge erteilen. Um den dadurch verursachten Arbeitsaufwand für die Unternehmung möglichst gering zu halten, kann diese Beratung evtl. von ehrenamtlichen Vertrauensleuten wahrgenommen werden, die besonders ausführlich unterrichtet und evtl. geschult werden müssen. Allerdings darf die Zahl der Vertrauensleute nicht zu klein sein wie z. B. bei der Mannesmann AG, die je einen Vertrauensmann für jedes ihrer Werke ausgewählt hat. Die hohe Bedeutung einer derartigen Beratungsaktion wird auch von Friedrich Weltz betont, der bei der Auswertung seiner Umfrage unter Mannesmann-Arbeitnehmern feststellt: „Da die Tendenz besteht, daß schriftliches Material am ehesten gerade den Teil der Belegschaften erreicht, der sowieso schon am besten informiert ist, dürften mündliche Informationen besonders wichtig sein, zumal Mißverständisse sogleich richtiggestellt werden können[26]." Allerdings weist er mit Recht auch auf die Notwendigkeit hin, daß es sich bei den Vertrauensleuten „... um Personen handelt, die wirklich Vertrauen genießen und von denen Arbeiter und Angestellte eine neutrale und offene Unterrichtung erwarten können"[27].

4. Die Berücksichtigung der hohen Konsumneigung und der begrenzten Sparbereitschaft

Eine weitere Gruppe von Maßnahmen im Rahmen der Vorbereitung der Aktienausgabe muß sich, wiederum im Hinblick auf die generellen Probleme der Belegschaftsaktie, mit der hohen Konsumneigung und der begrenzten Sparbereitschaft der Arbeitnehmer befassen. Dabei ist weniger an Gegenmaßnahmen zu denken, schließlich handelt es sich letztlich weitgehend um ein kultur- und wirtschaftsgeschichtlich bedingtes Phänomen, als vielmehr an eine Berücksichtigung und Ausnutzung dieser Grundhaltungen zur Förderung des Aktienerwerbs.

---

[25] Schreiben des Vorstandes der Farbenfabriken Bayer AG an die Belegschaft, vom November 1953. Zitiert nach *Mickley*, Ingo: a.a.O., S. 109 f.

[26] *Weltz*, Friedrich: a.a.O., S. 65.

[27] Ebd., S. 65.

Als erstes erscheint in diesem Zusammenhang die Wahl des richtigen Zeitpunktes für die Aktienausgabe von Bedeutung. Die Aktienausgabe muß in einen Zeitraum gelegt werden, in dem evtl. vorhandene Erfolgsbeteiligungen oder Sonderzuwendungen anfallen und keine größeren Privatausgaben auf den Arbeitnehmer zukommen. Das gilt in einem gewissen Maße sogar bei Verzicht auf jegliche arbeitnehmerseitige Finanzierung, soweit nicht besondere Verfügungsbeschränkungen zur Vermeidung einer frühzeitigen Wiederveräußerung vorgesehen werden. Aus diesem Grunde scheidet normalerweise eine Aktienausgabe im Sommer wegen der Urlaubsausgaben und zum Jahresende wegen der Weihnachtsausgaben aus. Werden dagegen gerade zum Jahresende vorhandene Erfolgsbeteiligungen oder Sonderzuwendungen ausgeschüttet, so kommt insbesondere die Spätherbstzeit in Betracht, in der diese Bezüge noch nicht völlig verplant sind[28].

Zur Berücksichtigung der geringen Sparbereitschaft der Arbeitnehmer bietet sich vor allem die Werbung mit dem finanziellen Vorteil des Aktienangebotes und der relativ hohen Wertbeständigkeit eines Aktienvermögens an[29]. Um zusätzlichen Arbeits- und Materialaufwand für die Unternehmung zu vermeiden, erfolgt diese Maßnahme am besten in Verbindung mit der Informations- und Beratungsaktion. Der finanzielle Vorteil des Aktienangebotes wird zweckmäßigerweise anhand einfacher Zahlenbeispiele verdeutlicht, die für verschiedene Einkommens- und Steuerklassen die evtl. Eigenleistungen des Arbeitnehmers dem angesammelten Vermögen nach Ablauf der evtl. Sperrfrist gegenüberstellen. Und zur Verdeutlichung der Wertbeständigkeit des Aktienvermögens sind langfristige Darstellungen des Kursverlaufes und ein Hinweis auf die Währungsreform geeignet. Beispielsweise schreibt die Demag in ihrer Betriebszeitschrift: „Bei der Währungsreform blieben diese Anteile wertmäßig einigermaßen erhalten, während andere Geldanlagen bis auf einen Rest veloren gingen. Mitarbeiter haben damals darüber geklagt, daß sie nichts von der Aktie gewußt und daher nicht in Aktien gespart hätten[30]." Darüber hinaus wird immer wieder daran zu erinnern sein, daß die Aktien im Falle des Todes oder der Erwerbsunfähigkeit sofort verfügbar sind, was allerdings noch eine Frage der Durchführung der Aktienausgabe ist.

Zur Berücksichtigung der hohen Konsumneigung der Arbeitnehmer erscheint eine Werbung mit der Prestigefunktion der Belegschaftsaktie erfolgversprechend, die im Hinblick auf den verursachten Arbeits- und

---

[28] Vgl. dazu auch *Weltz*, Friedrich: a.a.O., S. 52—53.

[29] Siehe dazu Seite 82.

[30] Aktien für die Belegschaft — Warum? In: Demag — Unser aller Werk. Jg. 1955, H. 4.

Materialaufwand ebenfalls in Verbindung mit der Informations- und Beratungsaktion erfolgen kann. Wie die Untersuchung des Problems der Quantität des Aktienbesitzes gezeigt hat, wird die hohe Konsumneigung entscheidend durch das Streben nach Fremdachtung (Prestige) hervorgerufen[31]. Daß sich dieses gegenwärtig auf Konsumgüter konzentriert, ist jedoch lediglich historisch bedingt, zu anderen Zeiten und in anderen Bevölkerungsschichten standen Produktionsgüter wie Sklaven, Vieh, Land und Fabriken im Mittelpunkt menschlichen Prestigebegehrens[32]. Daraus folgt, daß trotz der geringeren Demonstrationseignung der Aktienerwerb in bestimmtem Maße den demonstrativen Konsum ersetzen kann, soweit die Aktie subjektiv einen entsprechenden Achtungswert erhält. Nun spricht einiges dafür, daß sich dieser Achtungswert der Aktie gegenwärtig und besonders in der Zukunft erhöht und somit auch der Aktienbesitz als Statussymbol bedeutsamer wird:

(1) Statussymbole behalten ihren Wert nur, solange die Mehrheit der Angehörigen der gleichen sozialen Schicht diese nicht auch erwerben kann.

(2) Das Einkommen der Arbeitnehmer überschreitet das vitale Existenzminimum immer weiter, so daß immer größere Beträge zur Dokumentation der sozialen Stellung frei werden, während die Preise der geeigneten Konsumgüter langsamer ansteigen.

(3) Der Aktienerwerb ist der billigste und geeignetste Produktionsgütererwerb für den Arbeitnehmer.

Und diese Überlegungen werden auch schon von der Praxis bestätigt. So schreibt Arnold Gehlen 1960, wenn auch zu einer Zeit, der erhebliche Kursgewinne am Aktienmarkt vorangegangen waren: „Es hat sich ... herausgestellt, daß ein durch das Werk vermittelter Kleinaktienbesitz neuerdings gehalten wird. Man hat nicht den Eindruck, daß dieser Besitz weggegeben wird und irgdenwo kummuliert. Er scheint gehalten zu werden, wohl auch aus Statusgründen, vielleicht ist das Selbstgefühl aus dem Besitz dieser abstrakten Werte doch schon soweit in die Breite entwickelt[33]."

Diese Überlegungen lassen die Betonung der Prestigefunktion der Belegschaftsaktie bei der Werbung für den Aktienerwerb sehr bedeutsam erscheinen. Sie kann direkt erfolgen, etwa nach dem Motto der Pfandbriefwerbung ‚Hast du was, bist Du was', oder auch indirekt, indem dem Arbeitnehmer deutlich gemacht wird, daß ihm die Beteiligung an einer erfolgreichen Weltfirma geboten wird. Das kann durch demonstrative

---

[31] Siehe dazu Seite 79 f.

[32] Vgl. *Zahn*, Ernest: a.a.O., S. 77.

[33] *Gehlen*, Arnold: Soziologische Aspekte ..., S. 171.

Erfolgsberichte der Unternehmung, durch Informationsversammlungen mit Vorstandsmitgliedern und letztlich auch durch Hinweise auf das Aktiensparen in den USA geschehen[34]. So schrieb beispielsweise die Demag AG in ihrer Betriebszeitschrift: „Warum müssen die Aktionäre denn immer andere Personen als die Arbeiter und Angestellten sein? Von den Aktionären der American Telephone and Telegraph Company in New York sind nahezu 300 000 in dem gleichen, großen Unternehmen tätig. Bei einem großen deutschen Unternehmen der chemischen Industrie haben auf ein erstes derartiges Angebot vor zwei Jahren eine große Anzahl Mitarbeiter Aktien ihrer Firma gezeichnet und haben sie mit wenigen Ausnahmen noch heute im Besitz[35]."

5. Die Berücksichtigung der Uniformität des Gruppenverhaltens

Nicht zuletzt muß auch die Uniformität des Gruppenverhaltens bei der Vorbereitung der Aktienausgabe berücksichtigt werden, um eine der wesentlichen Ursachen des geringfügigen Aktienbesitzes und der ungünstigen natürlichen Verteilungstendenz und somit die generellen Probleme der Belegschaftsaktie abzubauen[36].

Ein erster Schritt zur Vermeidung einer einheitlichen Ablehnung des Belegschaftsaktienangebotes ist schon durch die Mitwirkung bzw. Mitbestimmung des Betriebsrates bei Vorbereitung und Durchführung der Aktienausgabe getan worden. Allerdings muß diese Zusammenarbeit auch durch Veröffentlichung einer entsprechenden Betriebsvereinbarung bei Ankündigung der Aktienausgabe und entsprechende Hinweise im Rahmen der Werbung für den Aktienerwerb deutlich gemacht werden.

Als weitere erfolgversprechende aber evtl. etwas aufwendige Maßnahme könnte erwogen werden, informelle Gruppenführer im Rahmen der Beratungsmaßnahme als Vertrauensleute zu gewinnen.

Darüber hinaus erscheint es in diesem Zusammenhang unbedingt erforderlich, die Familie des Arbeitnehmers wenigstens am Rande mit in die Unterrichtung über die Ziele und die Durchführung der Aktienausgabe einzubeziehen. Das kann sowohl durch eine entsprechende Information der Tagespresse als auch dadurch erfolgen, daß dem erwerbsberechtigten Arbeitnehmer die erforderlichen Erwerbsunterlagen am Wohnsitz zugesendet werden. Im Hinblick auf den dadurch verursachten Arbeits- und Materialaufwand scheint sogar die zweite Maßnahme ge-

---

[34] Vgl. dazu *Schmitz*, Werner G.: a.a.O., S. 32—33. — Ferner *Michel*, *Hartmut:* a.a.O., S. 161—162.

[35] Aktien für die Belegschaft — Warum? In: Demag — Unser aller Werk, Jg. 1955, H. 4.

[36] Siehe dazu Seite 83.

rechtfertigt, da sie die Entscheidung für oder gegen den Aktienerwerb zumindest teilweise in den häuslichen Bereich verlegt. Auf diese Weise erhält die Familie und insbesondere die Ehefrau einen stärkeren Einfluß, die häufig nicht so direkt in den sozialen Konflikt einbezogen ist und in Familien mit Kindern meist dem Sparen positiver gegenübersteht bzw. die besseren Kenntnisse und Erfahrungen in wirtschaftlichen Fragen besitzt.

Ergänzend ist es dazu allerdings unumgänglich, daß ein Weg gefunden wird, wie der Aktienerwerb anonym abgewickelt werden kann. Der einzelne Arbeitnehmer muß schon aufgrund der Abwicklungsmethode sicher sein können, daß weder die Arbeitskollegen noch die Vorgesetzten von seinem Aktienerwerb erfahren. So könnte beispielsweise der Arbeitnehmer gebeten werden, seine Erwerbsanträge postalisch an die aktienausgebende Stelle zu senden und glaubwürdig versichert werden, daß eine Kenntnisnahme durch Kollegen oder Vorgesetzte ausgeschlossen ist.

Abschließend ist noch auf eine sehr erfolgversprechende Maßnahme hinzuweisen, die die Uniformität des Gruppenverhaltens zur Förderung des Aktienerwerbs nutzbar macht, nämlich die Veröffentlichung von Erfolgsziffern über die bereits eingegangenen Erwerbsanträge. Aus der Politik ist ja der sog. Bandwagoneffekt bekannt, die Erscheinung, daß angebliche oder tatsächliche Wahlvoraussagen das Wahlergebnis selbst beeinflussen, indem die jeweilige Majoritätsmeinung besonders anziehend wirkt, die Wähler also mit dem Musikwagen mitlaufen[37].

III. Die Durchführung der Aktienausgabe

1. Die Aktienart

Bei der Auswahl der Aktienart sind folgende Entscheidungen zu treffen[38]:

(1) Hinsichtlich der aktienrechtlichen Mitgliedschaft ist zu entscheiden zwischen
   (a) Stammaktien
   (b) Vorzugsaktien

(2) Hinsichtlich der Aktienurkunde ist zu entscheiden zwischen
   (a) Inhaberaktien
   (b) Namensaktien.

---

[37] Vgl. *Hofstätter,* Peter R.: Die Psychologie der öffentlichen Meinung. 1. Aufl. Wien 1949, S. 66.

[38] Siehe zu diesem Abschnitt Seite 20 ff.

Die Entscheidung zwischen Stamm- und Vorzugsaktien wird vor allem von den Problemen der Ausprägung der Eigentumsfunktionen, der Bestimmungsfaktoren von Dividende und Substanzwert der Aktie, der Benachteiligung der regulären Aktionäre, der Ursache des sozialen Konflikts und der Quantität des Aktienbesitzes bestimmt[39]: Das Problem der Ausprägung der Eigentumsfunktionen bei der Belegschaftsaktie spricht für eine Vorzugsaktie mit einem bevorzugten Anspruch auf den Liquidationserlös und einer prioritätischen oder kumulativen Vorzugsdividende zur Vermeidung der Risikohäufung bei der Belegschaftsaktie. Gegen diese Art von Vorzugsdividende spricht jedoch, daß damit auch der letzte ökonomische Anreiz zur Steigerung der Produktivität und Wirtschaftlichkeit entfällt[40]. In Frage kommt also lediglich eine Vorzugsdividende, die sich aus einem konstanten und einem variablen Gewinnanteil zusammensetzt (wobei letzterer möglichst von Produktivitäts- und Wirtschaftlichkeitskennziffern abhängig zu machen wäre). Eine andere Vorzugsdividende würde sich auch — soweit sie auf die Belegschaftsaktien beschränkt ist — gegenüber den regulären Aktionären wohl nur bei einem gleichzeitigen Stimmrechtsverlust (stimmrechtslose Vorzugsaktien) rechtfertigen lassen, was die schon sehr schwache Herrschaftsfunktion der Belegschaftsaktie völlig beseitigen würde und insofern hinsichtlich der Ursache des sozialen Konflikts bedenklich wäre. Aber selbst bei einer ‚idealen' Vorzugsaktie, mit Stimmrecht und einer einerseits konstanten andererseits leistungsabhängigen Dividende, darf nicht übersehen werden, daß jede Ausnahmestellung der Belegschaftsaktionäre gegenüber den regulären Aktionären das auf sozialem Konflikt, fehlenden Kenntnissen und Uniformität des Gruppenverhaltens beruhende Mißtrauen der Arbeitnehmer gegen den Aktienerwerb und somit die Gefahr des geringfügigen Aktienbesitzes erhöht[41]. Unter diesen Umständen erscheint die Vorzugsaktie zur Ausgabe an die Belegschaft nur dann geeignet, wenn entweder auch die regulären Aktionäre Vorzugsaktien haben oder aber für die Belegschaftsaktionäre eine alle Probleme berücksichtigende Vorzugsaktie geschaffen wird, was sicherlich recht schwierig ist. Sehr häufig wird daher letztlich doch die Stammaktie der Vorzugsaktie vorzuziehen sein, zumal die schwache Ausprägung der Sicherungsfunktion auch durch einen niedrigen Ausgabekurs gemildert werden kann.

Die Entscheidung zwischen Inhaber- und Namensaktien wird vor allem von dem Problem der Quantität des Aktienbesitzes und von dem der

[39] Siehe zum folgenden Abschnitt die bei der Untersuchung der Probleme erarbeiteten Folgerungen für die Erfolgsaussicht der Belegschaftsaktie.

[40] Vgl. dazu auch *Mickley*, Ingo: a.a.O., S. 83—84.

[41] Vgl. dazu auch *Tänzler*, Fritz: a.a.O., S. 89.

Unternehmung verursachten Arbeitsaufwand bestimmt[42]: Die umständlichere Übertragung der Namensaktie, insbesondere bei der vinkulierten Namensaktie, und die zur Geltendmachung der Mitgliedschaft gegenüber der Gesellschaft notwendige Umschreibung im Aktienbuch wird evtl. dazu führen, daß die Belegschaftsaktien auch nach Ablauf der Sperrfrist nicht so schnell wieder veräußert werden, also die vorhandene Quantität des Aktienbesitzes erhalten bleibt. Jedoch ist zumindest im Fall einer ausschließlichen Ausgabe dieser Aktien an die Belegschaft mit einer wesentlichen Verstärkung des Mißtrauens der Arbeitnehmer gegen den Aktienerwerb zu rechnen, so daß die Herausbildung einer wirksamen Quantität des Aktienbesitzes von vornherein in Frage gestellt wird. Wenn darüber hinaus noch der höhere Arbeitsaufwand der Unternehmung durch Führung des Aktienbuches und die evtl. Vinkulierung der Aktien berücksichtigt wird, erscheint die Namensaktie nur dann zur Ausgabe an die Belegschaft geeignet, wenn sie auch bei den regulären Aktionären vorhanden ist und insofern von den Arbeitnehmern als ‚normal' angesehen werden kann[43].

2. Die Finanzierung

Bei der Finanzierung der Belegschaftsaktie stehen die folgenden Gestaltungsformen zur Wahl[44]:

(1) Arbeitnehmerseitige Finanzierung
   - (a) Eigenleistungen aus Vermögen
   - (b) Eigenleistungen aus dem laufenden Arbeitseinkommen
   - (c) Eigenleistungen aus bestehenden Erfolgsbeteiligungen oder Sonderzuwendungen

(2) Unternehmungsseitige Finanzierung
   - (a) Gewährung zusätzlicher Erfolgsbeteiligungen oder Sonderzuwendungen
   - (b) Gewährung von Vorzugskursen
   - (c) Gewährung von ‚Einlagen zu Lasten der Rücklagenbildung'
   - (d) Gewährung kleinerer Vergünstigungen

(3) Aktionärsseitige Finanzierung
   - (a) Einräumung eines Bezugsrechtes für die Belegschaft
   - (b) Aufgabe eines Bezugsrechtes zur Schaffung von Verwertungsaktien

---

[42] Siehe zum folgenden Abschnitt die bei der Untersuchung des Problems erarbeiteten Folgerungen für die Erfolgsaussicht der Belegschaftsaktie.

[43] Vgl. dazu auch *Tänzler*, Fritz: a.a.O., S. 81—82.

[44] Siehe zu diesem Abschnitt Seite 31 ff.

(4) Staatliche Finanzierung
- (a) Abgabenverzicht bei der Erfolgsbesteuerung
- (b) Sparprämienbegünstigung nach dem Spar-Prämiengesetz
- (c) Abgabenvergünstigung nach oder analog dem steuerlichen Kapitalerhöhungsgesetz
- (d) Abgabenvergünstigung nach dem Vermögensbildungsgesetz

Die grundsätzliche Entscheidung, ob und in welchem Umfang Arbeitnehmer, Unternehmung, Aktionäre und Staat zur Finanzierung der Belegschaftsaktie herangezogen werden sollen, wird von den Problemen der Ausprägung der Eigentumsfunktionen der Belegschaftsaktie, der Quantität des Aktienbesitzes, des Personenkreises der Aktienbesitzer, der Bedingungen einer Eigenkapital- und Liquiditätserhöhung und der Benachteiligung der regulären Aktionäre bestimmt und nicht zuletzt auch von dem der Unternehmung verursachten Finanzierungsaufwand[45]: Zur Stärkung der Sicherungsfunktion der Belegschaftsaktie (Kompensation der Risikohäufung), zum Abbau der psychologischen Ursachen des geringfügigen Aktienbesitzes und zur Verbesserung der natürlichen Verteilungstendenz des Aktienbesitzes muß die arbeitnehmerseitige Finanzierung möglichst gering gehalten werden. Da auf diese Weise jedoch mehr die psychologischen Widerstände gegen den Erwerb als gegen das langfristige Halten von Aktien abgebaut werden und sich der spekulative Anreiz zur baldmöglichsten Wiederveräußerung verstärkt, erscheint ein völliger Verzicht auf arbeitnehmerseitige Eigenleistungen ebenfalls ungünstig. Außerdem ist zu berücksichtigen, daß sich die arbeitnehmerseitige Finanzierung, entsprechende Ausgabetechnik vorausgesetzt, besonders günstig auf Eigenkapital und Liquidität der Unternehmung auswirkt. Die aktionärsseitige Finanzierung der Belegschaftsaktie muß dagegen ganz unterbleiben, da sie die regulären Aktionäre nicht zuletzt wegen der steuerlichen Auswirkungen unzumutbar benachteiligt. Die Senkung des unternehmungsseitigen Finanzierungsaufwands auf Kosten des Vermögens der Aktionäre ist auch nicht durch das ökonomische Prinzip gerechtfertigt. Dieses spricht vielmehr vor allem für die volle Ausnutzung der staatlichen Finanzierung, da diese, selbst wenn sie direkt den Arbeitnehmer entlastet, letztlich eine Einschränkung der unternehmungsseitigen Finanzierung ermöglicht. Aus diesen Gründen ist eine Kombination aus geringer arbeitnehmerseitiger, höherer unternehmungsseitiger und größtmöglicher staatlicher Finanzierung als optimal anzusehen.

---

[45] Siehe zum folgenden Abschnitt die bei der Untersuchung der genannten Probleme erarbeiteten Folgerungen für die Erfolgsaussicht der Belegschaftsaktie.

Die Entscheidung zwischen den einzelnen Formen der arbeitnehmerseitigen Finanzierung wird vor allem von den Problemen der Quantität des Aktienbesitzes und des Personenkreises der Aktienbesitzer bestimmt sowie von dem der Unternehmung verursachten Finanzierungsaufwand[46]: Wegen der allgemeinen Begrenztheit des verfügbaren Arbeitnehmervermögens und der sicherlich speziellen Geringfügigkeit bei den Arbeitnehmern mit den stärksten psychologischen Widerständen gegen den Aktienbesitz erscheinen Eigenleistungen der Arbeitnehmer aus Vermögen im Hinblick auf die Quantität des Aktienbesitzes weit weniger geeignet als Eigenleistungen aus dem laufenden Arbeitseinkommen oder vorhandenen Erfolgsbeteiligungen bzw. Sonderzuwendungen. Allerdings muß dabei berücksichtigt werden, daß bei einer ausschließlichen Finanzierung aus dem laufenden Arbeitseinkommen leicht eine Überschätzung der eigenen Sparmöglichkeiten bzw. des eigenen Sparwillens eintritt, die dann letztlich doch den Aktienerwerb verhindert oder zur alsbaldigen Wiederveräußerung führen kann. Daher sind Eigenleistungen aus vorhandenen Erfolgsbeteiligungen und Sonderzuwendungen, soweit die Aktienausgabe etwa zum Fälligkeitstermin dieser Bezüge erfolgt, als die günstigste arbeitnehmerseitige Finanzierungsform anzusehen. Falls sie nicht oder nicht ausreichend vorhanden sind, erscheint es sinnvoll, Eigenleistungen aus dem laufenden Arbeitseinkommen mit einer begrenzten Eigenleistung aus Vermögen zu kombinieren[47]. Das geschieht zweckmäßigerweise durch Vergrößerung der ersten Abzahlungsrate, da auf diese Weise die Abgabenvergünstigung des Vermögensbildungsgesetzes für die gesamte arbeitnehmerseitige Finanzierung in Anspruch genommen werden kann.

Die Entscheidung zwischen den einzelnen Formen der unternehmungsseitigen Finanzierung wird vor allem von dem verursachten Finanzierungsaufwand bestimmt sowie von den Problemen der Quantität des Aktienbesitzes, der Bestimmungsfaktoren von Dividende und Substanzwert der Aktie und der Benachteiligung der regulären Aktionäre[48]: Im Hinblick auf die psychologischen Ursachen des geringfügigen Aktienbesitzes erscheint zuerst einmal die Gewährung der kleineren Vergünstigungen, soweit sie überhaupt möglich sind, als zusätzliche unternehmungsseitige Finanzierung erforderlich und hinsichtlich des Finanzierungsaufwandes

[46] Siehe zum folgenden Abschnitt die bei der Untersuchung der genannten Probleme erarbeiteten Folgerungen für die Erfolgsaussicht der Belegschaftsaktie.

[47] Diese Überlegung wird auch durch die Befragung der Mannesmann-Arbeitnehmer bestätigt, bei der ein Teil der Befragten die Teilzahlungsmöglichkeit positiv beurteilte andere jedoch als bedenklich ablehnten. (Vgl. *Weltz*, Friedrich: a.a.O., S. 24).

[48] Siehe zum folgenden Abschnitt die bei der Untersuchung der genannten Probleme erarbeiteten Folgerungen für die Erfolgsaussicht der Belegschaftsaktie.

auch zulässig. Als hauptsächliche Finanzierungsform erscheint im Hinblick auf das Problem der Bestimmungsfaktoren von Dividende und Substanzwert der Aktie die Gewährung einer zusätzlichen Erfolgsbeteiligung am zweckmäßigsten, da sie den Anreiz zur Verwirklichung des ersten ökonomischen Ziels der Belegschaftsaktie wesentlich verstärken würde. Das Problem der Benachteiligung der regulären Aktionäre läßt dagegen ‚Einlagen zu Lasten der Rücklagenbildung' als hauptsächliche Finanzierungsform vorteilhaft erscheinen. Letztlich entscheidend dürfte jedoch die Höhe des Finanzierungsaufwands sein, die ausschließlich für die Gewährung von Vorzugskursen spricht, und zwar aus folgenden Gründen: Um für zusätzliche Erfolgsbeteiligungen oder Sonderzuwendungen sowie ‚Einlagen zu Lasten der Rücklagenbildung' die hier einzig mögliche Abgabenvergünstigung nach dem Vermögensbildungsgesetz zu erhalten, müßten sie den Gesetzesvorschriften entsprechend entweder auch den nicht erwerbsberechtigten und den zwar berechtigten aber nicht interessierten bzw. zu Eigenleistungen nicht bereiten Arbeitnehmern eingeräumt und die Art der vermögenswirksamen Anlage grundsätzlich freigestellt sein[49], oder aber nur den erwerbsberechtigten Arbeitnehmern lediglich mit der Bitte gewährt werden, sie auf eigenes Verlangen vermögenswirksam zum Belegschaftsaktienerwerb zu verwenden[50]. Beides aber würde genau so wie ein Verzicht auf die Abgabenvergünstigung der Unternehmung unnötigen Aufwand verursachen. Darüber hinaus scheiden zusätzliche Erfolgsbeteiligungen auch deswegen aus, weil sie selbst bei Verzicht auf die Abgabenvergünstigung normalerweise die erwerbsberechtigten aber nicht erwerbswilligen Arbeitnehmer mit einschließen müßten. Die Gewährung von Vorzugskursen ist dagegen nach dem steuerlichen Kapitalerhöhungsgesetz abgabenbegünstigt, obwohl sie nur den tatsächlichen Aktienerwerbern zugute kommt. Die Abgabenvergünstigung des Vermögensbildungsgesetzes geht auch nicht verloren, da sie für die Eigenleistungen der Arbeitnehmer in Anspruch genommen werden kann. Unter diesen Umständen ist die Gewährung von Vorzugskursen, gegebenenfalls ergänzt durch kleinere Vergünstigungen, als die günstigste unternehmungsseitige Finanzierung anzusehen, zumal — wie die Erörterung des Problems gezeigt hat — damit nur in Ausnahmefällen eine unzumutbare Benachteiligung der regulären Aktionäre verbunden ist und das Problem der Bestimmungsfaktoren von Dividende und Substanzwert der Aktie — wie sich noch zeigen wird — auch auf anderem Wege kompensiert werden kann.

Die Entscheidungen über die staatliche Finanzierung der Belegschaftsaktie sind schon bei der Gestaltung der unternehmungs- und arbeitneh-

---

[49] „Einlagen zu Lasten der Rücklagenbildung" müßten bei anderer Verwendung durch entsprechende andere Leistungen ersetzt werden.

[50] Siehe dazu Seite 44 f.

merseitigen Finanzierung gefallen: Ein Abgabenverzicht bei der Erfolgsbesteuerung tritt für den unternehmungsseitig gewährten Vorzugskurs ein (soweit er Buchverluste hervorruft). Gleichzeitig ist der Vorzugskurs (unabhängig von der Höhe des Buchverlustes) nach dem steuerlichen Kapitalerhöhungsgesetz abgabenbegünstigt. Und die Prämienbegünstigung nach dem Spar-Prämiengesetz sowie die Abgabenvergünstigung nach dem Vermögensbildungsgesetz kann von den Arbeitnehmern für ihre Eigenleistungen in Anspruch genommen werden (soweit sie die Vergünstigungen nicht schon anderweitig ausschöpfen).

3. Die Ausgabetechnik

Für die Gestaltung der Ausgabetechnik stehen die folgenden (zulässigen) Ausgabemethoden zur Wahl[51]:

(1) Einräumung eines Bezugsrechts bei effektiver Kapitalerhöhung
- (a) Bei einer ordentlichen Kapitalerhöhung
- (b) Bei einer genehmigten Kapitalerhöhung
- (c) Bei einer bedingten Kapitalerhöhung

(2) Veräußerung aus Gesellschaftsbeständen
- (a) Mit Beschaffung am freien Markt
- (b) Unter Rückgriff auf Verwertungsaktien

(3) Vermittlung eines Aktienkaufes
- (a) Mit Beschaffung am freien Markt
- (b) Unter Rückgriff auf Verwertungsaktien

Die grundsätzliche Entscheidung zwischen Einräumung eines Bezugsrechts bei effektiver Kapitalerhöhung, Veräußerung aus Gesellschaftsbeständen und Vermittlung eines Aktienkaufes ist schon bei der Gestaltung der Finanzierung zugunsten einer Veräußerung aus Gesellschaftsbeständen gefallen, da nur bei dieser Ausgabetechnik eine nach dem steuerlichen Kapitalerhöhungsgesetz begünstigte unternehmungsseitige Gewährung von Vorzugskursen möglich ist[52].

Die spezielle Entscheidung, ob bei der Veräußerung aus Gesellschaftsbeständen am freien Markt beschaffte Aktien oder Verwertungsaktien verwendet werden sollen, wird vor allem von den Problemen der Bedingungen einer Eigenkapital- und Liquiditätserhöhung und der Benachteiligung der regulären Aktionäre sowie von dem der Unternehmung

---

[51] Siehe zu diesem Absatz Seite 25 ff.

[52] Siehe Seite 146 u. 42.

verursachten Finanzierungsaufwand bestimmt[53]: Für die Verwendung von Verwertungsaktien spricht vor allem, daß dadurch eine gleichzeitige Eigenkapital- und Liquiditätserhöhung größeren Umfanges, insbesondere bei Verwendung erst noch zu schaffender Verwertungsaktien, erreicht werden kann. Während bei der Verwendung von am freien Markt erworbenen Aktien allenfalls eine Liquiditätserhöhung eintritt, nämlich wenn die Bestände im Zeitpunkt der Entscheidung schon vorhanden sind. Ebenfalls für die Verwendung von Verwertungsaktien spricht evtl., daß spekulative Kurssteigerungen am Aktienmarkt und somit eine verteuerte Beschaffung vermieden werden. (Dieses Argument entfällt jedoch, wenn die Aktien im Entscheidungszeitpunkt schon erworben sind.) Für die Verwendung von am freien Markt erworbenen Aktien spricht dagegen evtl., daß sich die regulären Aktionäre durch die Schaffung von Verwertungsaktien, selbst wenn die Kapitalerhöhung zum Börsenkurs bzw. Substanzwert der Altaktien erfolgt, benachteiligt fühlen können, was zumindest bei instabilen Mehrheitsverhältnissen gerechtfertigt wäre. (Dieses Argument entfällt jedoch, wenn die Verwertungsaktien im Entscheidungszeitpunkt schon vorhanden sind.) Zusammenfassend kann also Folgendes gesagt werden: Soweit im Entscheidungszeitpunkt nicht schon am freien Markt erworbene Aktien vorhanden sind oder instabile Mehrheitsverhältnisse vorliegen, ist dem Rückgriff auf Verwertungsaktien der Vorzug zu geben, insbesondere wenn sie erst noch speziell für diesen Zweck zum Börsenkurs der Altaktien geschaffen werden[54].

4. Der Ausgabeumfang

Bei der Gestaltung des Ausgabeumfanges der Belegschaftsaktie sind die folgenden Entscheidungen zu treffen[55]:

(1) Bei der Gestaltung des zeitlichen Ausgabeumfanges ist zu wählen zwischen:

- (a) Sporadischen Ausgabeaktionen
- (b) Permanenter Ausgabeaktion
- (c) Mischformen

(2) Bei der Gestaltung des personellen Ausgabeumfanges ist zu wählen zwischen:

- (a) Einbeziehung der gesamten Belegschaft

[53] Siehe zum folgenden Abschnitt die bei der Untersuchung der genannten Probleme erarbeiteten Folgerungen für die Erfolgsaussicht der Belegschaftsaktie.

[54] Siehe dazu Seite 37.

[55] Siehe zu diesem Abschnitt Seite 22 ff.

(b) Beschränkung nach Betriebszugehörigkeit

(c) Beschränkung nach sonstigen Gesichtspunkten

(3) Bei der Gestaltung des sachlichen Ausgabeumfanges ist zu wählen zwischen:

(a) Festlegung eines Gesamtbetrages für die Belegschaft

(b) Festlegung eines einheitlichen Einzelbetrages für die Belegschaftsmitglieder.

(c) Festlegung eines abgestuften Einzelbetrages für die Belegschaftsmitglieder.

Bei der Gestaltung des zeitlichen Ausgabeumfanges sind vor allem die Probleme der Quantität des Aktienbesitzes, der Benachteiligung der regulären Aktionäre und der Bestimmungsfaktoren von Dividende und Substanzwert der Aktie zu beachten[56]: Das Problem der Quantität des Aktienbesitzes spricht normalerweise gegen sporadische und für permanente Ausgabeaktionen, zumindest aber Mischformen von beidem. Allerdings erscheint es im Hinblick auf die regulären Aktionäre besser, wenn eine Mischform gewählt wird, die die Wiederholung einer vorerst einzelnen Ausgabeaktion von der Hebung der Produktivität und Wirtschaftlichkeit der Unternehmung abhängig macht, was gleichzeitig ein zusätzlicher Anreiz zur Verwirklichung des ersten ökonomischen Zieles der Belegschaftsaktie wäre und somit das Problem der Bestimmungsfaktoren von Dividende und Substanzwert der Aktien kompensieren könnte, ganz abgesehen von der Bedeutung der Wiederholungsaussicht bei der Heranziehung einer leistungsfähigen Stammbelegschaft, des zweiten ökonomischen Zieles der Belegschaftsaktie. Diese Regelung ermöglicht bei Erhaltung einer gewissen Beweglichkeit der Unternehmungsleitung die Nutzung der Vorteile der Leistungsbeteiligung unter Vermeidung ihrer finanziellen Nachteile. Eine Schwierigkeit dieser Ausgabeform liegt allerdings in der wirksamen, d. h. eindeutigen Formulierung des Versprechens evtl. in einer Betriebsvereinbarung unter Zuhilfenahme geeigneter Kennziffern.

Bei der Gestaltung des personellen Ausgabeumfanges sind vor allem das Problem der Quantität des Aktienbesitzes und das Problem des Personenkreises der Aktienbesitzer zu beachten[57]: Das Problem der Quantität des Aktienbesitzes spricht einerseits für eine Einbeziehung der Gesamtbelegschaft in die Aktienausgabe, andererseits kann eine gewisse Beschränkung des Empfängerkreises bei den bevorrechtigten Arbeitnehmern auch ein Gefühl der Exklusivität erzeugen und die Vorteilhaftig-

[56] Siehe zum folgenden Abschnitt die bei der Untersuchung der Probleme erarbeiteten Folgerungen für die Erfolgsaussicht der Belegschaftsaktie.

[57] Siehe zum folgenden Abschnitt die bei der Untersuchung der Probleme erarbeiteten Folgerungen für die Erfolgsaussicht der Belegschaftsaktie.

keit bzw. die damit verbundene finanzielle Belastung der Unternehmung deutlich machen und insofern zum Abbau der psychologischen Ursachen des geringfügigen Aktienbesitzes beitragen. Und das Problem des Personenkreises der Aktienbesitzer spricht speziell gegen eine Beschränkung der Aktienausgabe auf einzelne Arbeitnehmer mit geringem oder mit hohem Einkommen. Zusammenfassend kann also festgestellt werden, daß die Einbeziehung der Gesamtbelegschaft am zweckmäßigsten erscheint, zumal die Vorteilhaftigkeit des Angebotes bzw. die finanzielle Belastung der Unternehmung auch durch eine sachliche Beschränkung kenntlich gemacht werden kann. Allenfalls erscheint eine sehr geringe Beschränkung des personellen Ausgabeumfanges berechtigt, indem z. B. eine mehrmonatige Betriebszugehörigkeit gefordert wird.

Für die Gestaltung des sachlichen Ausgabeumfanges ist vor allem der verursachte Finanzierungsaufwand entscheidend, daneben jedoch wiederum das Problem der Quantität des Aktienbesitzes: Um die staatlichen Finanzierungshilfen voll auszunutzen und insbesondere die Abgaben der Unternehmung auf die unternehmungsseitigen Finanzierungsmittel bzw. die Übernahme entsprechender Abgaben der Arbeitnehmer zu vermeiden, erscheint die Festlegung eines einheitlichen Einzelbetrages für die Belegschaftsmitglieder in Übereinstimmung mit den Höchstbeträgen der staatlichen Finanzierungshilfen erforderlich. Das Problem der Quantität spricht dagegen in Zweifel für die Festlegung eines (möglichst hohen) Gesamtbetrages, da dieser die Ausbildung eines wirksamen Aktienbesitzes am wenigsten behindert[58]. Allerdings wird dieses Problem bedeutungslos, sobald der Einzelbetrag hoch genug festgelegt ist. Daher erscheint es bei der vorgeschlagenen Finanzierung durchaus gerechtfertigt, einen einheitlichen Einzelbetrag in Übereinstimmung mit dem steuerlichen Kapitalerhöhungsgesetz festzulegen, also so, daß die Unternehmung maximal DM 500,— Kursvorteil gewährt, d. h. bei der vorgeschlagenen Finanzierung Aktien mit einem Kurswert von DM 1 000,— bis DM 1 200,—[59].

5. Die Verfügungsmöglichkeit

Hinsichtlich der Verfügungsmöglichkeit der Belegschaftsaktie stehen die folgenden Gestaltungsformen zur Wahl[60]:

---

[58] So zeigte sich auch bei der Befragung der Mannesmann-Arbeitnehmer, daß die Beschränkung des sachlichen Ausgabenumfanges auf eine Aktie im Nennwert von DM 100,— von einem großen Teil der Bezugsberechtigten als viel zu gering betrachtet wurde. (Vgl. *Weltz*, Friedrich: a.a.O., S. 23).

[59] Damit verbleiben dem Arbeitnehmer mit DM 500 bis DM 700 auch noch genügend eigene Mittel aufzuwenden, um die Vorteile des Vermögensbildungsgestzes und des Sparprämiengesetzes voll auszunutzen.

[60] Siehe zu diesem Abschnitt Seite 45 ff.

(1) Verzicht auf jegliche Verfügungsbeschränkung

(2) Einführung gesetzlicher Verfügungsbeschränkungen
   (a) nach dem steuerlichen Kapitalerhöhungsgesetz
   (b) nach dem Spar-Prämiengesetz

(3) Einführung besonderer Verfügungsbeschränkungen
   (a) zur Vermeidung einer frühzeitigen Wiederveräußerung
   (b) zur Vermeidung eines Fremdeinflusses
   (c) zur Bindung der Arbeitskräfte.

Die Entscheidung wird vor allem durch die Probleme der Quantität des Aktienbesitzes, der Benachteiligung der regulären Aktionäre und der Beeinträchtigung der Wirtschafts- und Gesellschaftsstruktur bestimmt, sowie von dem der Unternehmung verursachten Finanzierungsaufwand[61]: Das Problem der Quantität des Aktienbesitzes spricht für die Einführung gesetzlicher Verfügungsbeschränkungen und gegen alle anderen Möglichkeiten. Besondere Verfügungsbeschränkungen bieten — zumindest sobald sie inhaltlich über die gesetzlichen hinausgehen — zu viele Ansatzpunkte für das Mißtrauen der Arbeitnehmer gegen den Aktienerwerb, da sie offensichtlich dem Arbeitgeberinteresse dienen. Und der Verzicht auf jegliche Verfügungsbeschränkung oder die Einführung kurzzeitiger besonderer Verfügungsbeschränkungen verleitet den Belegschaftsaktionär zur frühzeitigen Wiederveräußerung, insbesondere bei der vorgeschlagenen Finanzierung[62]. Nur bei Einführung gesetzlicher Verfügungsbeschränkungen darf sowohl ein ausreichendes Erwerbsinteresse als auch eine ausreichende Besitzdauer erwartet werden. Darüber hinaus spricht das Problem der Beeinträchtigung der Wirtschafts- und Gesellschaftsstuktur speziell gegen besondere Verfügungsbeschränkungen zur Bindung der Arbeitskräfte. Es verbleibt einzig das Problem der Benachteiligung der regulären Aktionäre, das in besonderen Fällen (z. B. bei instabilen Mehrheitsverhältnissen) evtl. eine besondere Verfügungsbeschränkung zur Vermeidung eines Fremdeinflusses erforderlich machen kann. Ebenfalls für die Einführung gesetzlicher Verfügungsbeschränkungen spricht nicht zuletzt die Höhe des Finanzierungsaufwandes der Unternehmung, allerdings ohne gegen eventuelle zusätzliche besondere Verfügungsbeschränkungen zu sprechen. Durch die Inanspruchnahme des steuerlichen Kapitalerhöhungs-, Vermögensbildungs- und Sparprämiengesetzes kann die unternehmungsseitige Finanzierung eingeschränkt

---

[61] Siehe zum folgenden Abschnitt die bei der Untersuchung der Probleme erarbeiteten Folgerungen für die Erfolgsaussicht der Belegschaftsaktie.

[62] Interessant ist in diesem Zusammenhang, daß die Mannesmann-Arbeitnehmer die Notwendigkeit einer Sperrfrist häufig spontan anerkannten. (Vgl. *Weltz*, Friedrich: a.a.O., S. 24).

und arbeitgeberseitige Steuer- und Sozialversicherungsabgaben vermieden werden.

Zusammenfassend sind demnach besondere Verfügungsbeschränkungen wie auch ein Verzicht auf jegliche Verfügungsbeschränkung grundsätzlich negativ zu beurteilen. Allenfalls kann in besonderen Fällen die Einführung einer besonderen Verfügungsbeschränkung zur Vermeidung eines Fremdeinflusses erwogen werden. Als optimale Lösung ist die ausschließliche Verwendung der gesetzlichen Verfügungsbeschränkungen anzusehen, d. h. bei der vorgeschlagenen Finanzierung, daß die Ausgabebedingungen die fünfjährige Veräußerungssperre des steuerlichen Kapitalerhöhungsgesetzes enthalten und auf die Möglichkeit einer Festlegung nach dem Sparprämiengesetz verweisen.

6. Die Verwaltung

Bei der Verwaltung der Belegschaftsaktien stehen folgende Gestaltungsformen zur Auswahl[63]:

(1) Individuelle Verwaltung
  (a) Verwaltung nach eigenem Ermessen
  (b) Verwaltung durch Kreditinstitute

(2) Kollektive Verwaltung
  (a) Verwaltung durch die Unternehmung
  (b) Verwaltung durch ein Kreditinstitut
  (c) Verwaltung durch eine besondere Verwaltungsstelle, wie eine Treuhand- oder Vermögensverwaltungsgesellschaft, ein Aktionärsverein u. ä. m.

Die grundsätzliche Entscheidung zwischen individueller und kollektiver Verwaltung wird vor allem von den Problemen der Quantität des Aktienbesitzes, der Ausprägung der Eigentumsfunktionen bei der Belegschaftsaktie, der Ursache des sozialen Konflikts und der Benachteiligung der regulären Aktionäre bestimmt[64]: Die zwangsweise kollektive Verwaltung durch die Unternehmung, ein ihr nahestehendes Kreditinstitut, eine Treuhand- oder Vermögensverwaltungsgesellschaft, einen Aktionärsverein u. ä. m. muß das auf sozialem Konflikt, fehlenden Kenntnissen und Uniformität des Gruppenverhaltens beruhende Mißtrauen der Arbeitnehmer erhöhen und bringt so die Gefahr des geringfügigen Aktien-

---

[63] Siehe zu diesem Abschnitt Seite 48 ff.

[64] Siehe zum folgenden Abschnitt die bei der Untersuchung der genannten Probleme erarbeiteten Folgerungen für die Erfolgsaussicht der Belegschaftsaktie.

besitzes mit sich[65]. Im Hinblick auf die beim Aktionärseigentum sowieso schon schwach ausgeprägte Herrschaftsfunktion sollte eine weitere Schwächung durch Einflußnahme der Unternehmungsleitung auf die Stimmrechtsausübung, wie sie bei kollektiven Verwaltungsformen möglich ist, vermieden werden. Allerdings ist auch gerade bei kollektiven Verwaltungsformen durch eine ausschließlich von Arbeitnehmerseite zusammengefaßte Stimmrechtsausübung eine Stärkung der Herrschaftsfunktion der Belegschaftsaktie möglich, jedoch erscheint deren Wert ebenfalls zweifelhaft, da für den Abbau des sozialen Konflikts weniger die sachlichen Herrschaftsbefugnisse bedeutsam sind, als das psychologische Erlebnis der Einflußnahme, das bei kollektiver Stimmabgabe eingeschränkt wird. Im Hinblick auf das Problem der Benachteiligung der regulären Aktionäre erscheint natürlich, insbesondere bei instabilen Mehrheitsverhältnissen in der Hauptversammlung, eine kollektive Verwaltung mit Einflußnahme der Unternehmungsleitung auf die Stimmrechtsausübung besonders sinnvoll und eine individuelle Verwaltung immer vorteilhafter als eine kollektive Verwaltung mit einer ausschließlich von Arbeitnehmerseite zusammengefaßten Stimmrechtsausübung. Insgesamt gesehen, wird daher wohl der individuellen Verwaltung der Vorzug zu geben sein.

Die Entscheidung zwischen den beiden Formen der individuellen Verwaltung wird vor allem von dem der Unternehmung verursachten Finanzierungsaufwand bestimmt und wiederum von dem Problem der Quantität des Aktienbesitzes[66]: Bei der Verwaltung durch Kreditinstitute kann für alle Arbeitnehmer das steuerliche Kapitalerhöhungsgesetz sowie das Vermögensbildungs- und Spar-Prämiengesetz in Anspruch genommen werden (soweit auch die übrigen gesetzlichen Bedingungen erfüllt sind). Bei der Verwaltung nach eigenem Ermessen ist das dagegen nur bei den Arbeitnehmern möglich, die die Verwaltung der Aktien von sich aus einem Kreditinstitut übertragen, so daß zumindest bei einem Teil der Arbeitnehmer zusätzlicher Finanzierungsaufwand für die Arbeitnehmer und die Unternehmung entsteht. Das Problem der Quantität des Aktienbesitzes spricht allerdings mehr für eine Verwaltung nach eigenem Ermessen, da sie dem Mißtrauen der Arbeitnehmer gegen den Aktienerwerb und den langfristigen Aktienbesitz die geringsten Ansatzpunkte bietet und ihnen unter Umständen auch den evtl. ungewohnten Verkehr mit Banken und Sparkassen erspart. Trotzdem erscheint es sinnvoller der Verwaltung durch Kreditinstitute den Vorzug zu geben,

---

[65] So hat sich bei der Befragung der Mannesmann-Arbeitnehmer gezeigt, daß die kollektive Verwaltung durch die Deutsche Treuhand-Gesellschaft häufig zu der Vorstellung geführt hat, es handele sich gar nicht um Mannesmann-Aktien oder allenfalls um minderwertige „Nebenaktien". (Vgl. *Weltz, Friedrich:* a.a.O., S. 21, 22 u. 26).

[66] Siehe zum folgenden Abschnitt Seite 40, 42 u. 43.

da der Arbeitnehmer das Kreditinstitut frei wählen kann und zumindest der Umgang mit Sparkassen zumutbar erscheint.

IV. Die Sicherung des Erfolges der Aktienausgabe

1. Die Fortführung der Bemühungen um die Milderung des sozialen Konflikts und die Vermittlung der fehlenden Kenntnisse

Wichtigste Bedingung für die Sicherung des Erfolges der Aktienausgabe ist im Hinblick auf das Problem der Quantität des Aktienbesitzes die Erhaltung und Erweiterung des vorhandenen Belegschaftsaktienbesitzes. Daraus folgt die Notwendigkeit, die zur Vorbereitung der Aktienausgabe eingeleiteten Maßnahmen zur Milderung des sozialen Konflikts und Vermittlung der fehlenden Kenntnisse fortzusetzen und zu ergänzen, zumal sich ein Erfolg sowieso nur langfristig einstellt. Besondere Bedeutung kommt dabei der Verbesserung der allgemeinen wirtschaftlichen Kenntnisse zu. Die Belegschaftsaktionäre werden durch ihren Aktienbesitz ständig mit wirtschaftlichen Fragen konfrontiert, die sie wenigstens in groben Zügen verstehen müssen, um Mißtrauen und somit die Gefahr einer frühzeitigen Wiederveräußerung zu vermeiden. Und die übrige Belegschaft wird auf lange Sicht für spätere Aktienausgaben gewonnen werden müssen.

2. Die laufende Unterrichtung der Belegschaftsaktionäre

Im Hinblick auf die Probleme der Ausprägung der Eigentumsfunktionen, der Ursache des sozialen Konflikts und der Bestimmungsfaktorren von Dividende und Sustanzwert der Aktie erscheint eine laufende, leicht verständliche Unterrichtung der Belegschaftsaktionäre über die wirtschaftliche Entwicklung der Unternehmung erforderlich. Nur so können die Arbeitnehmer langsam in ihre neue Rolle als Aktionär und Miteigentümer hineinwachsen und die beabsichtigten Wirkungen im Rahmen des Möglichen eintreten.

Vor allem ist an die Aufnahme regelmäßiger Informationen über den Geschäftsverlauf in die Betriebszeitschrift zu denken, die leicht verständlich kommentiert, den Arbeitnehmer immer wieder an die Tatsache des Belegschaftsaktienbesitzes erinnern müssen. Daß diese Informationen auch den Nichtaktionären in der Belegschaft zugänglich sind, kann nur vorteilhaft sein. Soweit die Unternehmung reguläre Aktionärsbriefe herausgibt, die bei der vorgeschlagenen Verwaltung auch den Belegschaftsaktionären über ihre Kreditinstitute zugeleitet werden, wird in der Betriebszeitschrift auch eine entsprechende Anleitung zum Lesen der Bilanzen und Statistiken gegeben werden können.

Darüber hinaus ist im Zusammenhang mit der Vereinbarung über die Wiederholung der Aktienausgabe bei Steigerung der Produktivität und Wirtschaftlichkeit der Unternehmung (zeitlicher Ausgabeumfang der Belegschaftsaktie), an die Veröffentlichung diesbezüglicher Meldungen zu denken, an denen die Aussicht für die Wiederholung der Aktienausgabe abzulesen ist. Wie Friedrich Weltz bei der Befragung der Mannesmann-Arbeitnehmer feststellte, kommt der Wiederholungsaussicht erhebliche Bedeutung zu: „Von einem großen Teil der Bezugsberechtigten ... wird Kritik daran geübt, daß das Angebot nur auf eine Aktie beschränkt gewesen sei[67].“ „Einige Bezieher wollen ihre Aktie nach Ablauf der Sperrfrist nur dann behalten, wenn weitere Belegschaftsaktien angeboten werden[68].“ Er fordert daher eine „klare Angabe darüber, in welchem Ausmaß und in welchem Zeitraum mit weiteren Angeboten von Belegschaftsaktien zu rechnen ist“[69]. Es steht allerdings außer jedem Zweifel, daß die Festlegung der Wiederholungsbedingung evtl. im Zusammenhang mit geeigneten Kennziffern außerordentlich problematisch ist. Sicherlich aber läßt sich in Zusammenarbeit mit dem Betriebsrat eine im Rahmen des Möglichen befriedigende Lösung finden.

3. Die Teilnahme an der Hauptversammlung

Die Probleme der Ausprägung der Eigentumsfunktionen, der Ursache des sozialen Konflikts und der Bestimmungsfaktoren von Dividende und Substanzwert der Aktie lassen neben der laufenden Unterrichtung auch den Hauptversammlungsbesuch der Belegschaftsaktionäre zweckmäßig erscheinen. Dazu stellt Dirk Cattepoel folgendes fest: „Bei manchen entsteht erst durch die Teilnahme an der Hauptversammlung das Bewußtsein, daß die Aktie doch noch mehr als nur eine der vielen Geldanlage-Möglichkeiten ist. Deshalb ist es wichtig, die Mitarbeiter zum Besuch der Hauptversammlung zu ermuntern. Opposition aus ihren Reihen ist kaum zu erwarten und jedenfalls m. W. bisher noch nicht beobachtet worden[70].“

Allerdings stößt die Verwirklichung dieses Vorschlages doch auf erhebliche Schwierigkeiten, da die Hauptversammlungen üblicherweise auf einen Werktag gelegt werden und vormittags beginnen. Eine Teilnahme der Belegschaftsaktionäre während ihrer Arbeitszeit scheidet aber wegen

---

[67] *Weltz*, Friedrich: a.a.O., S. 23.

[68] Ebd., S. 24.

[69] Ebd., S. 64.

[70] *Cattepoel*, Dirk: a.a.O., S. 280.

der damit verbundenen Verluste für die Unternehmung aus. Es muß also vor allem eine Verlegung der Hauptversammlung auf einen arbeitsfreien Tag erwogen werden, zumal das evtl. auch von manchem regulären Kleinaktionär begrüßt werden würde. Gegen diese Maßnahme spricht jedoch, daß die Mehrzahl der Arbeitnehmeraktionäre wegen des erforderlichen Freizeitverlustes, der Unsicherheit der ungewohnten Situation einer Hauptversammlungsteilnahme und des Bewußtseins der Geringfügigkeit des eigenen Stimmanteils diese Möglichkeit nicht nutzen würde. Außerdem kommt bei der vorgeschlagenen Verwaltungsform hinzu, daß sie sich eine Stimm- bzw. Eintrittskarte selbst von ihrem Kreditinstitut besorgen müßten. Unter diesen Umständen verbleiben im wesentlichen nur noch einige Ersatzmaßnahmen.

Erstens kann nach dem Muster der VEBA vor der Hauptversammlung eine Aktionärsversammlung der Belegschaftsaktionäre z. B. im Anschluß an die Arbeitszeit durchgeführt werden[71], auf der den interessierten Arbeitnehmern die Tagesordnung der Hauptversammlung und die Vorschläge zur Beschlußfassung (§ 124 AktG) erläutert werden, die den Belegschaftsaktionären von den verwaltenden Kreditinstituten mit der Bitte um Weisungen für die Stimmrechtsausübung zugeleitet werden (§§ 128 u. 135 AktG). Schließlich kann auch daran gedacht werden, Beschlüsse über die Abgabe der Weisungen zu fassen.

Zweitens kann in Ergänzung oder anstelle der ersten Maßnahme den interessierten Arbeitnehmern am Tage der Hauptversammlung ein kurzer Informationsbesuch nach der Arbeitszeit bei der sicherlich noch andauernden Hauptversammlung ermöglicht werden.

---

[71] Die Vereinigte Elektrizitäts- u. Bergwerks-AG hat 1966, vor der eigentlichen Hauptversammlung in Dortmund, eine Reihe lokaler Aktionärsversammlungen abgehalten.

E. Die Erfolgsaussicht der Belegschaftsaktie (Ergebnis)

I. Allgemeines

In den beiden vorangegangenen Kapiteln sind die Probleme untersucht worden, die die Realisierung der gesetzten Ziele behindern, und die Möglichkeiten, diese Probleme durch eine entsprechende Gestaltung der Aktienausgabe einzuschränken. Davon ausgehend kann nun eine abschließende Untersuchung der Erfolgsaussicht der Belegschaftsaktie vorgenommen werden.

Als erstes erfolgt eine analytische Beurteilung der Erfolgsaussicht. Diese Beurteilung geht, getrennt für jedes einzelne Ziel, von den behandelten Problemen aus und führt unter Berücksichtigung der vorgeschlagenen Gestaltung der Aktienausgabe und des allgemeinen Schwierigkeitsgrades des Ziels zu einer Einordnung in eine fünfstufige Werteskala mit den Urteilen ‚sehr gute', ‚gute', ‚befriedigende', ‚ausreichende' und ‚ungenügende' Erfolgsaussicht.

Daran an schließt sich ein Vergleich der so gefundenen Erfolgsaussicht der Belegschaftsaktie mit der mutmaßlichen Erfolgsaussicht anderer Mittel betrieblicher Sozialpolitik und eine Wertung hinsichtlich der gegenwärtigen Wirtschafts- und Gesellschaftsentwicklung.

Abschließend können dann einige Schlußfolgerungen über die Eignung der Belegschaftsaktie für die Unternehmungspolitik gezogen werden.

II. Die Beurteilung der Erfolgsaussicht

1. Die Erfolgsaussicht der sozialen Ziele

(1) *Abbau des sozialen Konflikts:* Die Verwirklichung der drei Teilziele, Abbau der Herrschaftsgegensätze und der wirtschaftlichen und gesellschaftlichen Gegensätze zwischen Arbeitnehmer und Arbeitgeber, wird durch das Problem der Ausprägung der Eigentumsfunktionen bei der Belegschaftsaktie beeinträchtigt: Die Herrschafts-, Sicherungs- und Prestigefunktion sind bei der Belegschaftsaktie nur sehr schwach ausgeprägt. Und da durch eine entsprechende Gestaltung der Aktienausgabe

nur die Sicherungsfunktion normalisiert werden kann, bewirkt die Belegschaftsaktie im wesentlichen nur einen Abbau der wirtschaftlichen Gegensätze zwischen Arbeitnehmer und Arbeitgeber. Für die Erfolgsaussicht des Gesamtzieles ist darüber hinaus das Problem der Ursache des sozialen Konflikts entscheidend, die Tatsache, daß nicht die wirtschaftlichen und gesellschaftlichen, sondern die Herrschaftsgegensätze für den sozialen Konflikt entscheidend sind. Unter diesen Umständen verbleiben zur Verwirklichung des vorliegenden Zieles nur gewisse begrenzte psychologische Wirkungen. Außerdem müssen auch noch die generellen Probleme der Quantität des Aktienbesitzes und des Personenkreises der Aktienbesitzer berücksichtigt werden, die jedoch bei der vorgeschlagenen Gestaltung der Aktienausgabe zumindest teilweise abgebaut werden können. Zusammenfassend kann daher nur mit einer *ungenügenden* Erfolgsaussicht der Belegschaftsaktie beim Abbau des sozialen Konflikts gerechnet werden. Das gilt um so mehr, als diesem Ziel ein relativ hoher Schwierigkeitsgrad zukommt, da es Änderungen menschlichen Verhaltens und menschlicher Überzeugungen beinhaltet, die auf schlechten Erfahrungen, langwährenden Vorurteilen und wirksamer politischer Ideologie beruhen.

(2) *Verbesserung der wirtschaftlichen Existenzgrundlage der Arbeitnehmer:* Die Verwirklichung der beiden Teilziele, Ermöglichung einer eigenverantwortlichen Alters- und Krisenvorsorge und Verbesserung des Lebensstandards des Arbeitnehmers durch die substanz- und ertragsmäßige Sicherungsfunktion des Eigentums, wird wiederum durch das Problem der Ausprägung der Eigentumsfunktionen bei der Belegschaftsaktie beeinträchtigt. Doch kann durch die entsprechende Gestaltung der Aktienausgabe wenigstens eine für Aktien normale Ausprägung der Sicherungsfunktion erreicht werden. Darüber hinaus sind nur noch die teilweise einschränkbaren generellen Probleme der Quantität des Aktienbesitzes und des Pesonenkreises der Aktienbesitzer von Bedeutung. Zusammenfassend kann daher eine *befriedigende* Erfolgsaussicht der Belegschaftsaktie bei der Verbesserung der wirtschaftlichen Existenzgrundlage der Arbeitnehmer erwartet werden. Das gilt auch deshalb, weil diesem Ziel ein relativ geringer Schwierigkeitsgrad zukommt, da es lediglich eine Veränderung sachlicher Gegebenheiten und keine menschlichen Verhaltensänderungen beinhaltet.

2. Die Erfolgsaussicht der ökonomischen Ziele

(1) *Steigerung der Produktivität und Wirtschaftlichkeit:* Die Verwirklichung des ersten Teilzieles, nämlich die Schaffung eines ökonomischen Anreizes für die Arbeitnehmer mit den Auswirkungen ihres Verhaltens

auf Dividende und Substanzwert der Belegschaftsaktie, wird durch das Problem der Bestimmungsfaktoren von Dividende und Substanzwert der Aktie ganz erheblich beeinträchtigt. Indem jedoch die Wiederholung der Aktienausgabe durch Betriebsvereinbarung von einer Produktivitäts- oder Wirtschaftlichkeitssteigerung abhängig gemacht und evtl. zusätzlich eine leistungsabhängige Vorzugsdividende eingeführt wird, kann ein begrenzter zusätzlicher Anreiz geschaffen werden. Die Verwirklichung des zweiten Teilzieles, nämlich die Schaffung eines psychischen Antriebes mit dem psychischen Sorge- und Pflegebedürfnis des Eigentümers für sein Eigentumsobjekt, wird durch das Problem der Ausprägung der Eigentumsfunktionen bei der Belegschaftsaktie in Frage gestellt, das bei der Gestaltung der Aktienausgabe ja nur hinsichtlich der Sicherungsfunktion gemildert werden konnte. Und die Erfolgsaussicht des dritten Teilzieles, nämlich die Schaffung der psychologischen Voraussetzungen durch den Abbau des sozialen Konflikts, ist durch die geringe Erfolgsaussicht des ersten sozialen Zieles ebenfalls gering. Alle drei Teilziele werden darüber hinaus noch durch die generellen Probleme der Quantität des Aktienbesitzes und des Personenkreises der Aktienbesitzer beeinträchtigt, die allerdings bei der Gestaltung der Aktienausgabe zumindest teilweise abgebaut werden können. Zusammenfassend kann daher nur mit einer *ausreichenden* Erfolgsaussicht der Belegschaftsaktie bei der Steigerung der Produktivität und Wirtschaftlichkeit der Unternehmung gerechnet werden. Das gilt auch deshalb, weil diesem Ziel ein relativ hoher Schwierigkeitsgrad zukommt, da es die Änderung gewohnten und bequemen menschlichen Verhaltens und eine anhaltende Anstrengung der gesamten Belegschaft beinhaltet.

(2) *Heranziehung einer leistungsfähigen Stammbelegschaft:* Die Verwirklichung des ersten Teilzieles, nämlich die Schaffung eines ökonomischen Anreizes für die Arbeitnehmer mit der Aussicht auf Wiederholung der Belegschaftsaktienausgabe, ist durch kein spezielles Problem beeinträchtigt. Indem noch die Ausgabewiederholung im Hinblick auf das vorangegangene Ziel in einer Betriebsvereinbarung festgelegt wird, kann dieser ökonomische Anreiz sogar noch besonders wirksam gestaltet werden. Die Verwirklichung des zweiten Teilzieles, nämlich die Schaffung eines psychischen Antriebes mit der psychischen Bindung des Eigentümers an sein Eigentumsobjekt, wird wiederum durch das Problem der Ausprägung der Eigentumsfunktionen in Frage gestellt, das bei der Gestaltung der Aktienausgabe ja nur hinsichtlich der Sicherungsfunktion gemildert werden kann. Und die Erfolgsaussicht des dritten Teilzieles, nämlich die Schaffung der psychologischen Voraussetzungen ist — wie beim vorangegangenen Ziel schon erläutert — nur gering. Darüber hinaus bleiben auch hier die generellen Probleme der Quantität des Aktienbesitzes und des Personenkreises der Aktienbesitzer in gewissem Um-

fange bedeutsam. Zusammenfassend kann daher eine noch *befriedigende* Erfolgsaussicht der Belegschaftsaktie bei der Heranziehung einer leistungsfähigen Stammbelegschaft festgestellt werden. Das gilt um so mehr, als diesem Ziel ein relativ geringer Schwierigkeitsgrad zukommt, da es weniger eine Änderung als vielmehr eine Erhaltung und Unterstützung gegebenen menschlichen Verhaltens beinhaltet.

(3) *Verbesserung der Unternehmungsfinanzierung:* Die Verwirklichung des ersten Teilzieles, nämlich die Erhöhung des gegenwärtigen Eigenkapitals und der Liquidität der Unternehmung als direkte Wirkung der Belegschaftsaktienausgabe wird durch das Problem der Bedingungen einer Eigenkapital- und Liquiditätserhöhung in Frage gestellt, das sich allerdings bei der vorgeschlagenen Gestaltung der Aktienausgabe vermeiden läßt. Und die Verwirklichung des zweiten Teilzieles, nämlich die Verbesserung der zukünftigen Finanzierungsmöglichkeiten der Unternehmung am Aktienmarkt durch die indirekt mit der Belegschaftsaktie bewirkte Gewöhnung der Arbeitnehmer an Erwerb und Besitz von Aktien, wird durch das Problem der Benachteiligung der regulären Aktionäre beeinträchtigt, das sich allerdings ebenfalls durch die vorgeschlagene Gestaltung der Aktienausgabe weitgehend vermeiden läßt. Außerdem müssen natürlich wiederum die generellen Probleme der Quantität des Aktienbesitzes und des Personenkreises der Aktienbesitzer berücksichtigt werden. Zusammenfassend ergibt sich also eine *befriedigende* Erfolgsaussicht der Belegschaftsaktie bei der Verbesserung der Unternehmungsfinanzierung. Das gilt um so mehr, als diesem Ziel ein relativ geringer Schwierigkeitsgrad zukommt, da es nur zu einem Teil menschliche Verhaltensänderungen im übrigen aber rein sachliche Änderungen beinhaltet.

(4) *Werbung um öffentliches Vertrauen:* Das erste und dritte Teilziel, nämlich die Vertrauenswerbung bei Kunden und Lieferanten sowie bei Parteien und Staat, wird durch kein spezielles Problem in Frage gestellt. Und das zweite Teilziel, die Vertrauenswerbung bei Gewerkschaften, Kirchen und ähnlichen Organisationen, ist durch das Problem der Einstellung der Gewerkschaften partiell, nämlich hinsichtlich der im Deutschen Gewerkschaftsbund zusammengeschlossenen Gewerkschaften, nicht zu verwirklich. Ausnahmsweise kommt bei diesem Ziel auch den generellen Problemen nur sehr geringe Bedeutung zu. Zusammenfassend darf also noch eine *befriedigende* Erfolgsaussicht der Belegschaftsaktie bei der Werbung um öffentliches Vertrauen erwartet werden. Das gilt um so mehr, als diesem Ziel ein relativ geringer Schwierigkeitsgrad zukommt, da es beim größten Teil der Öffentlichkeit nicht so sehr eine Änderung als eine Erhaltung und Unterstützung menschlichen Verhaltens bzw. menschlicher Überzeugungen beinhaltet, wobei sogar noch an latent vorhandenes marxistisches Ideengut angeknüpft werden kann.

3. Die Erfolgsaussicht der politischen Ziele

(1) *Leistung eines Beitrages zur Stabilisierung der Gesellschaftsordnung:* Der Verwirklichung der beiden Teilziele, zum Abbau der Bestrebungen zur Abschaffung bzw. Aushöhlung des Privateigentums und Ausweitung der Staatsvorsorge durch Schaffung von Arbeitnehmereigentum und Gewöhnung der Arbeitnehmer an Eigentum beizutragen, steht kein spezielles Problem entgegen. Es treten jedoch in begrenztem Maße negative Nebenwirkungen für die Gesellschaftsstruktur auf, die ebenfalls für die Stabilität der Gesellschaftsordnung bedeutsam sind und durch eine entsprechende Gestaltung der Aktienausgabe nicht beseitigt werden können (Problem der Beeinträchtigung der Wirtschafts- und Gesellschaftsstruktur). Hinzu kommen wiederum die teilweise eingeschränkten generellen Probleme der Quantität des Aktienbesitzes und des Personenkreises der Aktienbesitzer. Zusammenfassend kann daher die Erfolgsaussicht der Belegschaftsaktie, zur Stabilisierung der Gesellschaftsordnung wenigstens beizutragen, noch als *befriedigend* beurteilt werden. Das gilt um so mehr, als diesem Ziel ein relativ geringer Schwierigkeitsgrad zukommt, da es weniger eine Überwindung als eine Erhaltung gewohnten menschlichen Verhaltens bei einer breiten zufriedenen Arbeitnehmerschicht beinhaltet.

(2) *Leistung eines Beitrages zur Sicherung des Wirtschaftswachstums:* Der Verwirklichung der beiden Teilziele, zur Erhöhung der volkswirtschaftlichen Kapitalbildung und der Verringerung der Preisauftriebstendenzen durch die arbeitnehmerseitige Finanzierung des Belegschaftsaktienerwerbs und die Gewöhnung der Arbeitnehmer an Erwerb und Besitz von Aktien beizutragen, steht ebenfalls kein spezielles Problem entgegen. Hier treten jedoch in begrenztem Maße negative Nebenwirkungen für die Wirtschaftsstruktur auf, die das Wirtschaftswachstum zumindest teilweise mitbestimmen und durch eine entsprechende Gestaltung der Aktienausgabe nicht beseitigt werden können (Problem der Beeinträchtigung der Wirtschafts- und Gesellschaftsstruktur). Außerdem kommt wiederum den generellen Problemen der Quantität des Aktienbesitzes und des Personenkreises der Aktienbesitzer eine gewisse Bedeutung zu. Zusammenfassend kann daher die Erfolgsaussicht der Belegschaftsaktie, zur Sicherung des Wirtschaftswachstums wenigstens beizutragen, ebenfalls als *befriedigend* beurteilt werden. Das gilt um so mehr, als diesem Ziel ein relativ geringer Schwierigkeitsgrad zukommt, da es nur zu einem Teil menschliche Verhaltensänderungen im übrigen aber rein sachliche Änderungen beinhaltet.

III. Der Vergleich der Erfolgsaussicht mit der anderer Mittel betrieblicher Sozialpolitik

1. Die immateriellen Mittel

Für einen Vergleich mit der Belegschaftsaktie bieten sich von den immateriellen Mitteln betrieblicher Sozialpolitik vor allem die folgenden an[1]:

(1) Ausbau der Mitbestimmung, des Vorschlagswesens und anderer institutioneller Einrichtungen zur Verbesserung der Kooperation zwischen Unternehmungsleitung und Belegschaft,

(2) Delegation von Kompetenzen und Verantwortung,

(3) Verbesserung der Fortbildungs- und Aufstiegsmöglichkeiten,

(4) Pflege der menschlichen Beziehungen (human relations im engeren Sinne).

Beim Abbau des sozialen Konflikts sind diese Mittel der Belegschaftsaktie tendenziell überlegen, weil sie die betriebliche Herrschaftsstruktur in ihren Auswirkungen am einzelnen Arbeitsplatz verändern. Allerdings gilt das auch nur bei einer entsprechend zweckmäßigen Gestaltung. Beispielsweise ist die von den Gewerkschaften heute geforderte wirtschaftliche Mitbestimmung in ihrer Wirkung auf den sozialen Konflikt ähnlich zweifelhaft wie die Belegschaftsaktie[2]. Grundsätzlich kann jedoch eine tendenzielle Überlegenheit der immateriellen Mittel beim Abbau des sozialen Konflikts festgestellt werden.

Im Gegensatz dazu steht eine völlige Unfähigkeit der immateriellen Mittel bei der Verbesserung der wirtschaftlichen Existenzgrundlage der Arbeitnehmer und insofern eine Unterlegenheit gegenüber der Belegschaftsaktie.

Hinsichtlich der Steigerung der Produktivität und Wirtschaftlichkeit der Unternehmung erscheinen mehr oder weniger alle genannten immateriellen Mittel betrieblicher Sozialpolitik der Belegschaftsaktie über-

---

[1] Vgl. dazu *Mellerowicz,* Konrad: Unternehmenspolitik, Bd. II..., S. 338 bis 339. — Ferner *Hauck,* Roland: Sozialpolitik der Unternehmen unter dem Einfluß der Mitbestimmung der Arbeitnehmer. Köln und Opladen 1963, S. 20.

[2] Dessen scheinen sich auch die Gewerkschaften bewußt zu sein. So stellte der Referent der Abteilung „Mitbestimmung" des Deutschen Gewerkschaftsbundes in einem Schreiben vom 2. 3. 1966 vergleichend zur Belegschaftsaktie fest: „Auch die Mitbestimmung vermag die Objektsituation der Arbeitnehmer nicht aufzuheben, sondern nur ihre stärksten Mißbildungen zu beseitigen." „Eine entscheidende Möglichkeit der Mitbestimmung liegt meines Erachtens darin, daß die Unternehmensleitung nicht mehr nur einseitig durch die Vertreter des Kapitals, sondern zusätzlich durch die Arbeitnehmer legitimiert wird." Es geht also auch hierbei nicht so sehr um eine Beseitigung der Ursachen wie um die weitere „Institutionalisierung des Klassengegensatzes".

legen, soweit sie mit der nötigen Konsequenz eingesetzt werden. Und ähnliches gilt auch für die Heranziehung einer leistungsfähigen Stammbelegschaft.

Im Gegensatz dazu sind immaterielle Mittel zur Verbesserung der Unternehmungsfinanzierung völlig ungeeignet und zur Werbung um öffentliches Vertrauen der Belegschaftsaktie zumindest tendenziell unterlegen, da die Ausgabe von Belegschaftsaktien noch immer besonderes Aufsehen erregt.

Und zur Stabilisierung der Gesellschaftsordnung und Sicherung des Wirtschaftswachstums sind immaterielle Mittel ebenfalls ungeeignet.

Zusammenfassend kann also festgestellt werden, daß die immateriellen Mittel betrieblicher Sozialpolitik der Belegschaftsaktie trotz deren weitgehend nur befriedigenden Erfolgsaussicht in einigen Zielen unterlegen sind, sie also nicht in jeder Hinsicht ersetzen können.

2. Die materiellen Mittel

An materiellen Mitteln stehen der betrieblichen Sozialpolitik neben der Belegschaftsaktie vor allem die folgenden zur Verfügung[3]:

(1) Betriebliche Altersversorgung,

(2) Erfolgsbeteiligung (hier in reiner Form mit Barausschüttung),

(3) Gläubigerrechtliche Kapitalbeteiligung (Obligationen, Darlehen u. ä.),

(4) Beihilfen zum Konten- und Bausparen,

(5) Betriebliche Sozialeinrichtungen (z. B. Kantinen, Sportanlagen, Gesundheitspflege, Werkswohnungen usw.).

Für den Abbau des sozialen Konflikts sind diese Mittel alle ähnlich schlecht geeignet wie die Belegschaftsaktie. Jedoch sind die betriebliche Altersversorgung, die gläubigerrechtliche Kapitalbeteiligung und evtl. sogar Beihilfen zum Konten- und Bausparen der Belegschaftsaktie bei der Verbesserung der wirtschaftlichen Existenzgrundlage der Arbeitnehmer überlegen.

Hinsichtlich einer Steigerung der Produktivität und Wirtschaftlichkeit der Unternehmung ist der Belegschaftsaktie die Erfolgbeteiligung überlegen. Zur Heranziehung einer leistungsfähigen Stammbelegschaft ist vor allem die betriebliche Altersversorgung besser als die Belegschaftsaktie geeignet und wahrscheinlich gilt das ebenfalls für die Erfolgsbeteiligung

[3] Vgl. dazu *Mellerowicz*, Konrad: Unternehmenspolitik, Bd. II ..., S. 338 bis 339. — Ferner: *Hauck*, Roland: a.a.O., S. 20.

und Beihilfen zum Konten- und Bausparen. Und zur Werbung um öffentliches Vertrauen ist zumindest die Einführung einer Erfolgsbeteiligung evtl. auch die gläubigerrechtliche Kapitalbeteiligung der Belegschaftsaktie ebenbürtig.

Eine recht spezifische Überlegenheit der Belegschaftsaktie gegenüber den anderen materiellen Mitteln der betrieblichen Sozialpolitik findet sich dagegen bei der Verbesserung der Unternehmungsfinanzierung, und zwar hinsichtlich der Erweiterung der Eigenkapitalbasis. In dieser spezifischen Hinsicht ist die gläubigerrechtliche Kapitalbeteiligung völlig unwirksam und die betriebliche Altersversorgung der Belegschaftsaktie nicht ebenbürtig.

Zur Stabilisierung der Gesellschaftsordnung und Sicherung des Wirtschaftswachstums sind der Belegschaftsaktie wiederum zwei materielle Mittel betrieblicher Sozialpolitik ebenbürtig oder nur geringfügig unterlegen, die gläubigerrechtliche Kapitalbeteiligung und Beihilfen zum Konten- und Bausparen.

Zusammenfassend kann also festgestellt werden, daß die Belegschaftsaktie den übrigen materiellen Mitteln betrieblicher Sozialpolitik nur hinsichtlich der Unternehmungsfinanzierung deutlich überlegen ist, wenn auch nur in einem spezifischen Sinne. Und es kann ergänzt werden, daß sich diese einzige Überlegenheit — wie oben festgestellt wurde — auch auf die immateriellen Mittel bezieht.

IV. Die Wertung der Erfolgsaussicht im Hinblick auf die Wirtschafts- und Gesellschaftsentwicklung

1. Die volkswirtschaftlichen Entwicklungstendenzen

Die volkswirtschaftliche Situation der hochentwickelten westlichen Staaten, insbesondere auch der Bundesrepublik Deutschland, ist vor allem durch die folgenden Entwicklungstendenzen gekennzeichnet[4]:

[4] Vgl. zum folgenden Absatz *Mellerowicz*, Konrad: Unternehmenspolitik, Bd. I..., S. 11—27. — Ferner *Weber*, Adolf: Schein und Wirklichkeit in der Volkswirtschaft. Sechs Jahrzehnte im Dienste der Volkswirtschaft. Beiträge zur Klärung sozialökonomischer Gegenwartsprobleme. Berlin 1961, S. 207 bis 223 u. 371—389. — Ferner *Groß*, Herbert: Neue Ideen in der Wirtschaft. Schlaglichter auf Wandlungen in Produktion, Vertrieb und Unternehmensführung. Düsseldorf 1960, S. 237— 270. — Ferner *Schwarz*, Horst: Veränderungen der Bedeutung und bei der Erfüllung von Handelsfunktionen auf Grund neuerer Entwicklungen in der Absatzwirtschaft sowie in der Produktions- und Transporttechnik. In: Betriebswirtschaftslehre und Wirtschaftspraxis. Festschrift für Konrad Mellerowicz. Hrsg. H. Schwarz und K. H. Berger, Berlin 1961, S. 291 ff.

(1) Sich verschärfender Wettbewerb, hervorgerufen durch die Erweiterung der Märkte (EWG, EFTA, GATT), den staatlichen Abbau von Wettbewerbsbeschränkungen und die Verstärkung der Marktposition der Konsumenten gegenüber den Produzenten (hoher Lebensstandard).

(2) Schneller technischer Fortschritt, der durch den hohen Stand der Naturwissenschaften und den starken Wettbewerb bedingt ist.

(3) Starke Verknappung des Produktionsfaktors Arbeit, infolge naturgegebener Begrenzung des Arbeitskräftepotentials, fortschreitender Arbeitszeitverkürzung und des mit dem Einsatz moderner Technik verbundenen Bedarfs an qualifizierten Arbeitskräften.

(4) Starke Verknappung des Produktionsfaktors Kapital, hervorgerufen einerseits durch den unverhältnismäßig hohen Kapitalbedarf beim Einsatz moderner Technik und andererseits durch die relativ geringe Kapitalbildung. Dabei zeigt sich in der Bundesrepublik ein besonders starker Mangel an Eigenkapital. Die steuerlichen Vorteile der Fremdfinanzierung haben einerseits zu einer im internationalen Vergleich gefährlich geringen Eigenkapitalbasis[5] in deutschen Aktiengesellschaften und andererseits zu einer Unterentwicklung des deutschen Aktienmarktes[6] geführt, zumal die Selbstfinanzierungsmöglichkeiten in der Vergangenheit gut waren. Infolge des sich verschärfenden Wettbewerbs geht die Selbstfinanzierung nun merklich zurück, so daß eine stärkere Inanspruchnahme des Aktienmarktes unvermeidlich wird[7]. Daß dieser Sachverhalt von den Aktiengesellschaften immer deutlicher erkannt wird, zeigt z. B. die vom Arbeitskreis zur Förderung der Aktie e. V., Düsseldorf, geplante Gemeinschaftswerbung zur Förderung der Aktie[8].

Für die Wertung der oben abgeleiteten Erfolgsaussicht der Belegschaftsaktie folgt daraus, daß den Erfolgsurteilen bei den ökonomischen Zielen und dem zweiten politischen Ziel besonderes Gewicht zukommt. Daran ist hinsichtlich der Steigerung der Produktivität und Wirtschaftlichkeit, der Heranziehung einer leistungsfähigen Stammbelegschaft und der Werbung um öffentliches Vertrauen nichts Neues; die Bedeutung dieser Ziele war schon früher relativ hoch. Wesentlich bedeutsamer er-

---

[5] Das Verhältnis Eigenkapital/Bilanzsumme beträgt in der Bundesrepublik durchschnittlich etwa 40 %, in den USA 65 %, in Großbritannien 64 %, in Frankreich 50 %. (Vgl. *Ulrich*, Franz Heinrich: Neues Kapital durch neue Aktionäre. In: Handelsblatt vom 27. 1. 1966).

[6] 1962 gab es in der Bundesrepublik rd. 2 Mill. Aktionäre, in Japan rd. 3,5 Mill., in Großbritannien rd. 4,5 Mill. und in den USA, mit etwa der dreifachen Bevölkerung der Bundesrepublik, 17 Mill. Aktionäre. (Vgl. *Rischow*, Hermann: Entwicklungsland im Aktiensparen. In: Handelsblatt vom 10. 3. 1965).

[7] Vgl. *Ulrich*, Franz Heinrich: a.a.O.

[8] Vgl. Arbeitskreis zur Förderung der Aktie e. V. (Hrsg.): Gemeinschaftsaktion zur Förderung der Aktie (Informationsschrift ohne Ort und Jahr).

scheint dagegen die Bedeutungszunahme bei der Verbesserung der Unternehmungsfinanzierung und bei der Förderung des Wirtschaftswachstums. Einerseits die Tatsache, daß nur 11 % der Beamten und Angestellten und sogar nur 3 % der Arbeiter Aktien besitzen[9], obwohl sie 76 % der arbeitenden Bevölkerung bilden[10], und andererseits die Tatsache der bleibenden Arbeitskräfteknappheit, die zu weiteren Einkommenssteigerungen führt, machen es notwendig und möglich, auch diese Bevölkerungsgruppe für den Aktienmarkt zu gewinnen.

2. Die gesellschaftlichen Entwicklungstendenzen

Die gesellschaftliche Situation der hochentwickelten westlichen Staaten, insbesondere auch der Bundesrepublik Deutschland, ist vor allem durch folgende Entwicklungstendenzen gekennzeichnet:

(1) Eine gewisse Verringerung des sozialen Konflikts. Schelsky und Dahrendorf führen dazu die Trennung von Eigentum und Kontrolle in der Aktiengesellschaft, die Bildung des neuen Mittelstandes, die Erhöhung der sozialen Mobilität, die Erhöhung der rechtlichen und materiellen Gleichheit der Menschen und besonders die Institutionalisierung des Klassenkampfes an[11].

(2) Sich ständig verstärkende Unterschiede in der Eigentumsverteilung. Einerseits infolge der Tatsache, daß produktiv eingesetztes Eigentum Zinserträge erbringt, die aufgrund der westlichen Eigentumsordnung dem Eigentümer zufließen und vom Staat im Hinblick auf Wirtschaftswachstum und Vollbeschäftigung nicht zu sehr besteuert werden. Und andererseits infolge der relativen Konstanz der menschlichen Vitalbedürfnisse, die die Eigentumsneubildung bei geringem Einkommen verhindert und bei hohem Einkommen fördert[12]. So entfielen in der Bundesrepublik von der privaten Vermögensbildung der Jahre 1950—1959 einschließlich der nichtverteilten Gewinne der Einzelfirmen und Personalgesellschaften etwa 72 % auf 17 % der Haushalte, nämlich die der Selbständigen, und nur 28 % auf die restlichen 83 % der Haushalte der Unselbständigen[13]. Da darin die unverteilten Gewinne der Kapitalgesell-

---

[9] Vgl. *Rischow*, Hermann: a.a.O.

[10] Vgl. Statistisches Bundesamt (Hrsg.): Statistisches Jahrbuch 1965 ..., S. 155.

[11] Siehe die Ausführungen zum Problem der Ursache des sozialen Konflikts.

[12] Vgl. zu diesem Absatz *Föhl*, Carl: Kreislaufanalytische Untersuchung der Vermögensbildung in der Bundesrepublik und der Beeinflußbarkeit ihrer Verteilung. Gutachten erstellt im Auftrage des Bundeswirtschaftsministeriums. Tübingen 1964, S. 40.

[13] Vgl. *Föhl*, Carl: a.a.O., S. 62—64.

schaften nicht berücksichtigt sind, liegen die wirklichen Zahlen noch ungünstger[14].

(3) Die auf einem Umsturz der Gesellschaftsordnung in den westlichen Staaten gerichtete Politik der kommunistischen Staaten, die vor allem an diesem Sachverhalt anknüpft. So heißt es im Programm der kommunistischen Partei der Sowjetunion: „Eine Handvoll Milliardäre und Millionäre verfügt unkontrolliert über den ganzen Reichtum der kapitalistischen Welt und macht bei ihren eigennützigen Geschäften das Leben ganzer Nationen zu barer Münze[15].“ Hinzu kommt für die Bundesrepublik, daß sie durch die Spaltung Deutschlands der kommunistischen Gesellschaftsordnung ganz direkt gegenübersteht.

Für die Wertung der oben abgeleiteten Erfolgsaussicht der Belegschaftsaktie folgt daraus einerseits eine Normalisierung der Bedeutsamkeit des Erfolgsurteils über den Abbau des sozialen Konflikts. Andererseits wird jedoch auch die Gefahr deutlich, daß die Frage der Eigentumsverteilung in Zukunft zu neuen Spannungen führt, was den Erfolgsurteilen hinsichtlich der Verbesserung der wirtschaftlichen Existenzgrundlage der Arbeitnehmer und der Stabilisierung der Gesellschaftsordnung besonderes Gewicht verleiht.

V. Die Schlußfolgerungen für die Unternehmungspolitik

Die Beurteilung der Erfolgsaussicht hat gezeigt, daß die Belegschaftsaktie nicht so universell geeignet ist wie es häufig angenommen wird. Wichtigste Erkenntnis ist dabei die ungenügende Erfolgsaussicht beim Abbau des sozialen Konflikts. Damit erweist sich die bis heute noch vorherrschende konfliktorientierte, ideologische Beurteilung der Belegschaftsaktie als Fehleinschätzung, die auf der Geisteshaltung des Hochkapitalismus und der Marxschen Deutung des sozialen Konflikts beruht und letztlich Teil dieses Konfliktes ist. Für die Unternehmungspolitik ist daraus zu folgern, daß die Ausgabe von Belegschaftsaktien allenfalls bei einer grundlegenden Verschiebung des Schwergewichts vom Abbau des sozialen Konflikts auf eines der anderen Ziele gerechtfertigt ist. Soweit also die Belegschaftsaktie als Mittel betrieblicher Sozialpolitik nicht völlig verworfen wird, ist eine weitgehende Umorientierung von den ideologischen Aspekten auf die sachlich-materiellen Aspekte unvermeidlich.

---

[14] Vgl. *Föhl,* Carl: a.a.O., S. 64.

[15] Parteiprogramm der Kommunistischen Partei der Sowjetunion, vom Oktober 1961. Zitiert nach Deutsche Angestellten-Gewerkschaft (Hrsg.): Miteigentum 1965 ..., S. 33.

Der Vergleich der Erfolgsaussicht der Belegschaftsaktie mit der anderer Mittel betrieblicher Sozialpolitik ergab, daß die Belegschaftsaktie lediglich bei der Verbesserung der Unternehmungsfinanzierung, und zwar hinsichtlich der langfristigen Verbesserung der Eigenkapitalbasis, allen anderen materiellen und immateriellen Mitteln überlegen ist, selbst wenn die Erfolgsaussicht der Belegschaftsaktie wegen des Problems der Quantität gegenwärtig nur als befriedigend anzusehen ist. In den übrigen Zielen ist die Belegschaftsaktie anderen Mitteln der betrieblichen Sozialpolitik höchstens ebenbürtig, meist jedoch unterlegen. Für die Unternehmungspolitik folgt daraus, daß die Ausgabe von Belegschaftsaktien letztlich nur durch das Ziel der Verbesserung der Unternehmungsfinanzierung gerechtfertigt werden könnte.

Schließlich hat die Analyse der Wirtschafts- und Gesellschaftsentwicklung ergeben, daß neben der Verbesserung der wirtschaftlichen Existenzgrundlage der Arbeitnehmer, der Stabilisierung der Gesellschaftsordnung und Sicherung des Wirtschaftswachstums auch die Verbesserung der Unternehmungsfinanzierung, im Sinne einer Verstärkung der Eigenkapitalbasis, besonderes Gewicht erhält. Daraus kann gefolgert werden, daß die Belegschaftsaktie als Mittel betrieblicher Sozialpolitik gegenwärtig und in Zukunft Bedeutung erhalten kann, wenn sie durch eine entsprechende Gestaltung in besonderem Maße auf die Unternehmungsfinanzierung, auf die Verbesserung der wirtschaftlichen Existenzgrundlage der Arbeitnehmer und auf die zwei politischen Ziele abgestellt wird. Dazu ist neben der Beachtung der Bedingungen einer Eigenkapital- und Liquiditätserhöhung vor allem an die schon bei der Gestaltung der Aktienausgabe erwähnte Möglichkeit zu denken, die Ausgabe von Belegschaftsaktien in ein umfassenderes Sparprogramm für die Arbeitnehmer zu stellen, das z. B. auch gläubigerrechtliche Kapitalbeteiligungen oder Beihilfen zum Konten- und Bausparen vorsieht[16]. Eine derartige Maßnahme würde sich sehr gut in den Rahmen des Vermögensbildungsgesetzes einfügen und hätte vor allem den Vorteil einer gewissen Risikostreuung und der schrittweisen Heranführung der Arbeitnehmer an den Aktienerwerb. Ohne diese Umorientierung und eine entsprechende Gestaltung kann der Belegschaftsaktie als Mittel betrieblicher Sozialpolitik jedoch gegenwärtig und für die Zukunft nur geringe Bedeutung beigemessen werden.

---

[16] Siehe dazu Seite 134.

Literatur- und Quellenverzeichnis

1. Selbständige Veröffentlichungen

Adler, H., W. *Düring* und K. *Schmaltz:* Rechnungslegung und Prüfung der Aktiengesellschaft. 3. Auflage Stuttgart 1957

Baumbach, A. und A. *Hueck:* Aktiengesetz. (Beck'sche Kurz-Kommentare, Bd. 23) 10., neu bearb. Aufl. München u. Berlin 1959

Bayer, Hans: Gewinnbeteiligung. Internationale Erfahrungen, wirtschaftstheoretische Untersuchungen, wirtschaftspolitische Erkenntnisse. Wien 1952

Blümich, W., L. *Falk* und W. *Steinbrink:* Einkommensteuergesetz, Bd. I. 9. Aufl. Berlin, Frankfurt 1964

Blümich, W., O. *Klein* u. a.: Körperschaftsteuergesetz mit Durchführungsverordnungen, Nebengesetzen und Verwaltungsanweisungen. Kommentar. 4., völl. neubearbeit. Aufl. Berlin u. Frankfurt 1965

Boehme, Heiner: Geldwertbewußtsein und Sparerverhalten. (Forschungsberichte des Landes Nordrhein-Westfalen. Nr. 878) Köln und Opladen 1960

Briefs, Götz: Betriebsführung und Betriebsleben in der Industrie. Zur Soziologie und Sozialpsychologie des Großbetriebes in der Industrie. Stuttgart 1934

Burnham, James: Das Regime der Manager. Stuttgart 1948. (Titel der Originalausgabe: The Managerial Revolution. New York 1941)

Dahrendorf, Ralf: Soziale Klassen und Klassenkonflikt in der industriellen Gesellschaft. 1. Aufl. 1957

— Sozialstruktur des Betriebes — Betriebssoziologie —. Wiesbaden 1959

— Industrie- und Betriebssoziologie. (Sammlung Göschen, Bd. 103) 3. Aufl. Berlin 1965

Fandré, Helmut: Zur Problematik der Streuung des Eigentums an Unternehmungen. Ein Beitrag zur Systematisierung der Miteigentumsdiskussion. (Wirtschaftswissenschaftliche Abhandlungen, H. 15) Berlin 1961

Fischer, Guido: Partnerschaft im Betrieb. Heidelberg 1955

— Allgemeine Betriebswirtschaftslehre (Die Betriebsführung, Bd. 1). 9. Aufl. Heidelberg 1964

Fitting, K., *Kraegeloh* und F. *Auffahrt:* Betriebsverfassungsgesetz nebst Wahlordnung. Handkommentar für die Praxis. 6. neubearb. Aufl. Berlin u. Frankfurt a. M. 1962

Föhl, Carl: Kreislaufanalytische Untersuchung der Vermögensbildung in der Bundesrepublik und der Beeinflußbarkeit ihrer Verteilung. Gutachten, erstellt im Auftrage des Bundeswirtschaftsministeriums. Tübingen 1964

Franklin, Harry L.: Die Arbeiter-Aktienbeteiligung in den Vereinigten Staaten von Amerika. Leipzig, Philosoph. Diss. 1932

Fürstenberg, Friedrich: Grundfragen der Betriebssoziologie. Köln und Opladen 1964

Gadow, W., E. *Heinichen* u. a.: Aktiengesetz, Großkommentar. Bd. I u. II. 2., neubearb. Aufl. Berlin 1961/1965

Galperin, H. und W. *Siebert:* Kommentar zum Betriebsverfassungsgesetz. 3., neubearb. u. erw. Aufl., Heidelberg 1958

Geck, Adolph: Soziale Betriebsführung, zugleich Einführung in die betriebliche Sozialpolitik. 2., erw. Aufl. Essen 1953

Gehlen, Arnold: Die Seele im technischen Zeitalter. Sozialpsychologische Probleme in der industriellen Gesellschaft. Hamburg 1957

Gérard, W., H. *Kunze* und A. *Schäfer:* Spar-Prämiengesetz 1959 u. 1963. Kommentar. 3. neubearb. u. erw. Aufl. Berlin 1963

v. Godin, R. und H. *Wilhelmi:* Gesetz über Aktiengesellschaften und Kommanditgesellschaften auf Aktien (Aktiengesetz). (Guttentagsche Sammlung Deutscher Reichsgesetze Nr. 205) 1. Aufl. Berlin u. Leipzig 1937

Grimmer, Joseph: Arbeitergewinnbeteiligung in Form der Aktienbeteiligung. Freiburg i. Br., Rechts- u. Staatswiss. Diss. 1929

Groß, Herbert: Neue Ideen in der Wirtschaft. Schlaglichter auf Wandlungen in Produktion, Vertrieb und Unternehmensführung. Düsseldorf 1960

Gutenberg, Erich: Grundlagen der Betriebswirtschaftslehre, Bd. I. 2. Aufl. Berlin—Göttingen—Heidelberg 1955

Halbach, Günter: Zweites Gesetz zur Förderung der Vermögensbildung der Arbeitnehmer mit Nebengesetzen. Textausgabe mit Einführung und Erläuterungen. Köln, Berlin, Bonn, München 1965

Hartman, Robert S.: Die Partnerschaft von Kapital und Arbeit. Theorie und Praxis eines neuen Wirtschaftssystems. 1. Aufl. Köln u. Opladen 1958

Hartmann, Bernhard: Das Kapital in der Betriebswirtschaft. Meisenheim/Glan 1957

Hauck, Roland: Sozialpolitik der Unternehmen unter dem Einfluß der Mitbestimmung der Arbeitnehmer. Köln und Opladen 1963

Hellinger, Alfred: Die Gewinnbeteiligung der Arbeitnehmer im Steuerrecht. (Der Rechts- und Steuerdienst, H. 30) Köln 1954

Hirche, Kurt: Das Experiment der Volksaktie. Köln 1961

Hofstätter, Peter R.: Die Psychologie der öffentlichen Meinung. 1. Aufl. Wien 1949

— Gruppendynamik. Kritik der Massenpsychologie. Reinbeck bei Hamburg 1957

Hundhausen, Carl: Werbung um öffentliches Vertrauen — „Public Relations", Bd. I. Essen 1951

Huppert, Walter: Betriebliches Miteigentum der Arbeitnehmer. Berlin—München 1954

Illetschko, Leopold L.: Unternehmenstheorie. Elemente rationaler Betriebslenkung. Wien 1964

Janert, Friedrichkarl: Kommentar zum 2. Vermögensbildungsgesetz. Darmstadt 1965

Jehring, J. J.: The Investment and Administration of Profit Sharing Trust Funds. A Research Study of 208 Profit Sharing Trust Funds. Hrsg. The Profit Sharing Research Foundation. Evanston, Illinois 1957

Kellner, Wolfgang: Der moderne soziale Konflikt. Seine Ursache und seine Überwindung im Betrieb. Stuttgart 1961

Kesselring, Michael: Allgemeine Psychologie. 5. Aufl. Bad Heilbrunn Obb. 1963

Klug, Oskar: Volkskapitalismus durch Eigentumsstreuung. Illusion oder Wirklichkeit? Stuttgart 1962

Koenig, René: Soziologische Orientierungen. Vorträge und Aufsätze. Köln und Berlin 1965

Koenigs, Folkmar: Grundsatzfragen der betrieblichen Mitbestimmung. (Hamburger Rechtsstudien, H. 43) Hamburg 1954

Kruse, Alfred: Geschichte der volkswirtschaftlichen Theorien. 4. verbesserte und erweiterte Auflage, Berlin 1959

Küng, Emil: Eigentum und Eigentumspolitik. Tübingen und Zürich 1964

Kutzenberger, Gerhard: Mitbestimmung der Aktionäre. Ein wirtschaftswissenschaftlicher Beitrag zur Aktienrechtsreform. (Die Unternehmung im Markt, Bd. 12) Berlin 1964

Lampert, Heinz: Die Wirtschafts- und Sozialordnung der Bundesrepublik Deutschland. München—Wien 1965

Laube, Peter: Zweites Gesetz zur Vermögensbildung der Arbeitnehmer. Textausgabe mit Erläuterungen und Beispielen. Frankfurt a. M. 1965

Leber, Georg: Vermögensbildung in Arbeitnehmerhand. Ein Programm und sein Echo. (Sammlung „res novae", Bd. 33) Frankfurt a. M. 1964

Littmann, Eberhard: Das Einkommensteuerrecht. Kommentar zum Einkommensteuergesetz. 8. völl. erneuerte Aufl. Stuttgart 1966

v. Loesch, Achim: Zur Problematik des Miteigentums. Die Pläne zur Eigentumsbildung der Arbeitnehmer aus der Selbstfinanzierungsrate der Industrie. (Volkswirtschaftliche Schriften, H. 57) Berlin 1961

Lohmann, Martin: Einführung in die Betriebswirtschaftslehre. 4., neubearb. Aufl. Tübingen 1964

Marx, Karl: Zur Kritik der politischen Ökonomie. Hrsg. K. Kautsky, 3. Aufl. Stuttgart 1909

— Der 18. Brumaire des Louis Bonaparte. Berlin 1946

Marx, Karl und Friedrich *Engels:* Manifest der kommunistischen Partei. Berlin 1948

Mayo, Elton: Probleme industrieller Arbeitsbedingungen. Frankfurt a. M. 1949. (Titel der Originalausgabe: The Social Problems of an Industrial Civilisation, 4. Aufl. Boston 1945)

Mellerowicz, Konrad: Allgemeine Betriebswirtschaftslehre Bd. I, II u. III. Sammlung Göschen Bd. 1008, 1153 u. 1154) 9., unveränderte Aufl. Berlin 1956

— Unternehmenspolitik, Bd. I, II u. III, 1. Aufl. Freiburg i. Br. 1963, 1963 und 1964

Merle, Günter: Die betriebswirtschaftliche Problematik des freiwilligen sozialen Aufwands in der Industrie. Berlin, Technische Universität, Wirtschaftswiss. Diss. 1963

Michel, Hartmut: Eigentumspolitik. Voraussetzungen und Wirkungen aus psychologischer Sicht. (Wirtschafts- u. Sozialwiss. Diss. Köln) Tübingen 1962

Mickley, Ingo: Die Aktienbeteiligung der Arbeitnehmer als Form der Partnerschaft. (Nürnberg, Wirtschafts- u. Sozialwiss. Diss. 1955)

Noelle, E. und E. P. *Neumann* (Hrsg.): Jahrbuch der öffentlichen Meinung 1957. Allensbach am Bodensee 1957

— Jahrbuch der öffentlichen Meinung 1958—1964. Allensbach am Bodensee 1965

Obst, G. und O. *Hintner:* Geld-, Bank- und Börsenwesen. Eine gemeinverständliche Darstellung. 35., vollst. neubearb. u. stark erw. Aufl. Stuttgart 1963

Packard, Vance: Die geheimen Verführer. Düsseldorf 1958. (Titel der Originalausgabe: The Hidden Persuaders, New York 1957)

Popitz, H., H. P. *Barhdt,* E. A. *Jüres* und H. *Kesting:* Das Gesellschaftsbild des Arbeiters. Soziolgische Untersuchungen in der Hüttenindustrie. Tübingen 1957

Potthoff, Erich: Theorie und Praxis der sozialen Betriebspolitik. Stuttgart u. Düsseldorf 1953

Prinz, Heinrich: Möglichkeiten und Grenzen der Kapitalbeteiligung im Rahmen der betrieblichen Partnerschaft. Berlin, Technische Universität, Wirtschaftswiss. Diss. 1959

Rathenau, Walter: Vom Aktienwesen. Eine geschäftliche Betrachtung. 1. Aufl. Berlin 1918

Die Richter des Bundessozialgerichts (Hrsg): Entscheidungen des Bundessozialgerichts, Bd. 6. Köln, Berlin 1958

Riesman, David: Die einsame Masse. Darmstadt, Berlin-Frohnau und Neuwied am Rhein 1956. (Titel der Originalausgabe: The Lonely Crowd, 1950)

Sandig, Curt: Die Führung des Betriebes. Betriebswirtschaftspolitik. Stuttgart 1952

Schelp, G., K. *Schmitt* und W. *Haase:* Kommentar zum Gesetz zur Förderung der Vermögensbildung der Arbeitnehmer. Heidelberg 1962

Schlegelberger, F., L. *Quassowski* u. a.: Aktiengesetz. Kommentar. 3., erg. u. erw. Aufl. Berlin 1939

Schmalenbach, Eugen: Der freien Wirtschaft zum Gedächtnis. 2. Aufl. Köln u. Opladen 1949

— Die Aktiengesellschaft. 7. Aufl. Köln u. Opladen 1950

Schmidtchen, Gerhard: Die befragte Nation. 2. Aufl. Frankfurt a. M. u. Hamburg 1965

Schmitz, Werner G.: Kapitalbeteiligung des Arbeitnehmers am arbeitgebenden Unternehmen. (Volkswirtschaftliche Schriften, H. 16) Berlin 1955

Schumpeter, Joseph A.: Kapitalismus, Sozialismus und Demokratie. 1. Aufl. Berlin 1946. (Titel der Originalausgabe: Capitalism, Socialism and Democracy, New York 1942)

Schumpeter, Joseph A.: Theorie der wirtschaftlichen Entwicklung. Eine Untersuchung über Unternehmergewinn, Kapital, Kredit, Zins und den Konjunkturzyklus. 5. Aufl. Berlin 1952

Schwarz, Horst: Grundfragen der Abstimmung von Materialbeschaffung, Fertigung und Vertrieb als Probleme der laufenden Betriebspolitik in Industriebetrieben (unter besonderer Betonung des Gewinndenkens). Freiburg i. Br. 1959

Siebert, Wolfgang: Das rechtsgeschäftliche Treuhandverhältnis. 2. Aufl. Marburg 1933

Sozialausschüsse der Christlich-Demokratischen Arbeitnehmerschaft (Hrsg.): Miteigentum — ein praktischer Vorschlag. Ein Gesetzesvorschlag über das „Miteigentum der Arbeitnehmer". Bonn 1957

Spezial-Archiv der Deutschen Wirtschaft (Hrsg.): Saling-Aktienführer. Die Aktienwerte der deutschen Börsen 1966. Darmstadt, Berlin, Essen, Haarlem, Wien. November 1965

Spiegelhalter, Franz: Gewinnbeteiligung — Illusionen und Möglichkeiten. München u. Düsseldorf 1951

— „Miteigentum" und „Gewinnbeteiligung". Kritische Analyse einiger Schlagworte. (Schriftenreihe der Bundesvereinigung der Deutschen Arbeitgeberverbände, H. 17) Köln 1957

Spindler, Gert: Mitunternehmertum. Vom Klassenkampf zum sozialen Ausgleich. Lüneburg 1951

v. Stackelberg, Heinrich: Grundlagen einer reinen Kostentheorie. Wien 1932

— Grundlagen der theoretischen Volkswirtschaftslehre. 2. Aufl. Tübingen, Zürich 1951

Statistisches Bundesamt (Hrsg.): Statistisches Jahrbuch für die Bundesrepublik Deutschland 1965. Stuttgart u. Mainz 1965

Tänzler, Fritz: Durch Besitz zum Arbeitsfrieden. Eine sozialpolitische Untersuchung über Aktienbeteiligung der Arbeitnehmer und Werkssparkassen. Berlin 1929

Ulbrich, Horst: Das Miteigentum der Arbeitnehmer. Eine kritische Untersuchung aus betriebssozialer Sicht. Baden-Baden, Frankfurt a. M. 1957

Veblen, Thorstein: Theorie der feinen Leute, eine ökonomische Untersuchung der Institutionen. Köln u. Berlin 1958. (Titel der Originalausgabe: The Theory of the Leisure Class, 1899)

Vormbaum, Herbert: Finanzierung der Betriebe. Wiesbaden 1964

Weber, Adolf: Der Kampf zwischen Kapital und Arbeit. 6. Aufl. Tübingen 1954

— Schein und Wirklichkeit in der Volkswirtschaft. Sechs Jahrzehnte im Dienste der Volkswirtschaft. Beiträge zur Klärung sozialökonomischer Gegenwartsprobleme. Berlin 1961

Weltz, Friedrich: Aufnahme der ersten Belegschaftsaktien der Mannesmann AG. Ergebnisse einer Befragung bezugsberechtigter Arbeiter und Angestellter zweier Werke. (Als Manuskript vervielfältigt) Hrsg. Institut für Sozialforschung an der Johann Wolfgang Goethe-Universität, Frankfurt a. M. 1957

Whyte, William F. u. a.: Lohn und Leistung. Darmstadt 1958 (Titel der Originalausgabe: Money and Motivation. New York 1955)

Wilhelmi, H. und W. *Friedrich:* Kleine Aktienrechtsreform. Gesetz über die Kapitalerhöhung aus Gesellschaftsmitteln und die Gewinn- und Verlustrechnung. Gesetz über steuerrechtliche Maßnahmen bei Erhöhung des Nennkapitals aus Gesellschaftsmitteln. Zugleich Nachtrag zu Godin-Wilhelmi Aktiengesetz. (Sammlung Guttentag 205a) Berlin 1960

Wöhe, Günter: Betriebswirtschaftliche Steuerlehre, Bd. I, Unveränderter Nachdruck, Berlin u. Frankfurt a. M. 1964

Würdinger, Hans: Aktienrecht. Eine systematische Darstellung. Karlsruhe 1959

Zahn, Ernest: Soziologie der Prosperität, Wirtschaft und Gesellschaft im Zeichen des Wohlstandes. 2., ungek. v. Autor überarb. Aufl. München 1964

2. Beiträge in Sammelwerken, Zeitschriften und Zeitungen

Andreae, Clemens August: Anmerkungen zum Thema „Eigentum und Eigentumspolitik". In: Eigentum und Eigentümer in unserer Gesellschaftsordnung. (Veröffentlichungen der Walter-Raymond-Stiftung, Bd. 1) Köln u. Opladen 1960

Bachmann, Herbert: Kapitalbeteiligung der Arbeitnehmer. In: Gewerkschaftliche Monatshefte. 4. Jg. 1953, H. 4

Ballerstedt, Kurt: Das Eigentum in der wirtschaftsrechtlichen Entwicklung der Gegenwart. In: Der Arbeitgeber. 2/3. Jg. 1950/51, H. 24/1

Blum, Paul: Zwangsvollstreckung für den lieben Gott? In: Neue Illustrierte. 20. Jg. 1965, H. 51

Bösl, Rudolf: Retrograde Ermittlung des Steuerbilanzgewinns auf Grund der Sammelposition „Steuern vom Einkommen, vom Ertrag und vom Vermögen" nach § 132 AktG. In: Der Betrieb. 18. Jg. 1965, H. 34

Brenner, Otto: Sozialer Fortschritt oder Miteigentum. In: Sozialer Fortschritt. 6. Jg. 1957, H. 8/9

Cattepoel, Dirk: Erfahrungen mit Belegschaftsaktien. In: Die Aktiengesellschaft. 3. Jg. 1958, H. 12

Dahrendorf, Ralf: Zu einer Theorie des sozialen Konflikts. In: Hamburger Jahrbuch für Wirtschafts- und Gesellschaftspolitik. Hrsg. H. D. Ortlieb, 3. Jg. 1958

Dempewolf, Günther: Ist die Ausgabe von Belegschaftsaktien bei Kapitalerhöhung aus Gesellschaftsmitteln eine verfassungswidrige Eigentumsentziehung? In: Die Aktiengesellschaft. 4. Jg. 1959, H. 5 u. 6

Dürig, Günther: Eigentum — Verfassungsrechtliche Eigentumsgarantien. In: Staatslexikon. Recht, Wirtschaft, Gesellschaft. Hrsgn. von der Görres-Gesellschaft. 6., völl. neubearb. Aufl. Bd. II, Freiburg i. Br. 1958

Ellerbeck, Werner: Public Relations. In: Handwörterbuch der Betriebswirtschaft, Bd. III. 3., völl. neubearb. Aufl. Stuttgart 1958

Gehlen, Arnold: Soziologische Aspekte des Eigentumsproblems in der Industriegesellschaft. In: Eigentum und Eigentümer in unserer Gesellschaftsordnung. (Veröffentlichungen der Walter-Raymond-Stiftung, Bd. 1) Köln u. Opladen 1960

Geiger, Willi: Die Eigentumsgarantie des Artikel 14 (GG). In: Eigentum und Eigentümer in unserer Gesellschaftsordnung. (Veröffentlichungen der Walter-Raymond-Stiftung, Bd. 1) Köln und Opladen 1960

Georgi, Christoph: Kapitalbeteiligung der Arbeitnehmer. In: Gewerkschaftliche Monatshefte. 4. Jg. 1953, H. 9

Gessler, E.: Kleine Aktienrechtsreform und Arbeitnehmeraktie. In: Recht der Arbeit. 13. Jg. 1960, H. 2

— Das neue Aktienrecht. In: Der Betriebsberater. 20. Jg. 1965. H. 17

Görbing: Zur steuerlichen Behandlung der Zuwendung von Aktien an Arbeitnehmer. In: Der Betriebsberater. 15. Jg. 1960, H. 7

Harden, Josef: Wie fördert man in Amerika die Aktienanlage. In: Der Volkswirt. 11. Jg. 1957, H. 20 u. 21

Hartmann, Bernhard: Erkenntnisse über die westdeutsche Investitionsfinanzierung seit der Währungsreform. In: Die Unternehmung. 19. Jg. 1965, H. 1

Hasenack, Wilhelm: Mensch im Betrieb. Inwieweit kann oder muß die Betriebswirtschaftslehre den Menschen in ihre Untersuchungen einbeziehen! (Vortrag auf der Tagung des Verbandes der Hochschullehrer für Betriebswirtschaft 1961). In: Zeitschrift für Betriebswirtschaft. 31. Jg. 1961, H. 10

— Monatliche und bargeldlose Lohnzahlung. In: Betriebswirtschaftliche Forschung und Praxis. 16. Jg. 1964, H. 3

Hax, Karl: Betriebliche Sozialpolitik als Teilbereich der Unternehmenspolitik. In: Zeitschrift für handelswissenschaftliche Forschung, N. F., 7. Jg. 1955, H. 1

Hirche, Kurt: Die Lockung der Belegschaftsaktie. In: Gewerkschaftliche Monatshefte. 10. Jg. 1959, H. 4

Höffner, Joseph: Eigentum — Sozialphilosophie des Eigentums. In: Staatslexikon. Recht, Wirtschaft, Gesellschaft. Hrsgn. von der Görres-Gesellschaft. 6., völl. neubearb. Aufl. Bd. II, Freiburg i. Br. 1958

Janberg, Hans: Einkommensteuerfragen bei Belegschaftsaktien. In: Der Betrieb. 11. Jg. 1958, H. 39

— Einige Betrachtungen zur Belegschaftsaktie. In: Die Aktiengesellschaft. 5. Jg. 1960, H. 7

Junge, Fritz: Aktien. In: Handwörterbuch der Betriebswirtschaft. 3. völlig neu bearb. Aufl. Bd. I, Stuttgart 1956

Kluth, Heinrich: Die einsame Masse. In: Hamburger Jahrbuch für Wirtschafts- und Gesellschaftspolitik. Hrsg. H. D. Ortlieb, 3. Jg. 1958

Künneth, Walter: Rechte und Pflichten des Kapitaleigentümers nach der evangelischen Sozialethik. In: Eigentum und Eigentümer in unserer Gesellschaftsordnung. (Veröffentlichungen der Walter-Raymond-Stiftung, Bd. 1) Köln u. Opladen 1960

Lelonek, Heinz: Die Aufwendungen für den arbeitenden Menschen. Versuch einer Bestandsaufnahme der gegenwärtigen Diskussion. In: Betriebliche Aufwendungen für den arbeitenden Menschen. Probleme der betrieblichen Sozialpolitik. Stuttgart und Düsseldorf 1956

Lepsius, Rainer M.: Industrie und Betrieb. In: Soziologie. Hrsg. R. Koenig, Frankfurt a. M. 1958

Ludz, Peter G.: Die SED entdeckt das Betriebsklima. In: Handelsblatt vom 1. 1. 1965

Mann, Adolf: Das Miteigentum aus betrieblicher Sicht. In: Die Aussprache. 4. Jg. 1954, H. 6

Markmann, Heinz: Die Stellung der Gewerkschaften zur Ertragsbeteiligung. In: Internationale Tagung der Sozialakademie Dortmund. Hrsg. H. Duvernell, Berlin 1965

Marx, Karl: Ökonomisch-philosophische Manuskripte aus dem Jahre 1844. In: Marx-Engels, historisch-kritische Gesamtausgabe. Hrsg. v. Adoratskij, Abt. I, Bd. III, 1. Aufl. Berlin 1932

Mellerowicz, Konrad: Emissionsgeschäft. In: Enzyklopädisches Lexikon für das Geld-, Bank- und Börsenwesen. Zugleich zweite Auflage vom Handwörterbuch des Bankwesens. Franfurt a. M. 1957

Merkator: Mach mehr aus Deinem Geld. Teil 5, Aktien sind solider als ihr Ruf. In: Stern. 17. Jg. 1964, H. 46

v. Nell-Breuning, Oswald: Vermögensbildung in Arbeiterhand. In: Gewerkschaftliche Monatshefte. 4. Jg. 1953, H. 9

— Eigentumsbildung in Arbeiterhand. Eine Thesenfolge. In: Der Arbeitgeber. 7. Jg. 1955, H. 15/16

— Sparen ohne Konsumverzicht. In: Der Volkswirt. 11. Jg. 1957, H. 37

Niethammer, Frank: Der Erwerb eigener Aktien zur Ausgabe an Arbeitnehmer. In: Der Betriebsberater. 15. Jg. 1960, H. 7

Nissen, Karl-Heinz: Zur Anwendung des Zweiten Vermögensbildungsgesetzes. In: Der Betrieb. 18. Jg. 1965, H. 38

Peupelmann, Hans W.: Übergang zum neuen Aktienrecht. In: Der Betrieb. 18. Jg. 1965, H. 41

Pfister, Bernhard: Eigentum und Miteigentum aus soziologischer und volkswirtschaftlicher Sicht. In: Die Aussprache. 4 Jg. 1954, H. 6

Popitz, Heinrich: Zum Begriff der Klassengesellschaft. In: Hamburger Jahrbuch für Wirtschafts- und Gesellschaftspolitik. Hrsg. H. D. Ortlieb, 3. Jg. 1958

Potthoff, Erich: Personalpolitik, Personalführung und Personalverwaltung. In: Der Betrieb. 18. Jg. 1965, H. 1

Rischow, Hermann: Entwicklungsland im Aktiensparen. In: Handelsblatt vom 10. 3. 1965

Schelsky, Helmut: Industrie- und Betriebssoziologie. In: Soziologie: Hrsg. A. Gehlen u. H. Schelsky, Düsseldorf—Köln 1955

— Public Relations. In: Wörterbuch der Soziologie. Hrsg. W. Bernsdorf u. F. Bülow, Stuttgart 1955

— Gesellschaftlicher Wandel. In: Offene Welt. Jg. 1956, H. 41

Scherhorn, G. und B. *Strümpel:* Sparfähigkeit und Spartätigkeit in den unteren Einkommensschichten. In: Bundesarbeitsblatt. 12. Jg. 1961, H. 1

Schmitt, K.: Überlassung von Belegschaftsaktien an Arbeitnehmer zu einem Vorzugskurs. In: Der Betriebsberater. 17. Jg. 1962, H. 10

Schmitt, Matthias: Die Belegschaftsaktie. In: Der Betrieb. 11. Jg. 1958, H. 11

Schmölders, Günther: Eigentum und Eigentumspolitik. In: Eigentum und Eigentümer in unserer Gesellschaftsordnung (Veröffentlichungen der Walter-Raymond-Stiftung, Bd. 1). Köln und Opladen 1960

Schneider-Landmann, Hellmuth: Belegschaftsaktie — die „Volksaktie" der Unternehmen. Bestandsaufnahme und Kritik. In: Der Volkswirt. 11. Jg. 1957, H. 24

Schubert, Werner: Betriebswirtschaftliche Überlegungen zum Ausweis und zur Verwendung von Gewinn nach dem neuen Aktienrecht. In: Zeitschrift für Betriebswirtschaft. 35. Jg. 1965, H. 12

Schwarz, Horst: Allgemeine Betriebspolitik. In: Zeitschrift für Betriebswirtschaft. 26. Jg. 1956, H. 12

— Veränderungen der Bedeutung und bei der Erfüllung von Handelsfunktionen auf Grund neuerer Entwicklungen in der Absatzwirtschaft sowie in der Produktions- und Transporttechnik. In: Betriebswirtschaftslehre und Wirtschaftspraxis. Festschrift für Konrad Mellerowicz. Hrsg. H. Schwarz und K. H. Berger, Berlin 1961

— Unterschiedliche Erfolgssteuerbelastungen von Investitionsalternativen. Problematik und Technik der Ermittlung. In: Neue Betriebswirtschaft. 16. Jg. 1963, H. 1

Spiegelhalter, Franz: Die Entwicklung des betrieblichen Sozialaufwandes. In: Der Arbeitgeber. 5. Jg. 1953, H. 20

Ulrich, Franz Heinrich: Neues Kapital durch neue Aktionäre. In: Handelsblatt vom 27. 1. 1966

v. Wiese, Leopold: Schauweise und Verfahren der Beziehungslehre. In: Abhängigkeit und Selbständigkeit im sozialen Leben, Teil 1. Köln und Opladen 1951

Woeste, Karlfriedrich: Belegschaftsaktien anläßlich einer Kapitalerhöhung. In: Der Betriebsberater. 16. Jg. 1961, H. 34

v. Zwiedineck-Südenhorst: Gewinnbeteiligung. In: Handwörterbuch der Staatswissenschaften, Bd. IV. 4., gänzlich umgearb. Aufl. Jena 1927

Aktien für die Belegschaft — Warum? In: Demag — Unser aller Werk. Jg. 1955, H. 4

Arbeitnehmeraktien der ICI. In: Der Volkswirt. 8. Jg. 1954, H. 22

Ausgabe von Belegschaftsaktien an Arbeitnehmer. Lohnsteuerpflichtiger Arbeitslohn bei Vorzugskursen. In: Der Betriebsberater. 17. Jg. 1962, H. 14

Behandlung der Ausgabe von Belegschaftsaktien zu einem Vorzugskurs. Fin.-Min. Hessen, Erlaß vom 13. 7. 1961 — S 2220 — 138 — II/23 —. In: Die Aktiengesellschaft. 6. Jg. 1961, H. 11

Belegschaftsaktien. In: Der Arbeitgeber. 4. Jg. 1952, H. 18

Der Freitag kein Zahltag mehr. In: Frankfurter Allgemeine Zeitung, 27./28. November 1964

DGB zur Frage der Vermögensverteilung. In: Gewerkschaftliche Monatshefte. 12. Jg. 1961, H. 2

Englische Bankangestellte als Aktionäre ihrer Firmen. In: AGP-Mitteilungen (Hrsg. Arbeitsgemeinschaft zur Förderung der Partnerschaft in der Wirtschaft e. V.) 1. Jg. 1953, H. 1

Mannesmann Arbeiter-Aktie. In: Zeitschrift für das gesamte Kreditwesen. 11. Jg. 1958, H. 8

Problematische Arbeiteraktie. In: Der Arbeitgeber. 5. Jg. 1953, H. 22

Steuerliche Behandlung von sog. „Ergebnislöhnen". In: Der Betrieb. 5. Jg. 1952, H. 20

Stichwort „Belegschaftsaktie". In: Dr. Gabler's Wirtschaftslexikon. Hrsg. R. u. H. Sellien. 1. Aufl. Wiesbaden 1956, Bd. I

Stimmen der Wirtschaft. In: Die Aktiengesellschaft. 3. Jg. 1958, H. 12

3. Informationsmaterial der Firmen und sonstige Quellen

Allianz Versicherungs-AG: Schreiben vom 18. 1. 1965 mit den nachstehenden Anlagen.
Angebotsschreiben an die erwerbsberechtigten Arbeitnehmer, vom September 1964.
Vorgedruckte Annahmeerklärung

American Telephone and Telegraph Company (Hrsg.): Prospectus. New York. April 15, 1966

Arbeitskreis zur Förderung der Aktie e. V. (Hrsg.): Gemeinschaftsaktion zur Förderung der Aktie. Informationsschrift ohne Ort und Jahr

Badische Anilin- & Soda-Fabrik AG: Schreiben vom 5. 8. 1966

Badische Anilin- & Soda-Fabrik AG: Schreiben vom 3. 10. 1966

Bayerische Hypotheken- und Wechsel-Bank AG: Schreiben vom 11. 1. 1966

Bayerische Hypotheken- und Wechsel-Bank AG: Schreiben vom 5. 10. 1966

Burbach-Kali-Werke AG: Schreiben vom 2. 8. 1966

Christlicher Gewerkschafts-Bund Deutschlands (Hrsg.): Weg und Ziel. Die Leitsätze des Christlichen Gewerkschafts-Bundes Deutschlands (CGB). Oberhausen und Düsseldorf 1964

Corona Treuhand-Gesellschaft mbH.: Schreiben vom 3. 10. 1966

Deutsche Angestellten-Gewerkschaft (Hrsg.): Miteigentum der Arbeitnehmer. Eine Stellungnahme der Deutschen Angestellten-Gewerkschaft. Hamburg 1955

Deutsche Angestellten-Gewerkschaft (Hrsg.): Miteigentum. DAG-Plan zur Vermögensbildung der Arbeitnehmer. Hamburg 1965

Deutsche Angestellten-Gewerkschaft: Schreiben vom 2. 3. 1966

Deutscher Bundestag, 4. Wahlperiode: Regierungsentwurf eines Aktiengesetzes und eines Einführungsgesetzes zum Aktiengesetz mit je einer Begründung. Bundestagsdrucksache IV/171. Bonn, den 3. 2. 1962

Deutscher Bundestag, 4. Wahlperiode: Schriftlicher Bericht des Rechtsausschusses (12. Ausschuß) über die von der Bundesregierung eingebrachten Entwürfe a) eines Aktiengesetzes, b) eines Einführungsgesetzes zum Aktiengesetz ... Bonn, den 28. 4. 1965. Zu Drucksache IV/3296

Deutscher Gewerkschaftsbund: Schreiben vom 2. 3. 1966

Deutscher Gewerkschaftsbund: Schreiben vom 29. 3. 1966

Demag AG: Schreiben vom 29. 1. 1965 mit der nachstehenden Anlage.
Rundschreiben an alle Mitarbeiter mit den Bedingungen und der Begründung des Aktienangebotes, vom 27. 1. 1956

Eternit AG: Schreiben vom 15. 8. 1966 mit der nachstehenden Anlage.
Bedingungen für den Erwerb und die Veräußerung von Eternit-Namensaktien, vom August 1962

Farbenfabriken Bayer AG: Schreiben vom 18. 1. 1965 mit den nachstehenden Anlagen.
Schreiben des Vorstandes an die Belegschaft, vom Oktober 1964.
Merkblatt zum Erwerb von Aktien der Bayer Aktiengesellschaft (Oktober 1964).
Vorgedruckter Kaufantrag (Oktober 1964)

Farbenfabriken Bayer AG: Schreiben vom 3. 10. 1966

Farbwerke Hoechst AG: Schreiben vom 21. 12. 1965 mit den nachstehenden Anlagen.
Merkblatt zur Ausgabe von Aktien der Farbwerke Hoechst AG an die Belegschaft, vom 15. Oktober 1965.
Jahresprämienordnung (Stand 1. 3. 1963)

Farbwerke Hoechst AG: Schreiben vom 11. 10. 1966

Industrie-Gewerkschaft Metall: Schreiben vom 1. 3. 1966

Informationsdienst der Sparkassen und Girozentralen (Hrsg.): Das neue Vermögensbildungsgesetz. Stuttgart 1965

Losenhausenwerk Maschinenbau AG: Schreiben vom 3. 8. 1966

Mannesmann AG: Schreiben vom 21. 12. 1965 mit den nachstehenden Anlagen.
Richtlinien für die 1. Ausgabe von Belegschaftsaktien (Juli 1957).
Richtlinien für die 2. Ausgabe von Belegschaftsaktien (Dezember 1957).
Richtlinien für die 3. Ausgabe von Belegschaftsaktien (August 1959)

Mannesmann AG: Schreiben vom 6. 10. 1966

Niedersächsischer Minister der Finanzen: Schreiben vom 29. 3. 1966

Rationalisierungs-Kuratorium der deutschen Wirtschaft (Hrsg.): Bericht über die vom RKW veranstaltete Studienreise zum „Studium der Ergebnisbeteiligung und der Eigentumsbildung der Arbeitnehmer in den USA". RKW-Projekt 249/A/1964. Als Manuskript vervielfältigt 1964

Rosenthal-Porzellan AG: Schreiben vom 19. 1. 1965 mit den nachstehenden Anlagen.
Schreiben des Vorstandes an die Belegschaft, vom Mai 1963
Betriebsvereinbarung vom 8. 4. 1964

Rosenthal-Porzellan AG: Schreiben vom 3. 10. 1966

Vereinigte Glanzstoff-Fabriken AG: Schreiben vom 10. 8. 1966

FSC
www.fsc.org
MIX
Papier | Fördert gute Waldnutzung
FSC® C083411

Kolibri 360 GmbH
Ferdinand-Jühlke-Straße 7
99095 Erfurt, Deutschland
produktsicherheit@kolibri360.de

Druck:
CPI Druckdienstleistungen GmbH
im Auftrag der
Kolibri 360 GmbH
Ferdinand-Jühlke-Str. 7
99095 Erfurt